AF901268

Hombres de fortuna

DOCE RELATOS SOBRE HACEDORES DE EMPRESAS

CARLOS MÁRMOL
JOSÉ MARÍA RONDÓN

Prólogo de Gabriel Tortella

Hombres de fortuna

DOCE RELATOS SOBRE HACEDORES DE EMPRESAS

EDICIONES PIRÁMIDE

COLECCIÓN «EMPRESA Y GESTIÓN»

Director:
Miguel Santesmases Mestre
Catedrático de la Universidad de Alcalá

Diseño de cubierta: Anaí Miguel

Reservados todos los derechos. El contenido de esta obra está protegido por la Ley, que establece penas de prisión y/o multas, además de las correspondientes indemnizaciones por daños y perjuicios, para quienes reprodujeren, plagiaren, distribuyeren o comunicaren públicamente, en todo o en parte, una obra literaria, artística o científica, o su transformación, interpretación o ejecución artística fijada en cualquier tipo de soporte o comunicada a través de cualquier otro medio, sin la preceptiva autorización.

© Carlos Mármol
José María Rondón
© Ediciones Pirámide (Grupo Anaya, S. A.), 2019
Juan Ignacio Luca de Tena, 15. 28027 Madrid
Teléfono: 91 393 89 89
www.edicionespiramide.es
Depósito legal: M. 21.589-2019
ISBN: 978-84-368-4162-6
Printed in Spain

ÍNDICE

Prólogo 11

Introducción 19

Elías Masaveu Rivell (1847-1924). El financiero discreto 23

Con valor para los negocios 26
La muerte de fundador 28
El más devoto de Sorolla 32
El afán de eternidad 33
Bibliografía 35

Silvestre Segarra Aragó (1862-1941). El patriarca de las alpargatas 37

Los inicios (1882-1912) 42
El auge (1912-1932) 44
El imperio (1932-1970) 47
La caída (1970-1978) 53
Bibliografía 54

Damián Mateu Bisa (1863-1935). El motor de la fortuna 55

Un hijo del acero y el hierro 58
El negocio de la automoción 60
El salto a Francia 62
Los contratos militares 63
Un empresario monárquico 65
Bibliografía 67

Pascual Camilo Payá (1876-1951). El rey del juguete 69

Ibi: la capital de los juguetes 72
Concejal y benefactor 75

La revolución del tren eléctrico 78
Juguetes para la guerra 80
El disputado premio 82
Bibliografía 85

Juan March Ordinas (1880-1962). El hombre sin límites 87

Santa Margarita 91
El señor de la guerra 96
El caso Garau 97
Poder y política 99
El petróleo ruso 102
La Segunda República contra el ciudadano March 103
El banquero del Alzamiento 105
La dictadura 106
Bibliografía 108

Ildefonso Fierro Ordóñez (1882-1961). El empresario del fósforo 109

«Eldorado asturiano» 112
El mar y la tierra 113
Un Rolls-Royce en la Gran Vía 117
El DNI, en sus manos 120
Cítricos por explosivos 122
Bibliografía 127

Pepín Fernández (1891-1982). El «inventor» de los grandes almacenes .. 129

El primer «día de la madre» 133
«Abierto por contienda fratricida» 135
Doña Carmen Polo, clienta habitual 138
Ya hay rival: El Corte Inglés 140
Una expansión acelerada 145
Bibliografía 149

Demetrio Carceller Segura (1894-1968). El hombre del petróleo 151

Y, de pronto, directivo en Campsa 154
El «milagro» de los panes blancos 158
«Un personaje de la picaresca española» 161
El triunfo aliado... y el de Carceller 164
Ha nacido un banquero 166
Bibliografía 168

Félix Huarte Goñi (1896-1971). El obstinado constructor 169

La oportunidad de Pamplona 174

De las trincheras al tajo 176
La base de Rota y la Cruz de los Caídos 177
Aquella encíclica de Juan XXIII 182
Navarra, S. A. 185
Bibliografía 186

José María Aguirre Gonzalo (1897-1988). El plutócrata de San Sebastián 187

Los orígenes 191
Un ingeniero en paro 193
El negocio de la construcción 194
El hombre del medio centenar de empresas 195
Los «maitines» de Banesto 196
Un hombre del régimen 198
Bibliografía 199

José María Aristrain Noain (1916-1986). El señor del acero 201

El chatarrero de Oria 203
Un sinfín de hazañas 205
Una empresa modelo 207
La Obra y los negocios 209
La muerte sobre el cielo de Cannes 212
Bibliografía 213

José Manuel Lara Hernández (1914-2003). El marqués de los libros 215

La busca del destino 219
Barcelona o el amor 220
Un editor que no leía 222
Planeta, una multinacional familiar 224
Libros a crédito 226
El mejor premio del planeta 227
Espejo de España 228
La expansión 229
El ocaso 231
Bibliografía 232

Prólogo
Doce hombres con valor

Allá en los primeros años del siglo XX, un estudiante austríaco en la Universidad de Viena le daba vueltas en la cabeza a un problema de la teoría económica que sus maestros no se habían (ni le habían) planteado. Por aquellos tiempos los grandes pensadores en la economía estaban absortos casi exclusivamente en el problema del «equilibrio» en la economía. Era el funcionamiento de los mercados lo que ocupaba todas las mentes: por qué se producen e intercambian determinadas cantidades de mercancías a determinados precios, y no a otros. En concreto, había (y hay) una determinada mercancía cuyo precio interesaba particularmente, el trabajo, y su precio, el salario, porque la cantidad de trabajo demandada por los mercados iba a determinar los salarios y el nivel de empleo, los dos grandes determinantes del bienestar (o malestar) de una alta proporción de la población. Dominaba entonces en las grandes escuelas de economía, Viena, Lausana, Londres, Cambridge, lo que luego se llamó la *escuela neoclásica*, inspirada por la *«revolución marginalista»*, que había tenido lugar en estos centros a partir de 1870. A su vez el *marginalismo* había nacido de la insatisfacción con la teoría del valor-trabajo, que era una piedra angular de la visión económica de la escuela clásica. Esta teoría sostenía que el precio de las mercancías venía determinado por la cantidad de trabajo que costaba producirlas. Esta teoría fue aceptada por los grandes economistas de la época anterior (clásica), desde Adam Smith hasta John Stuart Mill, pasando por David Ricardo y Karl Marx.

Lo que hicieron los marginalistas fue darle la vuelta a la teoría clásica: la cantidad de trabajo que se invertía en producir una mercancía dependía de su precio; y este venía determinado por el cruce de las curvas de oferta y demanda, cuya forma (curvatura y pendiente) eran función de la productividad y de la utilidad. Así, lo que los clásicos consideraban causa del precio (la cantidad de trabajo dedicado a producirlo) era, por el contrario, para los marginalistas o neoclásicos, consecuencia de este. La *utilidad* era un viejo concepto introducido por el filósofo Jeremy Bentham casi un siglo antes, pero al que los marginalistas colocaron en el centro de la teoría del precio. Sus propiedades determinaban la forma de la curva (o ecuación) de demanda. Las características de la función de productividad determinaban la forma de la curva (o ecuación) de oferta. Entusiasmados con este nuevo enfoque y con su elegancia lógica y matemática, los economistas *fin de siècle* se dedicaron a pulir y perfeccionar su teoría, añadiendo conceptos nuevos como las «curvas de indiferencia» y aplicando en ella el cálculo diferencial, que añadió rigor a los nuevos conceptos.

Esta en esencia fue la teoría económica que nuestro joven estudiante, llamado Joseph Alois Schumpeter, aprendió en la Universidad de Viena, que era precisamente uno de los centros de saber donde nació la escuela neoclásica. Los maestros de Schumpeter fueron los discípulos directos de Karl Menger, el profesor vienés que descubrió el marginalismo. Nuestro joven estudiante indudablemente apreció el rigor y la belleza de la nueva teoría y fue quizá el miembro más destacado de la tercera generación de la escuela de Viena. Sin embargo, no conseguía estar plenamente satisfecho con la teoría neoclásica que, según él, olvidaba, o descuidaba, un problema clave de la economía: el crecimiento económico. Lector infatigable, Schumpeter estudió a los economistas clásicos, que sus maestros consideraban superados, y encontró que, con todas sus limitaciones, estos antecesores se habían ocupado del problema del crecimiento, en tanto que la nueva escuela parecía haberlo olvidado. Para Schumpeter, sus maestros explicaban con gran elegancia cómo se formaban los precios y cómo se alcanzaba el equilibrio en los mercados. Pero él veía que los mercados (precios y cantidades) cambiaban continuamente: los precios fluctuaban, y además lo hacían cíclicamente; y las cantidades producidas e intercambiadas no solo variaban y fluctuaban sino que, lo que era más importante, crecían tendencialmente. La teoría que le enseñaron no se ocupaba ni de las fluctuaciones ni del crecimiento. A resolver estos problemas dedicó Schumpeter la febril atención de sus años juveniles, que al cabo de unos años le permitió escribir y publicar en 1911 (a sus 36 años) un librito genial titulado *Teoría del desarrollo económico*, donde se exponían de forma sintética los principales elementos de la teoría que su autor iría desarrollando a lo largo de su vida intelectual, que terminó con su muerte en 1950.

Schumpeter advirtió que el principal factor de crecimiento era el progreso técnico, la innovación, cuyo efecto principal era estimular la mejora de la productividad, es decir, la obtención de más o mejor producción con menores cantidades de trabajo. El crecimiento de la economía durante el siglo XIX se debía, en su mayor parte, a progresos técnicos, como las máquinas de hilar y tejer, la máquina de vapor y su aplicación tanto a la actividad fabril como al transporte, invenciones en metalurgia y siderurgia como el convertidor de Bessemer o los hornos Siemens-Martin, al descubrimiento de la electricidad y su aplicación como fuente de energía o medio de comunicación, etc. A su vez el progreso técnico se debía al desarrollo de la investigación y de la enseñanza. Pero también tenía un papel importante en la producción de invenciones el incentivo económico. Los inventores a menudo se enriquecían con la aplicación de sus descubrimientos y esto les estimulaba a investigar y buscar soluciones a las escaseces o carencias que se advertían en los mercados. Pero Schumpeter se dio cuenta de que entre la ciencia y la invención, y su aplicación para producir objetos vendibles en el mercado, había un escalón importante: la actividad empresarial, merced a la cual se convertían las nuevas invenciones y descubrimientos en objetos tangibles y producidos en grandes cantidades, que podían venderse en los mercados. A veces los mismos inventores se doblaban en empresarios y fabricaban los productos de su invención, como hizo James Watt, el inventor de la mejor máquina de vapor. Pero mucho más a menudo el inventor simplemente patentaba su innovación y permitía que fuera un empresario quien se ocupase de su producción e introducción en el mercado; o bien se constituía una compañía en la que el inventor y el empresario colaboraban en dar viabilidad y realidad económica a las ideas del inventor.

La teoría, o quizá mejor, la visión económica del Schumpeter no se limitaba a las cuestiones relativas al empresario como vector fundamental del crecimiento económico. Se trataba, como digo, de una visión que comprendía a la sociedad en su conjunto, con la economía como el motor central de esta sociedad en crecimiento. De esta visión fue Schumpeter deduciendo aspectos que se concretaron en teorías, como la del crecimiento, la de los ciclos económicos, la teoría socio-económica de la empresa, o la teoría sobre el futuro del capitalismo (de la que trata su famoso libro *Capitalismo, socialismo y democracia*). A esto hay que añadir otras contribuciones separadas, como sus teorías del imperialismo, de las clases sociales y, por supuesto, su monumental *Historia del análisis económico,* que no es una historia convencional, puesto que está organizada en torno a ideas y no a economistas individuales, y que revela una cantidad de lecturas y una estructura de pensamiento que hoy siguen pareciendo casi sobrehumanos.

Pero aquí nos interesa exclusivamente su teoría del empresario, que tuvo amplio eco desde su publicación. Los estudios y las escuelas de estudios empresariales menudearon tras la publicación de su *Teoría del desarrollo económico*. Señalemos, como muestra del impacto de sus ideas, que el venerable semanario británico *The Economist* tiene desde hace años una sección sobre temas de empresa titulada *Schumpeter*.

En España, especialmente en los años que siguieron al fin de la dictadura franquista, la figura del empresario se vio cargada de connotaciones negativas. Un izquierdismo simplista y los recuerdos de varios escándalos que tuvieron lugar en los últimos años del régimen (Matesa, Redondela) contribuyeron a fomentar el estereotipo del empresario rapaz y desalmado. Afortunadamente tales prejuicios han ido disipándose, siquiera sea parcialmente. El elevado número de estudiantes de economía y empresa, la relativa popularización de las ideas de Schumpeter que, dicho sea de paso, como buen pensador de gran talla, resulta muy difícil de encasillar en el espectro político convencional ya que, junto con su elogio de la figura del empresario, publicó también libros (especialmente *Capitalismo, socialismo y democracia*) donde se manifestaba a favor del socialismo democrático, y contribuyeron a que en nuestro país se publicaran estudios sobre empresas y empresarios presentes y pasados, al tiempo que la figura del empresario iba perdiendo su antiguo estigma, e incluso a que aparecieran algunas editoriales especializadas en temas empresariales.

El libro que el lector tiene entre manos responde a este creciente interés en la figura del empresario y en su contribución al desarrollo económico. El paradigma schumpeteriano afortunadamente pervive entre nosotros y el enfoque biográfico tiene especial atractivo. Muchos empresarios, tanto españoles como extranjeros, son tipos humanos interesantes. A los lectores les interesan los hombres (y también mujeres, aunque los casos sean menos numerosos: más adelante haré algún comentario adicional sobre el tema) hechos a sí mismos, que montaron vastas fortunas e impresionantes imperios económicos sobre bases muy estrechas y modestas gracias a buenas dosis de trabajo, arrojo y, por qué no decirlo, frecuentemente buena suerte. También hay casos de prácticas dudosas y arteras, pero eso muchas veces es un incentivo adicional para el lector. El morbo vende. Aquí mencionaremos algún caso de esto último, en especial en lo que se refiere al más famoso de los aquí biografiados.

El presente libro no pretende situarse en las fronteras del conocimiento. Hay muy poco en él que no pueda espigarse aquí y allá, rebuscando en un buen montón de bibliografía, que nuestros autores citan escrupulosamente al pie de cada capítulo. Lo que pretende, y lo consigue de manera brillante, es ofrecer al lector doce amenas síntesis biográficas de doce caballeros de la empresa, «hombres de fortuna», como les llaman los autores en el título, «hombres con valor», como les describo yo al comienzo de este prólogo. Y lo hago así porque para ser empresario hace falta tener valor, y también porque todo empresario que se precie crea valor, produce mercancías que tienen aceptación en el mercado, es decir, que poseen utilidad para quienes las adquieren, sean estas vestidos, zapatos, automóviles, juguetes, libros, maquinaria, o carreteras.

Que para ser empresario hace falta tener valor parece evidente; el riesgo es consustancial con su actividad. En la larga marcha desde la idea o la invención (la innovación, sea del tipo que sea) hasta el lanzamiento del producto al mercado hay múltiples ocasiones de fracaso, incluidos los incendios, las inundaciones, los descarrilamientos o los naufragios. Pero es que, una vez lanzado el novedoso producto al mercado, ¿quién sabe si tendrá la aceptación esperada? Hasta los más respetables encuestadores se han equivocado alguna vez. El público, sobre todo en materia de bienes de consumo, es versátil, inconstante e impredecible. El empresario arriesga siempre su patrimonio (o el del banco, pero es igual: siempre tendrá que devolver lo tomado en préstamo o perder su crédito para siempre, que es tanto como perder el patrimonio). Por tanto, son hombres de fortuna tanto como de valor, porque para hacer fortuna hace falta tenerla, propia o prestada y, además, tenerla en forma de suerte. Hace falta ser afortunado para hacer una fortuna.

Juegos de palabras aparte, la elección de estos doce apóstoles de la empresa ha sido bastante acertada. Desde luego, de entre los cientos de grandes empresarios que ofrece la historia contemporánea española podrían haberse seleccionado otros. Pero estos doce ofrecen variedad y representatividad como quienes más. Hay fabricantes de bienes de consumo y de bienes de equipo, hay quienes practicaron actividades muy diversificadas y quienes se atuvieron a una sola especialidad. En conjunto, dentro de su corto número, forman una muestra adecuadamente representativa. En varios trabajos de tipo estadístico, manejando muestras muy numerosas y comparando con empresarios de otros países, Gloria Quiroga y yo hemos podido comprobar que los empresarios españoles del siglo XX presentan algunas peculiaridades que los distinguen de los de nuestros países vecinos (Francia, Inglaterra y Escocia). En particular, los empresarios españoles han estado mucho más inmiscuidos en lides políticas que los de otros países; eran menos sofisticados técnicamente y su educación tenía un alto grado de polarización. Comentaré brevemente estos factores diferenciales.

Las incursiones de nuestros doce mosqueteros en política son, con pocas excepciones, bien notorias. Los Segarra mantuvieron excelentes relaciones con la dictadura franquista y con el estamento militar en general, donde hallaron un mercado cautivo para su producción de calzado de cuero. Mateu tuvo estrecha amistad con Alfonso XIII, que compraba sus automóviles y le ayudaba a promover su venta. Miembros de la familia Payá, los jugueteros de Ibi, no ocultaron su apoyo a las derechas en la Segunda República, y durante la dictadura de Franco mantuvieron fuertes nexos con la propia familia del dictador. El papel en la política de Juan March es bien conocido: su amistad con el dictador Miguel Primo de Rivera, su enfrentamiento con la República, su decisiva intervención a favor de Franco durante la guerra civil, permiten afirmar que ha sido el empresario más determinante en la historia de España en el siglo XX. Su actuación política, como la puramente profesional, está llena de claroscuros, algunos de ellos mucho más oscuros que claros. Consciente de ello, quiso redimirse en los últimos años de su vida creando la Fundación que lleva su nombre. Fue un indudable acierto. También Fierro se valió de sus contactos políticos para obtener ventajas, como su acceso a la condición de monopolista de fósforos; igualmente Pepín Fernández, el creador de Galerías Preciados, contó siempre con el apoyo de ministros e incluso de Carmen Polo de Franco, la esposa del dictador. De Carceller no hablemos: él mismo fue Ministro de Industria y Comercio de 1940 a 1945, cargo al que llegó en gran parte por sus méritos empresariales y por su astucia política, y del que se benefició en los años posteriores. Estos fueron quizá, de este pequeño grupo de empresarios, los que más se mezclaron en la política y más se sirvieron de ella en su actuación profesional. Pero puede decirse que todos fueron gente de derechas o de orden, y que se acomodaron perfectamente a la dictadura, bien con Primo de Rivera, bien con Franco, bien con ambos. No cabe duda de que esta preponderancia de la política entre los empresarios españoles se debe al enorme peso que el Estado ha tenido en nuestra historia económica; nada tiene de extrañar que los empresarios españoles buscaran la protección de un Estado intervencionista y todopoderoso en medida mucho mayor que los británicos, e incluso los franceses. A ello ha de añadirse el hecho circunstancial de que en la mayor parte del siglo XX la historia de España haya transcurrido bajo el signo de la anormalidad: dos dictaduras separadas por una efímera y convulsa república y una guerra civil. En estas circunstancias era lógico que los empresarios corrieran a refugiarse bajo el ala protectora de los regímenes totalitarios que garantizaban orden, disciplina, certidumbre y, lo más importante, disciplina laboral.

Con todo, este grupo de empresarios no provenían de la clase alta más que en algunos casos, los menos: Mateu, Aguirre, Fierro... Los Masaveu, los Payá y varios otros fueron sagas, de modo que la segunda generación ya nació en un medio familiar acomodado, como lo hicieron, por supuesto, los descendientes de March, Fierro, Huarte, etc. Lara, aunque hijo de médico, llevó una vida desordenada y aventurera hasta establecerse en Barcelona en condiciones relativamente precarias, aunque casado con una culta e inteligente señorita de buena familia. Por cierto, hablando de Lara, su caso es muy peculiar: el de un editor a quien no le gusta ni leer ni estudiar y que, sin embargo, aunque con muchas dificultades, persiste en establecerse en esa profesión y en ofrecer lecturas a los españoles de la posguerra. Este es un misterio difícil de comprender a menos que recurramos a aquel proverbio francés de las novelas policiacas: *cherchez la femme,* busquemos a la mujer. Una buena parte de los asesinatos tienen motivos pasionales; para resolver estos misterios hay que buscar a la mujer que lleva al hombre a delinquir. En el caso de Lara, es lo mismo, pero al revés: detrás del editor refractario a la letra impresa hay una ávida lectora que dirige sus pasos y sus decisiones profesionales, que descubre los originales que harán fortuna. He aquí un editor afortunado, que debió llamar a su editorial «Teresa Bosch»; o al menos «Bosch y Lara». En nuestro trabajo de historia empresarial, Gloria Quiroga y yo hemos encontrado pocas empresarias, aunque algunas fueron realmente notables. Pero lo que sí hemos percibido en varias de las muchas biografías que hemos leído ha sido una empresaria consorte (o incluso madre) que ha preferido quedar discretamente en segundo plano.

El trasfondo familiar sin duda ha tenido su importancia, sobre todo en la educación de los futuros empresarios: así, de los tres de esta muestra que fueron a la universidad, dos, Mateu y Aguirre, provenían de familias acomodadas; pero no así Carceller que, hablando de sus orígenes familiares, dijo: «Éramos perfectamente pobres». Sin embargo, estudió la carrera de ingeniero textil y resultó un estudiante brillante. Esto se debió a la protección de Alfons Sala, prohombre de la Lliga y presidente de la Mancomunitat

Catalana, que reconoció las aptitudes de Carceller y le costeó la carrera. El caso inverso es el de Lara, que, hijo de médico, se negó a estudiar, terminó combatiendo con la Legión en la Guerra Civil y dando tumbos, supo casarse bien para terminar convertido en un gigante de la letra impresa. Pero la mayor parte de nuestros hombres de valor y fortuna tuvieron un origen muy humilde y se abrieron paso a base de esfuerzo y también, a menudo, de protección oficial astutamente buscada. Y entre nuestros doce afortunados la mayoría apenas tuvieron educación primaria. De Segarra se dice que aprendió a leer de mayor; muchos otros empezaron a trabajar casi niños, adolescentes, y apenas pudieron aprender a leer y a escribir. Eso también es característico de toda nuestra élite empresarial del siglo XX: casi la mitad tiene carrera universitaria, pero más de un tercio apenas tuvo educación primaria. Los que empezaron a trabajar al terminar la educación secundaria fueron minoría, a diferencia, por ejemplo, del caso inglés.

Estoy convencido de que la mayor parte de nuestros hombres de fortuna, casi seguro que la totalidad, fueron empresarios schumpeterianos sin saberlo. Pero lo fueron. Compruébelo el lector por sí mismo.

Madrid, mayo de 2019.

GABRIEL TORTELLA

Introducción

En Poética, que es la ciencia humana que investiga la naturaleza de la literatura, acostumbra a diferenciarse, *avant la lettre,* entre *creación* e *imitación*, los dos conceptos que definen las caras (complementarias, más que antagónicas) del complejo, y en ocasiones difuso, hecho literario. La primera idea nace a partir del término *poiesis* —ποιέω, en griego—, cuyo significado literal expresa la capacidad de *creación* o la acción de hacer o fabricar cosas, ya sea desde el punto de vista intelectual o material, con la mente o utilizando las manos. Platón la define en *El banquete* como «la causa que convierte cualquier cosa que consideremos de *no-ser* a *ser*». Una capacidad atribuida en principio a Dios, el único ser capaz de crear algo a partir de la nada, pero que también practica —aunque sea de forma imperfecta— el hombre corriente, por ejemplo al inventar artefactos como el arado para cultivar la tierra, contar la historia sagrada de sus antepasados o expresar sus sentimientos íntimos mediante la poesía, sinónimo de todas las formas posibles de creación; entre ellas, el juego.

El segundo concepto se refiere a la *mímesis*, cuyo nombre deriva del término griego μίμησις, utilizado para designar la *imitación* o la *recreación* —ambos son procesos análogos— de algo existente previamente en la naturaleza física o humana, y cuya reproducción —fiel y proporcionada— sería teóricamente la finalidad esencial del arte. La *poiesis* es espontánea, libérrima y de vocación rebelde; la *mímesis,* en cambio, se nos aparece como una disciplina ordenada, armónica y contenida. La primera *busca,* la segunda *copia*; y ambas *crean*, aunque sea por distintos caminos. En cierto sentido, estos conceptos culturales dividen en dos, como un parteaguas, toda la historia de la Estética. Por un lado tenemos la etapa artística denominada *clásica*, que residencia el poder estético en el objeto —aquello que llamamos *obra*— y establece como pauta de navegación el precepto (discutible) de que para lograr el mayor grado de acierto artístico es obligado ser fieles a determinadas reglas, obtenidas a partir del análisis de los grandes modelos antiguos. En una posición distinta estaría el tiempo infinito de la *modernidad* que, a pesar de sus múltiples reencarnaciones, consumadas además con rostros y máscaras cambiantes, se caracterizaría por el creciente protagonismo del sujeto en el proceso de creación artística y la reducción de todas las preceptivas anteriores a una nueva ley: no hay más norma aceptable en arte que aquella que instaure libremente el *yo* del creador. Por supuesto, esta dicotomía es instrumental: sirve básicamente para entendernos, pero en el mundo real, que es el que refleja o expresa el arte a través del simulacro y las mentiras ficcionales, ambos principios se encuentran entremezclados, entreverados, fundidos en una misma materia.

Jorge Luis Borges condensa ambas lecturas de la creación artística en el sustantivo milagroso con el que titula uno de sus extraordinarios libros misceláneos, donde podemos encontrar, conviviendo sin problema, la poesía con la prosa, el verso, la narración y el ensayo. *El hacedor,* publicado en el año 1960, es un texto dedicado específicamente, pero sin nombrarlo, a Homero, el primero de todos los poetas que en el mundo han sido y serán, autor de las dos grandes epopeyas de la historia —la *Ilíada* y la *Odisea*—, un vate ciego, como el propio Borges, y cuya verdadera existencia es una suposición análoga a la de sus personajes heroicos. El escritor argentino dedica la colección de piezas literarias tituladas con este nombre a su compatriota Leopoldo Lugones, con el que mantiene —en la dedicatoria— un encuentro fabulado en el cual entrega a su mentor un libro en el que este puede leer versos en los que reconoce su propia voz, compuestos merced a su magisterio sobre el joven poeta inexperto. «Usted, Lugones» —confiesa Borges— «se mató a principios del 38. Mi vanidad y mi nostalgia han armado una escena imposible. Así será (me digo) pero mañana yo también habré muerto y se confundirán nuestros tiempos y la cronología se perderá en un orbe de símbolos y de algún modo será justo afirmar que yo le he traído este libro y que usted lo ha aceptado».

Los doce personajes de este libro también están muertos. Sin excepción. Y, sin embargo, de alguna forma permanecen vivos en el rostro de nuestros contemporáneos. Sus historias, recreadas en este volumen, tienen indudables elementos de realidad —los datos biográficos, las fechas objetivas, los calendarios públicos, las fotos de seres que pisaron una vez la Tierra—, pero despiertan asimismo el profundo aroma de la ficción, en el sentido de que, allí donde no conocemos todos los hechos, los datos se desdibujan o sencillamente no dicen nada, donde las biografías enmudecen, sus vidas ciertas sugieren lo que pudieron sentir, pensar y conjeturar sus protagonistas. Individuos que responden fielmente al concepto de los *hacedores:* gente que, partiendo de la nada, en unos casos viniendo de la miseria, u ocupando los puestos más humildes de sus correspondientes sociedades, fueron ascendiendo —con mayor o menor fortuna— por la escalera del éxito material, aunque sea más dudoso poder concluir si este viaje terminó siendo personal. Esto es: si las fortunas, el poder y las riquezas que acumularon, y que en buena medida legaron a su vez a sus sucesores, siguiendo la ciega fe de la sangre, los hicieron también personas realmente felices.

Lo que es indudable, en su caso, es que *hicieron* cosas. En este caso, empresas. Las sociedades mercantiles, aunque en general carezcan de prestigio humanístico y de la pátina de la cultura, también son, o pueden ser, una indudable obra de arte: organizaciones, regidas por el derecho y perseguidoras de la rentabilidad, que *fabrican* riquezas a cambio de la venta de productos y servicios, enriqueciendo a sus dueños y alimentando a su vez a sus trabajadores, configurando así un círculo —virtuoso o maligno, dependiendo del caso— que altera vidas y haciendas. Y que constituyen el rostro de un tiempo y un país. Sus creadores, que son los retratados en este libro, lograron este extraño prodigio de *hacer* máquinas empresariales *imitando* a otros hombres, que a veces eran sus mayores; o, en otros casos, *creando* desde el vacío, rompiendo amarras con el pretérito, forzando los límites de lo razonable o, directamente, obviando la ley.

No podemos afirmar de ellos, igual que de ninguno de nosotros, que sean hombres *ejemplares* en el sentido más bondadoso del término. Lo que sí es indiscutible es que todos fueron personajes singulares, con talento e inteligencia suficientes como para sobresalir entre sus contemporáneos y buscar, en un contexto de extraordinarias dificultades, su propio sendero. Los autores de este libro no pretendemos juzgarlos, de igual forma que hemos evitado en todo momento, como sucede con las hagiografías al uso, aplaudir sin sentido crítico su conducta. No hacemos juicios morales. Relatamos las luces y también las inevitables sombras cuyo perfil hemos alcanzado a delimitar. Narramos, en definitiva, sus *odiseas* personales, contextualizándolas con los hechos históricos de la España concreta que les tocó vivir a cada uno de ellos, y poniéndolas en relación con su carácter, al estimar que la trayectoria personal, la suma (azarosa o coherente) de vivencias, triunfos y fracasos que forman cualquier existencia, es la verdadera causa, la razón última, que explica sus *hazañas,* o justifica sus errores, mejor que la visión, previsible, inverosímil y codificada de las medallas, los galardones sociales y los buenos deseos. Para nosotros son hombres de carne y hueso. Hombres de fortuna.

Carlos Mármol y José María Rondón

Elías Masaveu Rivell
(1847-1924)
El financiero discreto

Museo de Historia de la Automoción de Salamanca (Wikicommons).

Un apellido puede ser el más breve de los relatos de la Historia. Algunos mantienen una narración y una aventura que nunca se agota del todo. Por ejemplo, Masaveu. Quizá el título más ilustre para una saga de clara vocación mundana. Hoy está asociado al negocio de la banca y las finanzas, la energía, el transporte terrestre y marítimo, las explotaciones agrarias y las bodegas, los laboratorios, el cemento, los negocios inmobiliarios... Pero también a esa otra versión más escasa de la virtud que es la discreción. Paradójicamente, la dinastía, que lleva alojada en su interior una de las grandes fortunas de España, tiene su memoria resumida en un billete de transporte, el que llevó en un frío noviembre de 1860 a Elías Masaveu Rivell desde su localidad natal, Castellar del Vallés, en Barcelona, a Oviedo. Allí acabó enrolado en la tienda de tejidos que su tío Pedro Masaveu Rovira regentaba en el número 26 de la calle Cimadevilla de la capital asturiana.

Aquel boleto para el viaje en diligencia, protegido detrás de un cristal y, seguramente, colgado en un lugar destacado de su vivienda, siempre le recordó a Elías Masaveu Rivell la importancia de ese traslado de más de novecientos kilómetros que emprendió con trece años, cuando apenas se estrenaba en la adolescencia. Sería, sin duda, la decisión más trascendental de su vida. Esa casa comercial dedicada a la distribución de la producción textil catalana y a la importación de confecciones belgas, francesas e inglesas acabaría por convertirse bajo su dirección en uno de los más importantes grupos empresariales de España. Desde el comienzo, el culto al trabajo, el rechazo al dispendio y a los negocios fáciles, el profundo sentido religioso y el acusado amor por la cultura —son titulares de una de las más valiosas pinacotecas privadas españolas— estuvieron entre las reglas de la Casa Masaveu.

Hoy se sabe que aquel éxodo de Elías no fue un caso único. Él fue uno más en la amplia diáspora de catalanes que, a lo largo del siglo XIX, se instalaron en las diferentes regiones españolas acompañando a la exportación de paños y telas, y facilitando su distribución. Así era habitual, entre los profesionales del sector, apellidos como Boadella, Caubet, Coll, Comas, Figuerola, Fortuny, Godó, Homet, Molins, Pagés y Puig, entre otros. Incluso, de esta abundante presencia de catalanes en Oviedo relacionados con el comercio de tejidos da cuenta Leopoldo Alas, *Clarín,* en las páginas de *La Regenta:* «La calle del Comercio es el núcleo de estos paseos nocturnos y algo disimulados. Los caballeros van y vienen por la ancha acera y miran con mayor o menor descaro a las damas sentadas junto al mostrador. Con un ojo en las novedades de la estación y con otro en la calle, regatean los precios y cazan lisonjas y señas al vuelo. Los mancebos son casi todos catalanes, pero pronuncian el castellano con suficiente corrección. Son amables, guapos casi todos. Los más tienen la barba cortada a lo Jesucristo. Muchos, ojos almibarados y rosas en las mejillas. Inclinan la cabeza con una languidez entre romántica y cachazuda...».

En su aventura, Elías Masaveu Rivell tuvo como impulso el camino ya trazado por su tío, instalado en la ciudad asturiana, al menos, desde 1840, marcado oficialmente como el «año cero» de la dinastía. Es de suponer que el iniciador de la saga, Pedro, atravesó el tradicional proceso de promoción profesional hasta alcanzar el grado de dependiente. Lo hizo, muy probablemente, en el comercio de «paños, sederías y otros géneros y artículos» de León García Barrosa, quien al fallecer dejó todo el negocio a su mujer, Carolina González Arias-Cachero. Debió de ser el desconocimiento del oficio lo que forzó a la viuda a asociarse con alguien de probada capacidad y experiencia en el ramo. Ese profesional fue el señor Masaveu Rovira, posiblemente el empleado más antiguo de la casa, con quien constituyó en 1855 la sociedad Viuda de Barrosa y Compañía. Tres años más tarde, el 20 de diciembre de 1858, los dos socios contrajeron matrimonio, pasando la sociedad a la denominación Pedro Masaveu y Compañía. Desde entonces, la casa quedaría ligada al apellido de esta familia originaria de la comarca catalana del Vallés Occidental.

Desde sus comienzos, este negocio se distinguió por su carácter innovador y cosmopolita. El propio Pedro Masaveu Rovira se encargaba de viajar dos veces al año a Barcelona, Belfast, París, Londres y Manchester para adquirir las mercancías novedosas y de calidad que darían prestigio al negocio. Con el tiempo, y de manera progresiva, fue abriéndose a las operaciones de banca —el giro, el descuento, la negociación y el préstamo—, hasta configurarse como uno de los «comerciantes banqueros», colectivo que durante el siglo XIX llevó en España el peso de la mediación bancaria. En este carril, el primero de los Masaveu estuvo entre los promotores del Banco de Oviedo, entidad de emisión fundada en 1864, pasando a formar parte del primer consejo de administración donde se encontraban algunos de los nombres más significativos de la vida mercantil ovetense, como Ignacio Herrero Buj, el futuro fundador del Banco Herrero.

De este modo, a Pedro Masaveu Rovira hay que reconocerle un protagonismo incuestionable en el despegue de la vida de su sobrino en una doble vertiente: la económica y la profesional. «En los negocios, porque logró elevarlos, a pesar de las dificultades de la época, hasta un nivel y una solidez importantes. Con el personal, porque consiguió formar unos profesionales que no solo mantuvieron los negocios por él emprendidos sino que los potenciaron considerablemente y, en el marco de la expansión industrial de los nuevos tiempos que les tocó vivir en torno al cambio de siglo, tuvieron un destacado papel, dedicando sus esfuerzos y sus capitales a la fundación y promoción de empresas en los sectores productivos de vanguardia», desvela José Ramón García López en *Los comerciantes banqueros en el sistema bancario español. Estudio de casas de banca asturianas en el siglo XIX* (Universidad de Oviedo).

Con valor para los negocios

Aplicado en el oficio y con valor para los negocios, Elías pronto ganaría posición en la casa de comercio, convirtiéndose en uno de los hombres de confianza de su tío. Tanto es así que, cuando Pedro Masaveu Rovira decidió situar su casa de comercio bajo la fórmula legal de una sociedad colectiva, contó con él, junto con dos de los dependientes de más antigüedad en la tienda de textiles. «Martín Comas y Domingo Boadella ya habían convenido, años atrás, sustituir la remuneración por una participación en los beneficios, y tenían suficientemente probada su responsabilidad y su aptitud. Elías Masaveu, su sobrino, más joven que aquellos, pero ya veterano en la casa, estaba todavía a sueldo, pero también había demostrado ser capaz de asumir la responsabilidad de socio, a pesar de disponer de una menguada suma para participar en el capital social», señala en su estudio el profesor García López.

Así pues, los cuatro decidieron «por razones de conveniencia recíproca, constituirse en sociedad», dando comienzo sus operaciones como tal el día

13 de enero de 1867. Más allá de la retórica de las fórmulas legales, la modificación de la naturaleza social de la casa de comercio respondió a la crisis financiera, comercial e industrial que azotó en aquellos años, y al deseo del primero de los Masaveu de asegurar el futuro de su familia dejando, por un lado, el negocio en manos expertas y, por otro, diversificando el riesgo al poder retirar parte de su capital personal con la entrada del aportado por los socios. De este modo, se estableció un capital social de 600.000 reales, conforme al siguiente reparto: Pedro Masaveu Rovira, 464.162 reales; Martín Comas Farell, 63.959; Domingo Boadella Albert, 62.440; y Elías Masaveu Rivell, 9.439.

Con todo, la transformación en sociedad apenas deparó cambios en la gestión diaria de la compañía, cuyas funciones de dirección y administración continuaron en manos de Pedro Masaveu Rovira. Solo por ausencia o enfermedad, podría ser reemplazado por Martín Comas o Domingo Boadella. Sin embargo, la mudanza sí afectó de forma considerable al reparto de beneficios. Si bien la remuneración para los dos empleados más veteranos permaneció casi igual, no ocurrió lo mismo para Elías Masaveu Rivell, quien vio mejorados sus ingresos sensiblemente al escalar desde la categoría de comercial raso a socio industrial. Al mismo tiempo, se situó en un lugar preferente para, llegado el momento, tomar las riendas de un negocio que iba a girar, con el paso de los años, hacia las operaciones de banca y las aventuras industriales.

Ese vuelco de aquella casa de comercio hacia el mundo financiero se registró definitivamente a partir de 1875. Aunque hasta ese momento, la actividad principal consistía en la compra y venta de tejidos y solo de forma ocasional se emprendían otras operaciones, como el giro o el cobro de efectos, la insuficiencia de medios de pagos existentes en la época obligó a esta saga de comerciantes a familiarizarse con fórmulas financieras como la letra de cambio o los créditos. A este factor se sumó una importante red de corresponsales que le permitió, en un plazo breve de tiempo, asentarse con presteza, eficacia y garantía en las gestiones que demandaban las operaciones de naturaleza bancaria. Las casas Rondeau, Nos & Setten, en París, y Margetson & Co, en Londres y Manchester, se convirtieron en dos de sus principales colaboradores, que se extenderían también de forma masiva por suelo asturiano y español.

A estos movimientos de pagos, cobros y transacciones, la casa Pedro Masaveu y Compañía pronto añadió las cuentas corrientes, si bien solo para un número restringido de clientes, seleccionados por su solvencia y evitando así descubiertos que pudieran producir, por acumulación, riesgos considerables. De ahí las elevadas exigencias impuestas para acceder a este producto, especialmente para los saldos temporalmente deudores a los que, además de la «comisión de caja» que generalmente era de 1/4 %, y excepcionalmente de 1/8 %, se aplicaba un interés de 5 o 6 %. Junto a particulares de holgada posición económica, se alistaron empresas como la Real Compañía Asturiana de Minas, radicada en Arnao; la Sociedad de Productos Químicos, de Oviedo, y la Sociedad Fábrica de Mieres, con un movimiento que duplicaba al de los clientes más poderosos de la casa: 605.000 pesetas, en 1882. Precisamente ese año, dado el auge de la actividad financiera, la sociedad decidió ampliar su objeto social, dando cabida a «toda clase de operaciones de giro, cambio y descuento, y a la compra de efectos públicos».

En este punto, el profesor García López anota en el estudio *Notas sobre la presencia de comerciantes catalanes en Oviedo* (Boletín del Instituto de Estudios Asturianos, número 119, 1986, pp. 795-804) que «la Casa Masaveu alcanzó un elevado prestigio, no solo como vendedores al por mayor y por menor de tejidos, sino también como casa de banca». Y añade al respecto: «No obstante, lo curioso es que, aunque ambas secciones constituían partes inseparables del negocio, solo eran catalanes los empleados en la *sección comercial,* es decir, los dependientes, cortadores, encargados, etc., mientras que el personal de escritorio y de los asuntos de banca (contables, escribientes, etc.), con la excepción de Antonio Puigvert, no procedían de Cataluña».

La muerte del fundador

Aquellos días felices solo se torcieron con el fallecimiento de Pedro Masaveu Rovira el 2 de marzo de 1885 en Barcelona, donde se había retirado semanas antes con su esposa y una de sus hijas ante el empeoramiento de su salud. Las notas necrológicas emitidas a raíz de su desaparición recordaron su carácter pionero y emprendedor: «Indudablemente era el señor Masaveu la persona a quien se debió la importancia que el comercio de tejidos y novedades ha adquirido en nuestra ciudad, y la extensión que posteriormente han tenido las operaciones en los establecimientos de esta clase, que hoy no son únicamente para la capital, sino para todos los pueblos de la provincia», anotó sobre él un periódico de Oviedo. A su muerte, el primero de los Masaveu dejaba un capital superior al millón de pesetas, repartido entre su participación en su «casa de comercio», valores y fondos públicos y varias fincas rústicas y urbanas.

La desaparición del fundador de la saga no produjo grandes sobresaltos. Todo lo contrario. La llegada a los mandos de la casa de Elías Masaveu Rivell —casado con su prima Pilar, una de las hijas de Pedro Masaveu Rovira— alentó los negocios comerciales y bancarios pero, al mismo tiempo, inició una fuerte implantación del grupo en el mundo industrial. Sería la primera ocasión que la dinastía Masaveu exhibiera una de sus más firmes cualidades: la concepción de los negocios como un legado que trasciende a sus titulares, donde la proyección hacia el futuro y la transmisión de los bienes a las nuevas generaciones son principios irrenunciables. La familia siempre ha gestionado los relevos con una figura muy catalana, la del *hereu* (heredero), como una condición vital de supervivencia del grupo sin fraccionamientos y disgregaciones que lo fragmenten y debiliten.

Ya instalado como capitán de la saga, Elías Masaveu Rivell puso en marcha un proyecto industrial inédito en España a finales del siglo XIX: la fabricación de cemento artificial. Así, constituyó en 1898, con un capital de un millón de pesetas, la sociedad anónima Tudela Veguín —radicada en la localidad asturiana del mismo nombre, al pie de unas canteras de caliza próximas a unas minas de carbón— para atender la fuerte demanda de materiales de construcción surgida a raíz de la expansión urbanística y de los inicios de la construcción del puerto de El Musel, en Gijón. Pero, bajo su mando, la expansión industrial también alcanzaría el comercio, la alimentación, el abastecimiento de aguas, los transportes, la metalurgia... En la Compañía de los Ferrocarriles Económicos de Asturias (1887), en la Sociedad Industrial Asturiana Santa Bárbara (1895), en la Sociedad Popular Ovetense (1898), en la fábrica de cervezas El Águila Negra (1900), en la Constructora Gijonesa (1900), en la Sociedad Española de Aceites Vegetales (1901), en las Hulleras de Veguín y Olloniego (1918) y en Carboneras de Valdecuna (1918), entre otras, estuvo presente la Casa Masaveu, representada en la mayor parte de los casos por su jefe, Elías Masaveu Rivell, que formó parte de sus consejos de administración, bien como presidente bien como vocal.

La multitud de cargos y negocios industriales no apartó a Elías Masaveu de los asuntos comerciales y, fiel a su vinculación inicial con el comercio minorista, no solo mantuvo abierto el establecimiento original de tejidos, sino que llevó a cabo una realización novedosa e innovadora: la apertura en Oviedo del Gran Salón Bazar (1905), establecimiento inspirado en los más avanzados de las grandes capitales europeas. «La reputada casa Masaveu y Compañía, establecida en Oviedo en la calle de Cimadevilla, tiene tres magníficos comercios, uno de confecciones y novedades para señora, otro de sastrería y el gran Salón Bazar, construido en edificio *ad hoc*. Dedícase también esta acreditada casa al negocio de banca, y la firma de los señores Masaveu y Compañía es conocidísima en España y América», informaba *Blanco y Negro* el 26 de septiembre de 1908. En el campo financiero, desarrolló ampliamente la función bancaria en su casa matriz (que, desde 1892, giraría bajo la razón Masaveu y Compañía). A partir de ella, y en unión de otras entidades, creó en 1899 la casa de banca Juliana y Compañía, y en 1920 los bancos de Oviedo y Gijonés de Crédito. La posterior integración de ambas entidades en el Banco Español de Crédito propició la presencia permanente de un miembro de la Casa Masaveu en su consejo de administración.

En ese ejercicio de equilibrio entre el poder y la discreción que guarda el secreto de la supervivencia de la dinastía Masaveu, la formación ha tenido un papel principal. Si Elías Masaveu Rivell apenas limitó su aprendizaje a las interminables horas tras el mostrador de la tienda de tejidos de la calle Cimadevilla, su hijo y *heredero,* Pedro Masaveu Masaveu (1886-1968) estudió en la Escuela de Comercio de Oviedo y amplió su formación en Francia, Reino Unido, Alemania y Suiza. A la salida de estos años, ya se integró en los puestos de responsabilidad del grupo industrial y financiero. Así, en 1918 fue nombrado consejero de Hulleras de Veguín y Olloniego; en 1920, del Banco de Oviedo, y en 1924 pasó a dirigir el grupo empresarial tras el fallecimiento de su progenitor. Asimismo, presidió la sociedad anónima Tudela Veguín y, con el concurso de su hermano José (1888-1942), ingeniero industrial, amplió sucesivamente la producción de cemento, creando en 1953 una nueva fábrica en Aboño, en las proximidades del puerto gijonés de El Musel, llegando a aglutinar en torno al 10 % del volumen total nacional.

También fue presidente de la Compañía de los Ferrocarriles Económicos de Asturias, y consejero, entre otras empresas, de la Sociedad Industrial Asturiana Santa Bárbara, del Banco Español de Crédito y de la Azucarera Española, según ha rastreado el profesor de la Universidad de Oviedo José Ramón García López. A grandes trazos podría decirse que esta dinastía vivió un tiempo de bonanza bajo el franquismo, dado que el negocio bancario florecía a la sombra del desarrollismo industrial de la época. Eso sí, con una nota particular: la familia Masaveu se distinguió siempre por una vocación comercial e industrial, utilizando su banca como un servicio exclusivo de caja para sus negocios.

Pero más allá de balances económicos, cuentas de resultados y consejos de administración, Pedro Masaveu Masaveu afiló en su vida una extraordinaria inclinación por la belleza, que lo llevó a implicarse en el mundo del arte y de la música con una importante labor de mecenazgo. Cursó estudios de piano, presidió la Sociedad Filarmónica de Oviedo y patrocinó a algunos creadores como Federico Mompou, quien compuso alguna de sus piezas en la finca Hevia, propiedad del empresario. Se ha contado en alguna ocasión cómo la primera vez que el consejo de Banesto se reunió a almorzar en su mansión de Oviedo, se arrancó a los postres con unas sonatas al piano de Mozart que dejaron maravillado al personal. También él fue el motor de explosión de un coleccionismo que no solo acumulaba, sino que aspiraba a vivir por dentro aquello que coleccionaba. Bajo sus órdenes, se inició en el grupo la compra de obras de grandes maestros del arte español que han acabado por convertir la Colección Masaveu en una de las mejores de Europa en el ámbito privado, con obras de El Greco, Murillo, Zurbarán, Alonso Cano, José de Ribera, Francisco de Goya, Ramón Casas, Mariano Fortuny y Santiago Rusiñol, entre otros.

Ese deslumbramiento por el arte fue heredado por sus dos hijos: María Cristina (1937-2006) y Pedro Masaveu Peterson (1938-1993), quienes también, en una sucesión sin aparentes traumas, asumieron la responsabilidad de dirigir el grupo empresarial tras el fallecimiento el 9 de febrero de 1968 de su progenitor. A los mandos del grupo, también demostraron una extraordinaria puntería para los negocios. Como movimiento más destacado, potenciaron la producción cementera de la sociedad anónima Tudela Veguín, ampliando la capacidad de las instalaciones y fomentando una constante renovación tecnológica que hizo posible multiplicar la gama de productos finales; incorporaron al grupo las empresas Cementos La Robla y Cementos Valgrande (1968), y fundaron Cementos del Cantábrico (1969), lo que le permitió a la Casa Masaveu mantener una fuerte presencia en la oferta cementera española. Simultáneamente, extendieron las actividades con inversiones en nuevos campos, como explotaciones agrarias y vitivinícolas (con la adquisición en 1974 de las Bodegas Murua, en la Rioja alavesa), centros y laboratorios médicos, negocios inmobiliarios y aparcamientos urbanos. Pese al despliegue en sectores y actividades diversas, la actividad bancaria siempre ha sido el motor del grupo empresarial.

Curiosamente, a medida que las actividades económicas de la Casa Masaveu se aproximan al presente, estas se difuminan —otra vez— entre el sigilo y la mesura, cualidades que bien podrían explicar la longevidad de la fortuna de la Casa Masaveu a lo largo de varias generaciones y de casi dos siglos. Se sabe que Pedro Masaveu Peterson, licenciado en Derecho por la Universidad de Oviedo y con una amplia formación en contabilidad y administración de empresas, fue consejero del Banco Español de Crédito desde 1968, entidad en la que el grupo tenía una importante participación; vicepresidente de la corporación industrial y financiera de Banesto, y consejero de varias empresas filiales y participadas, pero todos los escasos apuntes biográficos recalcan en que esta vinculación cesó en 1992 «al discrepar de los derroteros heterodoxos por los que estaba discurriendo la entidad, que meses después sería intervenida por el Banco de España». Fue también consejero en empresas participadas por la Casa Masaveu, entre ellas Hidroeléctrica del Cantábrico.

El más devoto de Sorolla

Paralelamente a los negocios, su inclinación por el arte lo llevó a continuar y ampliar significativamente la colección iniciada por su padre, convirtiéndola en una de las más importantes de España en el ámbito privado, con brillo internacional. En particular, sintió predilección por los trabajos de Joaquín Sorolla, del que llegó a reunir hasta 58 lienzos, convirtiéndose en el español que más obras del pintor valenciano atesoró, el segundo a nivel mundial por detrás de Archer Milton Huntington, fundador de la Hispanic Society of America. Pedro Masaveu Peterson también fue el primer presidente de la Fundación Príncipe de Asturias desde septiembre de 1980 hasta junio de 1987, fecha en la que abandonó el cargo por razones de salud y fue sustituido por el también empresario Plácido Arango. Además, fue uno de los principales impulsores de la fundación que otorga anualmente los conocidos premios Príncipe de Asturias, a la que aportaba prácticamente la mitad de su presupuesto. El rey Juan Carlos I le concedió la gran cruz de la orden del Mérito Civil y poseía también la orden de San Carlos.

Por su parte, María Cristina Masaveu Peterson compartió con su hermano Pedro la titularidad de la Casa Masaveu y, al fallecimiento de este en 1993, soltero y sin hijos, vio aumentar su participación en el grupo, aunque delegó la dirección en su primo Elías Masaveu Alonso del Campo, siguiendo hasta su fallecimiento al corriente de los negocios y actividades, pero sin implicación directa en la gestión. Con todo, al recibir ese enorme patrimonio de su hermano, tuvo que abonar al Principado de Asturias 90 millones de euros en concepto de impuesto de sucesiones, una de las cantidades más altas pagadas por tasas hereditarias. Tras un año de negociaciones, abonó la mitad de esa deuda con la entrega como dación en pago de cuatrocientos cuadros de la colección de su hermano Pedro Masaveu Peterson, que hoy integran los fondos del Museo de Bellas Artes de Asturias, convirtiéndose en uno de los principales reclamos.

Como ya se ha apuntado, al frente de la quinta generación de la saga se situó, en un cambio de la línea sucesoria, Elías Masaveu Alonso del Campo (1930-2005), primo de Pedro y María Cristina Masaveu Peterson. El nuevo patriarca de la dinastía, condiscípulo de Emilio Botín en el colegio de los jesuitas de Gijón e ingeniero industrial por la Universidad de Barcelona, estuvo vinculado siempre profesionalmente a las sociedades industriales del *holding* familiar, fundamentalmente como director de sus fábricas cementeras. Dirigió desde el puente de mandos del grupo empresarial nuevas tomas de participación en el sector bancario nacional, con la entrada en Bankinter en mayo de 1995 y en el Santander Central Hispano en abril de 1996.

El afán de eternidad

A su vez, fue consejero de la Compañía Eléctrica de Langreo —luego comprada por Iberdrola—, los Ferrocarriles Económicos de Asturias —integrados en la estatal FEVE en los años setenta—, la siderometalúrgica Sociedad Industrial Asturiana (SIA) —parte de cuyos activos se integraron en Aceralia—, Banco Herrero, Hidroeléctrica del Cantábrico y la inmobiliaria Prusa, entre otras empresas. También bajo su gestión, el grupo acometió una importante ofensiva en el sector vitivinícola, en el que ya estaba presente —fundamentalmente en La Rioja— desde 1974 (Bodegas Murua y participación en La Rioja Alta, S. A.), con la adquisición y puesta en marcha de nuevas bodegas en Rías Baixas (Fillaboa), Navarra (Pagos de Araiz) y, por último, también en el sector sidrero asturiano (Pomaradas y Llagares de Sariego). Asimismo volvió a tomar posiciones en la actividad energética, tras adquirir el 0,7 % de la eléctrica Energías de Portugal (EDP).

Masaveu Alonso del Campo recordaba con frecuencia que «el afán de eternidad» era el propósito que debía inspirar los negocios familiares, concebidos como un legado que se ha recibido y al que debe darse continuidad. Esta concepción empresarial, y la especialización del grupo en sectores con alta rentabilidad y que se han desenvuelto históricamente en un régimen de oligopolio, caso de los cementos y sus derivados, son dos de los factores que permiten explicar por qué, mientras la economía asturiana perdió pujanza dentro del crecimiento regional español, el Grupo Masaveu, lejos de haberse desdibujado, como la generalidad de la burguesía industrial y financiera asturiana, no ha dejado de engrandecer sus dominios y de ampliar sus negocios, aun manteniendo en el Principado el corazón de su actividad.

Este linaje de empresarios alcanza hasta Fernando Masaveu Herrero (1966), quien accedió a la dirección ejecutiva de este conglomerado, con presencia e inversiones nacionales e internacionales, con 39 años a resultas de la muerte de su padre, Elías Masaveu Alonso del Campo, en mayo de 2005. Solo un año y medio más tarde, en noviembre de 2006, asumió todo el poder del grupo, con el control de la mayoría accionarial y la presidencia del *holding*, tras el fallecimiento, soltera y sin hijos, de la hasta entonces propietaria hegemónica de este emporio societario, María Cristina Masaveu Peterson.

Fue así como, tanto a título personal como en representación de las fundaciones familiares de las que fue investido como patrono y máximo responsable por Cristina Masaveu —y no sin alguna tensión con varios de sus cuatro hermanos—, Fernando Masaveu asumió el control de un conglomerado empresarial que se ha convertido en el más poderoso de los grupos de la antigua burguesía industrial y financiera asturiana que fueron capaces de sobrevivir al declive del modelo de desarrollo del Principado, ligado en origen a la minería del carbón y a la industria siderúrgica como sectores básicos de acumulación capitalista.

Licenciado en Derecho por la Universidad de Navarra, debutó en los negocios aún veinteañero como consejero del Banco Herrero y de Hidroeléctrica del Cantábrico, amén de su pertenencia a los consejos de muchas de las empresas familiares. Cuentan de él que es amante de la caza, le apasiona África, y mantiene una vida reservada y discreta, sin protagonismo social, tal y como impone la estirpe desde el siglo XIX. Masaveu Herrero es consejero de Bankinter (es el tercer mayor propietario del banco, del que posee el 5,3 %) y accionista del Santander y Banco Popular, entre otras inversiones en banca nacional e internacional.

El imperio familiar abarca bodegas de vino —en La Rioja, Ribera del Duero, Navarra y Rías Baixas— y de sidra, aparcamientos urbanos —en Asturias, Cantabria, Galicia y Cataluña—, sociedades inmobiliarias, clínicas privadas, centros de investigación médica avanzada, negocios de radiofarmacia, hoteles —en España, Estados Unidos, Hungría y Portugal—, sociedades portuarias de carga y descarga, o recogida de residuos industriales... Más de medio centenar de empresas propias. En el exterior, el *holding* opera a través de filiales propias en Estados Unidos, Reino Unido, Liechtenstein, Hungría, Rumanía, Portugal y Brasil.

El patrimonio de los Masaveu constituye una de las grandes fortunas españolas. El último dato oficial disponible data de los años noventa, cuando falleció Pedro Masaveu Peterson. El fisco evaluó entonces sus bienes en 300.000 millones de pesetas (1.800 millones de euros). Este patrimonio, más el que ya tenía entonces su hermana y heredera única (María Cristina), la parte proporcional en el grupo de su primo Elías y las posteriores ampliaciones de los dominios del *holding* están en manos de Fernando Masaveu. Su nombre estuvo entre los contribuyentes que se acogieron al proceso de regularización que Hacienda puso en marcha para los titulares de las cuentas en la sucursal en Ginebra (Suiza) del banco británico HSBC (la Lista Falciani), y que se saldó con la liquidación de la deuda tributaria. Si bien la información saltó a los medios, el grupo nunca rompió la discreción absoluta con la que se ha desenvuelto esta dinastía en todos sus actos y decisiones desde que se inició en los negocios hace casi dos siglos.

Porque hay familias titulares de grandes negocios y negocios respaldados por grandes familias. El grupo Masaveu no responde a ninguna de ambas tipologías. En los Masaveu apellido y negocios forman un todo indisociable porque ambas dimensiones, la familiar y la mercantil, constituyen un único concepto, preservado generacionalmente como un valor institucional. Desde su enriquecimiento en la Asturias decimonónica, «la Casa», según la terminología que siempre ha utilizado la familia, constituye un proyecto dinástico y, como tal, su preservación y transmisión a las generaciones futuras es un mandato inexorable que trasciende a las personas.

José María Rondón

Bibliografía

Erice, F. (1980). *La burguesía industrial asturiana (1885-1920)*, Oviedo: Silverio Cañada.

García López, J. R. (1987). *Los comerciantes banqueros en el sistema bancario español. Estudios de casas de banca asturianas en el siglo XIX*, Oviedo: Universidad de Oviedo.

Torres, E. (dir.) (2000). *Los cien empresarios españoles del siglo XX*. Madrid: LID, pp. 53-56.

www.corporacionmasaveu.com

Silvestre Segarra Aragó (1862-1941)

El patriarca de las alpargatas

Si hacemos una búsqueda en internet de la figura de Silvestre Segarra la imagen que nos encontramos muestra, en un *sfumato* involuntario, a un hombre de un tiempo lejano, con media sonrisa y deslumbrado por la presencia categórica de la cámara fotográfica. Parece estar interrogándola con la mirada al mismo tiempo que permanece en posición hierática. Mira el objetivo como si fuera un semejante. Su gesto es cómplice y también inseguro. Sabe perfectamente —se lo han advertido antes de entrar en el estudio— que en este instante, sentado delante del fotógrafo, está posando para la posteridad, eso que los demás llaman el porvenir y que él, que habitó siempre en un eterno presente, no ha conocido nunca ni, en el fondo, es capaz de imaginar. En su vida hubo un antes, pero no hay después.

Para la ocasión —debemos presuponer que hacerse este retrato es un momento importante— ha decidido vestirse con un terno oscuro de tres piezas, camisa blanca, chaleco, corbata y un sombrero alto que evidencia su deseo de presentarse como alguien socialmente relevante, aunque también le ayude a disimular ante los demás su irremediable y prematura calvicie. A pesar de este gesto de íntima coquetería masculina, su aspecto no puede desligarse de un cierto aire siciliano, en el sentido de provinciano. En efecto, es un hombre de la tierra. Un ser de comarca. Un hijo natural del Vall d'Uixó. Sus raíces sentimentales están bien ancladas a este territorio rural del interior de España situado entre Castellón y Valencia, del que el Mediterráneo, el mar de los clásicos que él no ha leído, ni leerá nunca, queda más o menos a unos ocho kilómetros de distancia, mal contados. El valle es su universo, igual que en su día lo fue para sus ancestros. Sucesivas generaciones con los mismos apellidos entrelazados. Instaladas en el mismo lugar, compartiendo un sitio común, mismos días, idénticas noches. Un mundo solo y horizontal. Una línea recta de estaciones alrededor del fuego y el abrigo de la familia, esa institución que es biológica, anímica y económica, aunque lo que llamamos economía en su caso no sea sino la supervivencia, sustentada en algo tan frágil, y también tan rudo, como la artesanía del cáñamo y el esparto, ejercida por los vecinos del lugar —según relatan las crónicas históricas— desde el tiempo de los moriscos, cuando todos los predios pertenecían a los *infieles*.

El año que nació, 1862, comenzó un miércoles, según el calendario gregoriano. Tres meses después, en marzo, sus ojos diminutos veían por primera vez la dudosa luz del día a la que se refiere el deslumbrante verso de Góngora. En Estados Unidos se libraba una sangrienta contienda civil. En Alemania Otto Von Bismarck era nombrado primer ministro. Bartolomé Mitre juraba como presidente de la República Argentina y el escritor Víctor Hugo publicaba *Los miserables*. Ninguno de estos hechos, por supuesto, influyó en su vida. Sus hazañas, carentes de un poema épico, serán las de un emperador industrial al que sus trabajadores llamarían «amo», aunque careciera de título de nobleza ni contara con una insignia de armas propia. Su único escudo será una marca comercial: Calzados Segarra. Unos zapatos y su apellido. El que heredó. Y el que a su vez dejará en herencia a sus hijos. Pero todo esto sucedería con el transcurso del tiempo, el trabajo y la habilidad para estar en el sitio adecuado en el momento necesario. En el relato inicial de su vida no ocurre nada extraño. Todo es vulgarmente convencional.

Nacido al amparo de una familia modesta, sin antecedentes en el mundo de los negocios, hasta los 18 años, cuando salió por primera vez del valle para hacer el servicio militar en Valencia, Silvestre Segarra Aragó ni siquiera sabía leer y escribir. La ausencia de formación básica no le impidió, sin embargo, progresar en el universo castrense. Siempre se ha dicho: al ejército es donde los muchachos van —generalmente a la fuerza— para convertirse en hombres. Ese fue su caso. Sus biógrafos relatan que sirviendo a la patria, aunque el *servicio* consistiera en obedecer al coronel, alcanzó el insigne puesto (intermedio) de cabo furriel. Un ascenso que le permitió gestionar los suministros que necesitaba la tropa, le enseñó cómo hay que dar órdenes a los demás hombres para que te obedezcan y le descubrió el extraordinario valor de la posesión de mercancías en una España agrícola, habituada a la escasez, presa de la ignorancia. Tras la experiencia militar, volvió a su pueblo de uniforme. Y a los 23 años, sin dejar pasar ni un día más, fiel a la infalible ley de la tierra, se casó con su novia *de toda la vida,* Teresa Boning Salvador, perteneciente a su misma medianía social. Nada extraordinario. Apenas un cruce de apellidos más entre gente de campo. De una sola pieza. Las fotos familiares la retratan a ella como una mujer vestida de negro de la cabeza a los pies y, con toda seguridad, educada como Dios (entonces) mandaba: para tener una familia numerosa y gobernar una casa. Silvestre carecía de vivienda y de oficio. Había trabajado algunas veces, como todos los muchachos del pueblo, en el campo. Cuando no podía hacerlo, fabricaba en las horas muertas *espardenyes* con suelas de cáñamo trenzado, la artesanía típica del valle, donde desde 1673 ya existía un gremio que congregaba a los alpargateros y sogueros —oficios propios de un país cruel, donde una cuerda es un tesoro— bajo una única autoridad, aunque cada uno trabajase por libre. Los economistas denominarían a esta organización «producción atomizada de ámbito local». Ellos, los hacedores de alpargatas, lo llamaban ganarse la vida. Nada más.

La fabricación a mano de calzado era un oficio pedestre que pasaba de padres (y madres) a hijos antes de alcanzar la mayoría de edad. Todos aprendían a trabajar sobre una especie de ingenio de madera —el *cosidor*— que permitía sentarse y enhebrar las suelas de las alpargatas ayudados por afilados punzones. Con la dote de su boda, el único capital a su alcance, montó un pequeño taller donde empezaron a hacer calzado él y su mujer. Los dos solos. Los hijos, esas espinas del alma, no tardaron mucho tiempo en llegar. Tuvieron cinco: cuatro varones y una mujer. Las necesidades familiares crecían. A Silvestre, hijo solitario de su ingenio, se le ocurrió una idea: acumular todas las alpargatas que cada artesano fabricaba por su cuenta, incluidas las de su familia. En lugar de darles salida en las plazas o en el mercadillo de la comarca, donde todos los artesanos del valle ofrecían lo mismo, probaría a venderlas al por mayor un poco más lejos, en los pueblos de Castilla y Aragón, donde el cáñamo no es algo tan corriente. En aquel momento, igual que cuando el hombre prehistórico vio por primera vez el fuego, descubrió el mágico poder del comercio, el valor del intercambio y los indudables beneficios de la transacción. Con las ganancias que lograba vendiendo los portes de alpargatas compraba harina que revendía en su pueblo. Cada traslado debía producir algún beneficio. Los viajes eran un sacrificio. Era necesario obtener fruto al esfuerzo. No se podía volver a casa de vacío.

El artesano Segarra se convirtió así en un viajante y, casi por obligación, en un pequeño empresario. Esta doble actividad le enseñó la utilidad de tener dotes sociales: para vender había que aproximarse a la gente, conocerla, llamar su atención y, si había suerte, negociar algún acuerdo ventajoso. Cuando estos contactos se saldaban con éxito —alguna venta— la sensación de asombro era similar que la que expresa el narrador de la famosa novela que, más de un siglo después, escribiría Gabriel García Márquez. Igual que aquel día en el que al protagonista del relato le llevan a descubrir el hielo. Sin darse cuenta, Silvestre estaba construyendo las bases de lo que con el correr de los años se convertiría en un extraordinario imperio industrial, el segundo de Europa en su gremio.

El hombre de la foto, analfabeto hasta su más temprana juventud, iba a convertirse, gracias a su inteligencia, y a su habilidad para los contactos comerciales, en el patriarca de las alpargatas del Levante, el *condottiero* del Vall d'Uixó. Un perfecto cacique al modo mediterráneo. Hasta con una plaza a su nombre concedida en su honor en vida. Todo un reconocimiento institucional para un hombre de carácter fuerte, curtido en la adversidad, autoritario para unos, benefactor, según otros. Y, sin duda, alguien hecho a sí mismo en el quicio entre dos siglos, el XIX y el XX. Negocios, política —Silvestre llegaría a ser teniente de alcalde y edil de Hacienda de Vall d'Uixó entre 1906 y 1919— y comercio son actividades que, antes o después, terminan coincidiendo. Probablemente porque en el fondo consisten en la misma cosa: vender ilusiones.

Un día de 1882, Silvestre Segarra Aragó abrió su modesto taller de alpargatas en la plaza del Santo Ángel del Vall d'Uixó. Se instaló en su domicilio junto con seis *espardenyers* más y su familia. La suya, como la de tantos otros, fue una génesis empresarial humilde y acorde al patrón característico de las culturas agrarias ancestrales, donde el hogar es al mismo tiempo el espacio de trabajo, los hijos y parientes pertenecen al cuerpo de obreros y las relaciones entre patrón y asalariados reproducen los mecanismos característicos de las organizaciones familiares. Sus vínculos parecen horizontales, pero en ningún momento dejan de ser verticales. La concepción paternalista impregnará desde sus comienzos la historia de la empresa Segarra, cuyo nombre no solo rinde honores a la figura de su fundador, sino que expresa una determinada forma de hacer las cosas: personalista, directa, sin intermediarios.

La vinculación entre las relaciones personales y las iniciativas económicas no eran entonces una anomalía. Constituían, por el contrario, la norma social en la España de finales del XIX. Formaban parte de un paradigma cultural aceptado socialmente. Los fundadores de empresas iniciaban su andadura con los recursos económicos y humanos disponibles, que casi siempre eran los familiares. En este modelo de empresa, tan primario, obreros y patronos viven cerca y trabajan juntos. Pero nunca son iguales. La cercanía física no equivale a identidad social. Las jerarquías naturales que se establecen entre las personas lo impiden. Funciona como una ley inmisericorde: ser quien paga no es igual a ser quien cobra. Tener no es lo mismo que no tener. Y aspirar a ser no es ser de verdad. Segarra, probablemente, nunca se planteó estas cuestiones filosóficas. Tenía la mente simple y rotunda de un hombre de acción y una inteligencia natural para saber elegir en función de las circunstancias. Su idea de empresa —si podemos llamarla así— no es racional, sino más bien ancestral. Se basa, primero, en la sangre; y en segundo lugar en la afinidad. Ambas cuestiones confluyen en la familia, entendida como una unidad social cerrada que tiene que adoptar prevenciones ante la presencia —necesaria para la producción— de elementos extraños. Afectos y ambiciones se confunden en las sociedades mercantiles familiares, configurando negocios de espíritu patrimonialista.

Los inicios (1882-1912)

Segarra no funda en 1882 ninguna empresa: lo que abre es un taller familiar. La constitución legal de la compañía mercantil que terminaría dándole dinero y fama no tiene lugar hasta un cuarto de siglo después. Fue exactamente en 1906 cuando el primogénito del matrimonio Segarra-Boning contrae matrimonio con 20 años. Es entonces —y no antes— cuando se formaliza el primer sujeto mercantil, en principio sin más nombre que Segarra e Hijo (en singular). El taller era entonces una factoría con asalariados asociados cuya jornada de producción superaba las 12 horas diarias. Se ubicaba en el hogar familiar, que había ido ampliándose para acoger a los trabajadores. Como otras muchas empresas tradicionales, Segarra e Hijo mantienen contra viento y marea su ubicación histórica aunque sus mercados estén fuera o queden muy lejos. Para avanzar en la vida es necesario tener al menos un lugar seguro sobre la tierra y trabajar con gente cercana. ¿Y quiénes podrían ser más próximos que los hijos de tu estirpe? Nadie. En aquellos tiempos el destino de los vástagos lo decidían sus progenitores: continuar el negocio. No había opciones de llevar una vida distinta.

¿Cómo había conseguido un humilde fabricante de alpargatas sin formación montar una empresa capaz de pagar a otros artesanos y sostener una estructura de producción? Básicamente, incidiendo en aquel descubrimiento que hizo el patriarca de los Segarra cuando salió por primera vez del valle: buscando mercados exteriores a su territorio de mayor tamaño para vender su artesanía. Segarra probó primero suerte lejos de Levante, en el Norte de la Península. Asociado a un comerciante de La Coruña, se presentó a una subasta para abastecer al ejército de calzado. No consiguió el contrato, pero la experiencia le permitió descubrir una forma de ingresos —el de las contratas públicas— que sería capital para el desarrollo, ampliación y sostenimiento de su negocio. Trabajar para la Administración era rentable y seguro. No había morosidad ni tampoco impagos. Y cada venta garantizaba una carga de trabajo cierta. Sin excesivos riesgos.

El ejército, que Segarra había conocido como soldado, se convertiría en uno de sus mejores clientes. Su empresa se incorporó al selecto grupo de proveedores de calzado de las fuerzas armadas, muy activas gracias a las campañas militares en el Norte de África que se sucedieron entre 1909 y 1921. También le ayudó a progresar la Primera Guerra Mundial, que disparó la demanda de calzado castrense y redujo al mínimo la competencia exterior. La factoría de la plaza del Santo Ángel fabricaba botas para la policía del Norte de África y vendía al por mayor calzado tradicional. Los contratos públicos exigían viajar a Marruecos. En uno de esos viajes Segarra conoció a Franco. Todo marchaba. Crecían las ventas, entraba el dinero y aumentaba la plantilla. Pero, al mismo tiempo, también surgían problemas. Cuando la vida te da una moneda tienes que ver el haz y el envés. Nada es como parece. La vida no es solo fruto del azar.

El principal asunto al que tuvo que enfrentarse Segarra en estos primeros años fue cómo controlar su propio negocio. En 1907 el patriarca decidió incorporar al resto de sus hijos en la sociedad mercantil, cuya constitución, más que una convicción, fue consecuencia de los crecientes tratos con el Ministerio de Defensa. Para presentarse a las subastas de suministros era mejor hacerlo como sociedad mercantil en vez de como un taller familiar. Así nació Segarra e Hijos (ahora en plural), formada por el alpargatero y sus vástagos a partes iguales. La única hija del industrial fue nombrada socia partícipe, pero sin derecho a administrar la firma. En esta decisión pesó obviamente un factor cultural —el papel que una sociedad tradicional asigna a la mujer— y también un elemento preventivo: la incorporación de pleno derecho de la hija a la administración de la empresa hubiera implicado *de facto* la presencia en sus órganos de gobierno de la familia política (yernos y cuñados) en su condición de intermediarios masculinos. Los Segarra decidieron *blindarse* ante esta posibilidad, constituyendo una sociedad mercantil personalista y jerarquizada. Ese mismo año, mientras el fundador se dedicaba a la política local, su hijo y heredero, Segarra Boning, ya ejercía el liderazgo de la firma, acudiendo a subastas militares en todas las ciudades de España.

La producción de calzado, principalmente para fines militares, supuso para Segarra la posibilidad de diversificar sus productos. Además de alpargatas, pretendía fabricar calzado de cuero, curtidos, vulcanizados, cajas de cartón, hormas, patrones, hebillas y otros bienes de consumo castrense. Necesitaba capital para orientar la producción hacia estos sectores y contar con *circulante* suficiente para soportar los dispares ritmos de producción y venta. El ejército, su cliente principal, abonaba los contratos de calzado a meses vista después de la primera venta formal. Los trabajadores de Segarra, que a finales de la primera década del nuevo siglo sumaban 700 personas, entre ellos muchos artesanos por cuenta propia, cobraban por cada pieza de calzado fabricada al día. Pagos pequeños pero constantes frente a ingresos notables y tardíos. El mecanismo diabólico de las finanzas, que consiste en dominar este precipicio contable que implica pagar antes de recibir, y viceversa. Para acompasar ambos *tempos,* la empresa buscó recursos económicos con vistas a no perder ventas por falta de producción y cumplir sus obligaciones, en su mayoría de carácter personal, con sus suministradores. También requería fondos para maquinaria, diversificar los productos y que el negocio dejara de ser un taller artesanal para transformarse en una verdadera industria.

El patriarca de las alpargatas resolvió la situación mediante acuerdos con los prestamistas particulares —que decidieron invertir en su negocio debido a la confianza personal que tenían en su dueño— y gracias a créditos bancarios privados. Segarra, que hasta entonces había financiado su compañía familiar gracias a las ventas, se endeudaba para convertirse en un verdadero industrial. Asumía riesgos, pero a su favor tenía su creciente predicamento social —un patrimonio intangible— y los compromisos oficiales de pago del ejército, que funcionaban como avales cuya garantía eran los cobros venideros. Ese famoso futuro que a Segarra le costaba imaginar cuando era joven.

El auge (1912-1932)

La bendición del Señor trae infinitas riquezas, dice el libro (bíblico) de los *Proverbios*. La inteligencia, los contactos y el comercio al por mayor, también. Segarra e Hijos logró entre 1912, año de su fundación oficial, y 1932 consumar una expansión industrial alimentada gracias a los contratos militares, la diversificación de su actividad original y la constante reinversión de los beneficios obtenidos. La política del patriarca y de su saga, incorporada al negocio, no se distanció de los patrones tradicionales: se invertía principalmente en el negocio —más maquinaria, más personal— y en bienes raíces, preferentemente terrenos con los que poder ampliar el núcleo original de la fábrica y hacer crecer las instalaciones históricas. Las relaciones comerciales con el ejército se consolidaron. Los Segarra ya no fabricaban solo calzado para los militares del Norte de África. Ampliaron su red a los destacamentos peninsulares, garantizándose así un flujo de ingresos previsible, ajeno a las dificultades del mercado. La familia disfrutaba de una exclusiva como suministradores de calzado para los cuarteles, para los que producía cada día 3.000 pares de alpargatas.

El control de este negocio requería tener unas indudables habilidades políticas en un país como la España de principios del siglo XX. Era necesario también contar con suficiente capacidad productiva, en su caso lograda gracias al incremento de personal y a la maquinaria, y gozar del beneplácito estatal, que en ese momento era el de la dictadura de Primo de Rivera, firme partidaria del proteccionismo empresarial. Lograr y conservar las contratas militares de un régimen totalitario exigía hacer mucha política, tejer relaciones personales con quienes decidían sobre los presupuestos militares y desarrollar un sistema de confianzas mutuas para que la cadena de transferencia de contratos no se rompiese en ningún momento. También era obligado poseer cierta eficacia. El elemento diferencial de los productos de Segarra era su precio. Su calzado costaba la mitad que el de sus competidores. Su negocio, sustentado en la estabilidad de los contratos públicos, era un negocio de volumen: grandes cantidades de calzado producidas a bajo coste y vendidas a un precio popular. La rentabilidad provenía de la cantidad de la mercancía y de su famosa resistencia, no necesariamente de la calidad.

En 1919, el taller de la familia Segarra se instaló en la calle Cueva Santa, en el núcleo urbano del Vall d'Uixó. Segarra e Hijos había dejado de ser una artesanía para convertirse en un negocio industrial que, además de alpargatas, fabricaba todo tipo de calzados y productos en cuero. Su crecimiento era indudable y exponencial: pasó de fabricar 100 pares/día a 1.000 pares/día en solo tres años. Algo imposible de conseguir sin una mecanización intensiva del trabajo para poder hacer frente al crecimiento de las ventas. De los primitivos ingenios manuales de madera con los que el patriarca y su mujer fabricaron sus primeras alpargatas entre finales del XIX y principios del XX, la segunda década del nuevo siglo trajo al Vall d'Uixó unos *animales mitológicos:* las máquinas de la United Shoe Machinery Company, una empresa norteamericana cuya tecnología permitía fabricar calzado de cuero.

La máquina, entonces, era la modernidad. En 1909 el poeta italiano Marinetti, padre del futurismo, había escrito sus poemas dedicados al automóvil, embrión de la utopía tecnológica que los primeros vanguardistas asociaban a la belleza del artefacto industrial. La moda exigía fabricar objetos idénticos en cadena sin tener que usar las manos. Segarra alquiló la maquinaria a esta compañía norteamericana con la intención de combinar la producción de alpargatas con el calzado de cuero. Quería fabricar botas *goodyear,* muy demandadas por el ejército debido a su resistencia extrema. Esta diversificación industrial requería hacer un nuevo incremento de plantilla —hasta los 1.000 trabajadores— y mantener unos ritmos de producción permanentes. El negocio crecía, la fábrica se extendía y el predicamento social del *patriarca* de los Segarra, ya entonces evidente por su actividad política, que lo colocaba en una situación de privilegio a la hora de establecer contactos con la Administración, se consumó con la inauguración de una plaza en su honor en su pueblo. Y en vida. Había triunfado: ahora era el hijo predilecto del Vall d'Uixó. No fue el único reconocimiento que recibió. El Estado le otorgó la medalla del Mérito al Trabajo. El enigmático hombre de la foto, desconfiado ante el ojo misterioso de la cámara, había logrado ser un industrial admirado y envidiado.

La historia de todos los *prohombres,* sin embargo, presenta con frecuencia puntos controvertidos, capaces de hundir cualquier intento de hagiografía. Se trata de un suceso natural: los empresarios administran un poder y una influencia social que tiene que ver con el trabajo, y afecta a la identidad de los demás. El paternalismo industrial de Segarra no estuvo exento de críticas políticas y laborales. Algo inevitable cuando buena parte de los obreros de la factoría mantenían relaciones directas, o de cierta proximidad, con la familia propietaria y pertenecían a la misma comarca. Nada, sin embargo, parecía detener la expansión del negocio, convertido en ese momento en un referente en el ámbito nacional, en buena medida por sus extraordinarias relaciones políticas. Tras décadas de trabajar en el núcleo urbano del Vall d'Uixó, la empresa se trasladó a unas nuevas instalaciones en la periferia de la localidad, en la Carretera de Xilxes, donde los Segarra habían edificado, no sin cierta polémica urbanística, su particular Xanadú.

El imperio (1932-1970)

Los suministros de calzado para el ejército, principal vía de ingresos de la empresa, eran un negocio regular pero no exento por completo de los vaivenes de la coyuntura política, ya que su mantenimiento en el tiempo dependía de decisiones administrativas. Los Segarra, a pesar de cultivar los vínculos de interés mutuo con los hombres fuertes del Gobierno de turno, no dejaban de estar expuestos también a su arbitrariedad. Un riesgo empresarial que había que considerar a partir de la decisión de construir esta nueva fábrica, con la importante inversión patrimonial que conllevaba la decisión. No había otra. La empresa necesitaba ampliar el mercado de sus productos e «incentivar la demanda». La vía elegida para hacerlo fue la implantación inmediata en el mercado *civil.* Con los militares no hacía falta hacer publicidad. Bastaba con presentarse a subastas y tener los contactos para obtener los contratos públicos. En el mercado ordinario la estrategia debía ser otra: publicidad, *marketing* y construcción de una imagen pensada para unos clientes que no estaban sobrados de dinero.

¿La solución? Hacer zapatos baratos y casi indestructibles. Así comenzó la etapa *populista* de Segarra e Hijos, que ofrecía precios bajos y ofertas comerciales —como costear gratis hasta en veinte ocasiones la limpieza del calzado tras su adquisición— que lograron captar pronto la atención de los compradores. La expansión del negocio a través de los canales minoristas —*retail*— exigía crear una red propia de ventas a través de tiendas particulares, a las que la empresa le garantizaba el suministro constante de sus productos y una comisión fija —en lugar de variable— por transacción. Segarra creó así un *ejército* comercial —probablemente fue la primera red de franquicias de España en su sector— de hasta 500 locales, unos destinados en exclusiva a sus productos y otros asociados a la marca, cuya popularidad creció exponencialmente. En 1931 esta política comercial se amplió —por motivos patrimoniales— con la apertura de tiendas propias de la empresa: más de 90 locales y zapaterías que se hicieron presentes en el paisaje de las ciudades de la República cuando la compañía alcanzó el liderazgo de su sector.

Todo se vino abajo con la Guerra Civil española, que destrozó el país. La factoría, al estar situada en la zona republicana, fue intervenida por el Frente Popular y pasó a convertirse oficialmente en «una industria de guerra» bajo el mando compartido del sindicato socialista —UGT— y el anarquista —CGT—. La familia Segarra tuvo que cederles el gobierno de la compañía a los obreros, pero logró que estos les encomendaran su gestión para poder cumplir con los pedidos del conflicto bélico, que pasaron a ampliar sus productos: correajes y ropa militar, fundamentalmente. Las guerras, que en su momento les hicieron ricos dada su condición de proveedores militares, ahora los despojaban —temporalmente— de la empresa que llevaba su nombre y en la que, en aquel entonces, trabajaban tres generaciones distintas del clan. La decisión de colaborar con el gobierno republicano fue una salida de emergencia de los Segarra para no dejar a su suerte su factoría que, a medida que el ejército franquista ganaba la guerra, dejó de ser de interés estratégico para los sindicatos de izquierda, que la desmantelaron, llevándose la maquinaria a otras factorías. Por primera vez desde 1882, fecha fundacional del taller familiar, la planta de producción de calzado tuvo que cerrar sus puertas.

La dictadura de Franco, con la que los Segarra simpatizaron políticamente, devolvió a la familia la propiedad de la firma y le concedió los permisos necesarios para reanudar su actividad, así como financiación preferente para resucitar la compañía, cuyo personal fue militarizado por el nuevo poder estatal. La influencia política funcionó: apenas meses después de 1939, tras el fin de la guerra, el negocio de los Segarra volvía a operar. Fabricaba 1.000 pares diarios de calzado y tenía a casi 1.000 trabajadores en nómina. La celeridad con la que la familia retomó la producción hubiera sido imposible sin los vínculos entre la dinastía y el nuevo orden militar. Una ligazón antigua que se consolidaría a partir de ese momento y duraría las décadas venideras. Segarra e Hijos fue refundada de nuevo en 1940, un año escaso antes de la muerte del *patriarca,* que tuvo lugar meses después. El alpargatero tenía ochenta años de edad, pero vivió lo suficiente para volver a ver su negocio en manos de sus hijos y nietos, tras haber conocido (en primera persona) la tragedia de la contienda civil y, antes, el desastroso experimento de comunismo al modo ibérico ensayado en las zonas republicanas. La propiedad de la empresa estaba salvada; el negocio, quizá no tanto.

A pesar de las ayudas estatales que convirtieron a Segarra en una empresa ejemplar de la economía tutelada por el franquismo, que predicaba el paternalismo industrial, el largo período de autarquía impuesto en la posguerra y el agotamiento de la capacidad de consumo de la población, cuya única preocupación era no morir de hambre en un país devastado, obstaculizó las relaciones comerciales de la compañía con los mercados externos e hizo caer sus ventas, conduciéndola hacia los grilletes del intervencionismo político. En cierto sentido, fue como volver a los inicios: las relaciones —en un régimen prácticamente de monopolio— con el ejército franquista, al que suministraba entre el 30 y el 50 % de los productos que necesitaba, no solo calzado, sino cualquier materia, le permitió convertirse en una empresa *oficial* cuyos ingresos procedían en un 80 % del presupuesto. Los Segarra participaban, como industriales tradicionalistas, de los principios de la causa franquista y recibían, en contraprestación, contratos regulares y el crédito necesario para su expansión. La dependencia entre el negocio y la política se convirtió desde ese momento en su única estrategia empresarial. Dada su condición de proveedor militar, disponía de acceso (limitado) a materias primas que estaban vedadas a su competencia, lo que, siempre que respetase los precios fijados por el Gobierno, suponía evidentes ventajas empresariales y comerciales.

La organización de la empresa, igual que en el ejército, se verticalizó. Segarra e Hijos se convirtió en una organización con vocación de autosuficiencia (algo irreal, pues sus ventas dependían del apoyo del régimen) que debía encarnar necesariamente los valores de la economía patriótica. Una muestra del gran apoyo gubernamental recibido en estos años son los premios que en 1942 le concedió la dictadura militar, a quien servía con entrega y también por interés. Al hijo del fundador, Silvestre Segarra Boning, le otorgaron, igual que a su padre, la medalla del Mérito al Trabajo; su hermano Ernesto se convirtió en jefe del sindicato (vertical) de los trabajadores de la piel. Los Segarra no colaboraban simplemente con franquismo. Eran parte esencial del sistema de poder de la dictadura. El control sobre la plantilla era muy estricto. Cada uno de los trabajadores tenía una chapa: una pieza de metal circular con un agujero y un número identificativo que debían colgar dos veces cada día en unos paneles para que fueran revisadas por «los controladores del amo». Para almorzar les daban veinte minutos. Y cobraban una media 41,25 pesetas. No era fácil llegar a fin de mes con esta cantidad, pero para la compañía suponía un notable ahorro. Los directivos de Segarra habían elaborado unas estrictas normas de funcionamiento para sus trabajadores que expresan bien cuál era la filosofía de la empresa:

> 1. *Hagamos patria (mediante el trabajo concienzudo).*
> 2. *Ni un solo parado.*
> 3. *Ni un solo huelguista de brazos caídos.*
> 4. *Ni una sola peseta inmovilizada.*
> 5. *Ni un* m^2 *de tierra sembrable sin aprovechar. Que los gobernadores civiles y los alcaldes lo vigilen.*
> 6. *Ningún intermediario que encarezca los bienes de la necesidad.*
> 7. *Trabajar más y producir más para fabricar mejor y abaratar nuestros productos.*
> 8. *Abaratar el coste de la vida al productor proporcionándole comida, y dándole casa para que pueda vivir con su jornal puesto que es imposible elevar su salario al nivel que está llevando la vida.*
> 9. *Como en nuestra Cruzada, como en nuestros propios campos, hagamos siembra general seleccionando la simiente de los espíritus no viciados, dormidos o anticuados.*
> 10. *Amor al pobre. Santa Hermandad.*
> 11. *Disciplina-Mando-Obediencia.*
>
> *Franco-Franco-Franco. España-España-España.*

La asociación con el régimen significaba por un lado seguridad; pero, por otro, incrementó la dependencia externa y provocó una obsesión, diríamos que enfermiza, por las relaciones políticas. La necesidad de adaptarse a esta nueva situación obligó a reorganizar de nuevo la administración de la compañía. Los Segarra, herederos de su propia estirpe, se repartieron las funciones: uno de ellos, Silvestre, *primus inter pares,* se trasladó a Madrid de forma permanente con objeto de potenciar las relaciones externas de la empresa. El resto de vástagos del patriarca de las alpargatas se repartieron la producción, la administración y la gestión de la marca, asistidos por sus respectivos hijos —los nietos del fundador— que ya se habían incorporado también al negocio.

Para cumplir con la política paternalista de Franco, la compañía del Vall d'Uixó tuvo que financiar con cargo a su presupuesto, pero también captando subvenciones públicas, un ambicioso programa de mejoras sociales en favor de sus trabajadores. Segarra e Hijos se convirtió así en un ejemplo de esta política *social.* No fue tanto por la convicción de sus propietarios. Era simplemente una forma rápida y eficaz de garantizarse los contratos del régimen. Como resultado de esta estrategia, la factoría se convirtió en el modelo de empresa para Franco. Para ayudar a sus 2.000 empleados, se creó un economato y un comedor; se construyeron nuevos barrios donde alojarlos, se abrió un cine, se costearon los gastos de un hospital propio, un restaurante, un taller textil para fabricar la ropa de la plantilla y centros de formación y de ocio hasta configurar una especie de galaxia de servicios que incluía bienes de alimentación y explotaciones agrarias. Todo un imperio. Estas inversiones tenían como objetivo diluir los conflictos laborales y convencer a las autoridades del régimen de su compromiso con los principios del Estado. Funcionaban también como pretextos para la propaganda del franquismo, que suministraba vivienda (a un alquiler bajo) en *poblets* de nueva planta, atención médica en la clínica de la empresa, productos de alimentación y ropa a precios bajos. Muchas de estas mercancías eran imposibles de conseguir en el mercado ordinario. También se creó una escuela de aprendices donde se instruía a los inmigrantes que llegaban al Vall d'Uixó en busca de trabajo en los principios fundamentales del nacional-catolicismo, y se les formaba para ocupar con el tiempo puestos en la empresa. La Iglesia y el Estado intervenían en las clases, dedicadas a inculcar a los operarios de Segarra nociones sobre la patria, la disciplina y la obediencia en el trabajo. Hasta una biblioteca —con 1.200 volúmenes— tenía la fábrica, aunque los títulos que podían sacar los trabajadores se limitaban a escritores católicos y falangistas, como Onésimo Redondo, Juan Aparicio, Ramiro Ledesma, Millán Astray y el *caudillo*

Franco. De literatura la selección se limitaba a Galdós, Baroja, Cervantes y Jacinto Benavente. La compañía, a través de estos servicios, pretendía provocar en los trabajadores un sentimiento de agradecimiento que solía devenir en sumisión personal. Producción industrial, *pax* política.

Acto de imposición de la medalla al Mérito en el Trabajo.

En 1959 Segarra e Hijos producía 3,5 millones pares de zapatos al año, casi el 15 % de la producción nacional. La apertura a la competencia de los mercados nacionales, fruto del Plan de Estabilización, sin embargo, hizo que estas extraordinarias inversiones sociales pasaran de ser una ventaja a convertirse en una rémora (económica) con respecto a sus competidores. También tenían pendiente de abordar un nuevo proceso de modernización. A pesar de su larga experiencia, Segarra e Hijos no había desarrollado una tecnología propia. Dependía de los proveedores extranjeros. La exportación se convirtió en su baza comercial para ganar independencia, abriendo mercados exteriores cuya rentabilidad le permitió alcanzar —en su máxima fase de esplendor, a finales de la década de los años sesenta— una plantilla de 4.500 personas. Más de la mitad de la población del Vall d'Uixó trabajaba directamente para la familia Segarra. El negocio del patriarca de las alpargatas se había convertido en un imperio.

La caída (1970-1978)

Los imperios industriales, igual que los militares, son difíciles de gobernar cuando surge la discordia interna y no se tiene apoyo externo. En los años del tardofranquismo, mientras el régimen de Franco entraba en su recta terminal, la principal vía de ingresos de la compañía era la exportación de calzado militar. Los contratos con el ejército, su principal cliente, declinaban al mismo tiempo que el régimen vivía sus últimos años de hegemonía. El núcleo original de propietarios —los hijos de Segarra Aragó— comenzó a sufrir bajas por muertes. Su primogénito, Silvestre Segarra Boning, fallece en 1968. Los herederos comenzaron a protagonizar conflictos y litigios por la gestión de la empresa, cuya dependencia de los contratos militares era tal que impedía cualquier proceso de innovación similar al que se produjo en sus comienzos.

El principal síntoma de crisis en las empresas familiares es el cainismo entre sus propietarios. Segarra e Hijos no fue una excepción. La empresa, que llegó a convertirse en un emporio dentro de su sector en el ámbito europeo, fue incapaz de adaptarse a los vaivenes del mercado exterior, condicionado por factores que antes eran impensables, como el constante cambio de mercaderías, consecuencia de las modas estéticas y los nuevos hábitos culturales. La compañía se había convertido en un elefante industrial. Su tamaño era excesivo. Su proyecto social-paternalista resultaba además muy costoso de mantener en relación con las ventas reales, que caían por falta de conexión con sus verdaderos clientes, entre los cuales, asombrosamente, en aquella época no estaba el público femenino. Su capacidad de producción, a pesar de su inmensa plantilla, era entonces casi la mitad que la de sus competidores.

Al sobredimensionamiento y la falta de flexibilidad operativa se le sumó el desgobierno y, según el testimonio de algunos antiguos trabajadores, la picaresca o corrupción propia de una sociedad sometida a una dictadura militar, a la que la gerencia de la empresa no fue tampoco ajena. El 10 de septiembre de 1976 la situación era tan crítica que sus gestores declararon la suspensión de pagos. En 1978, en plena Transición, la firma fue expropiada por decisión del Estado, que optó por transformarla en una sociedad industrial pública con un nuevo nombre: Industrias Mediterráneas de la Piel (IMPIEL). La gestión estatal tampoco dio resultado. En febrero de 1990 la compañía, tras distintos procesos fallidos de reestructuración, fue vendida a la mercantil Círculo de Financiación y Gestión, S. A., una sociedad de capital privado que, dos años mas tarde, decidió cerrarla. Así terminaba, más de un siglo después de su fundación, la historia de la estirpe del patriarca de las alpargatas. Con el mismo fatalismo que en *Cien años de soledad:* «... pues estaba previsto que la ciudad de los espejos (o los espejismos) sería arrasada por el viento y desterrada de la memoria de los hombres en el instante en que Aureliano Babilonia acabara de descifrar los pergaminos, y que todo lo escrito en ellos era irrepetible desde siempre y para siempre, porque las estirpes condenadas a cien años de soledad no tenían una segunda oportunidad sobre la tierra».

Carlos Mármol

Bibliografía

Miranda Encarnación, J. A. (1998). *La industria del calzado en España (1860-1959),* Instituto de Cultura Juan Gil Albert, Diputación Provincial, Alicante.

Peña Rambla, F. (1998). *Història de l'empresa Segarra,* Castellón: Diputació de Castelló.

Segarra Forner, R. V. (2015). *Historia de la fábrica Segarra.* Castelló: Universitat Jaume I.

Torres, E. (dir.) (2000). *Los cien empresarios españoles del siglo XX,* Madrid: LID, pp. 116-121.

Viruela Martínez, R. (1988). *La industria del calzado en la provincia de Castellón,* Castellón: Sociedad Castellonense de Cultura.

Damián Mateu Bisa
(1863-1935)
El motor de la fortuna

Agradecimientos a la familia Suqué Mateu. A la Fundación Privada Castillo de Peralada. A Inés Padrosa, Biblioteca-Archivo Palacio de Peralada (BAPP).
La fotografía se encuentra en la BAPP.

Hay vidas felices que están llenas de quebrantos. Y grandes negocios que empiezan con una quiebra. La geografía, además, es una disciplina relativa: designa lugares que pueden no estar exactamente donde señalan los mapas. Todas estas certezas, que no son tales, sino más bien circunstancias basadas en la idea de la relatividad, la ley secreta que gobierna el mundo, conformaron la existencia de Damián Mateu Bisa, un hombre de perfil serio que aparece en algunas fotos de época —amarillas, como el lejano siglo XIX— con pelo corto, canoso y en retroceso, porque a cierta edad uno empieza de repente a darse cuenta de que envejecer, además de otras muchas desgracias sobrevenidas, consiste en ir perdiendo el pelo. En uno de estos retratos, Mateu, que no era portugués, sino catalán de Llinars del Vallés (Barcelona), uno de esos hombres que viven y mueren en la misma ciudad donde vieron por primera vez la luz del día, sin necesidad alguna de moverse de sitio, tiene el aspecto de un militar colonial de ultramar cómodamente instalado en su retiro o, quizá, la fisonomía de un tendero de cereales. Traje sencillo, dos bolsas de cansancio debajo de los ojos y una vaga simetría de rostro en la que destaca una nariz varonil.

Nadie diría que estamos ante el industrial que fue capaz de vender una máquina milagrosa que, desde hace dos siglos, es uno de los objetos de consumo preferidos de las sociedades contemporáneas: el automóvil. Y, sin embargo, este fue el caso del presidente de la Hispano Suiza, S. A., la gran empresa española pionera en automoción. Mateu fue un tipo de costumbres. De esos que doman la vida hasta transformarla en una suerte de ritual sagrado: alguien capaz de vivir en una casa modernista, no cambiar de amigos, acudir a los mismos restaurantes y cafés a media tarde, disfrutar con los afiches y el arte, y presidir una misma empresa durante tres décadas seguidas. En su caso, desde 1904, cuando refundó junto a otros inversores privados una marca en la ruina, hasta 1935, en los albores mismos de la Guerra Civil.

El nombre de la Hispano Suiza, S. A., una de las primeras compañías españolas que exploró lo que los economistas llaman el mercado internacional, adquirió pronto los atributos de una leyenda. Los motivos son fáciles de entender. Se dedicaba a fabricar ficciones —patentes— que se convertían en hermosos objetos materiales: coches que *vuelan,* motores diseñados para sostener aviones en el aire y otros artefactos modernos. Lo hacía esencialmente en Francia, pero su capital era originariamente catalán. Y tuvo, durante mucho tiempo, una factoría en Guadalajara, en la primitiva Alcarria que inmortalizó Camilo José Cela en uno de sus mejores libros de viajes. A su manera, fue una entidad mercantil adelantada a su época: su salida al exterior anticipó las técnicas de internacionalización de las multinacionales. Es una ley exacta: todo en esta vida está inventado antes en algún lugar imprevisible, como por ejemplo Barcelona.

El modelo de crecimiento corporativo de la Hispano Suiza se basaba en un entramado de fábricas autónomas, cada una gestionada por una sociedad mercantil distinta, pero vinculadas a través de una compañía matriz, la todopoderosa *accionista mayoritaria*. También se cumple, en su caso, la vieja tradición cultural de la sangre, propia de los hombres que ven a su familia como si fuera su empresa y la gobiernan con los usos y costumbres familiares. La compañía que fundó, a su muerte, pasó directamente a su hijo, Miguel Mateu Pla, el menor y único varón de los seis vástagos que tuvo con Mercedes Pla i Deniel, mujer de hondas creencias cristianas y hermana del arzobispo de Toledo, también cardenal primado de España, Enrique Pla.

El hijo de Mateu, que se convertiría en un prócer de la dictadura, estuvo una década al frente de la compañía. Hasta 1946. Su verdadera debilidad era la política: ocupó la Alcaldía de Barcelona tras la Guerra Civil, entre 1939 y 1945. Después fue embajador en París, amigo personal de Franco, segundo presidente en la historia de la Caixa, líder de la patronal catalana, consejero de Falange Española y procurador en Cortes hasta el inicio del *tardofranquismo,* hechos que evidencian la estrecha ligazón existente entre una parte del empresariado catalán y el régimen autoritario. Un año después de que Mateu hijo dejara su gestión, la firma de automóviles fue adquirida por la Empresa Nacional de Autocamiones (ENASA), propiedad del Instituto Nacional de Industria (INI). Ciento quince años después, la Hispano Suiza, integrada en el Grupo Peralada, cuyo nombre viene del maravilloso castillo, con almenas recubiertas de hiedra, que el patriarca de la estirpe adquirió en 1923, aún existe como marca comercial.

Mateu procedía de una familia con iniciativa. Su abuelo paterno, Miguel Mateu, se dedicaba a comienzos del siglo XIX a vender piezas de hierro y acero desde un almacén del Raval cuyo día a día encomendó a su hijo, Miguel Mateu Faralt, el padre natural del patriarca de la Hispano Suiza, al que todos llamaban, al modo de los ilustres epítetos épicos con los que se presentan los personajes en los cantares de gesta, *Mateu, dels ferros* (Mateu, el de los hierros). Faralt tuvo cinco hijos tras sus nupcias con Ángela Bisa y Brillas. Murió en 1877, cuando el fundador de la Hispano Suiza contaba con 14 años. El primogénito de la familia se hizo entonces cargo del negocio familiar.

Damián parecía tener otro destino: una brillante carrera académica. Mientras su hermano vendía acero y piezas de hierro, él se doctoraba en Derecho Civil y Canónico con la intención de convertirse en un abogado de prestigio. No trabajaría nunca con las manos, sino con la cabeza. Estaba decidido: sería uno de esos juristas que, sentados en un cómodo sillón de madera oscura, y tras una mesa *gran imperio,* con estanterías repletas de códigos y tratados a sus espaldas, escucha tus problemas simulando prestarte toda su atención y, tras considerar las circunstancias, te habla del importe de la minuta. Una nueva muerte prematura, sin embargo, frustró este prometedor porvenir. Su hermano mayor falleció con 26 años. De pronto. Entonces ya no quedó más remedio: Damián tuvo que asumir la administración de la empresa de hierros, que pasó a llamarse desde ese día aciago Hijo de Miguel Mateu, S. A., y se instaló en un almacén de la calle del Peu de la Creu. Más tarde, a medida que se expandía, se mudó a la Plaza de los Ángeles, ocupando las ruinas de un antiguo convento incendiado durante los disturbios de la Semana Trágica.

Un hijo del acero y el hierro

El letrado Mateu dejó así los breviarios por el acero y la forja, las cancelas y las balaustradas. No sospechaba que con los años terminaría siendo un perfecto señor burgués con castillo propio, un prestigioso empresario y un exquisito coleccionista de arte gracias a la fabricación de unos artefactos mitológicos que permitían a las clases burguesas de la época —los automóviles eran en ese tiempo auténticos objetos de lujo— desplazarse de un sitio a otro sin necesidad ni de caballos ni de mulas. En la naturaleza de Mateu primaba la prudencia y el pragmatismo, más que la osadía. Nada hacía presagiar la fortuna. Sobre su vida íntima no tenemos excesivos detalles, como corresponde a las personalidades discretas y conservadoras, que profesan un inteligente amor por la medianía espiritual. Los detalles que han pervivido lo retratan como un hombre austero, con la extraña virtud del ahorro, poco dado a la vanidad social, forjado en la contención, y dedicado en cuerpo y alma a sus negocios. Lo que se llamaría un señor formal, un verdadero hombre de provecho. Tenía, sin embargo, rarezas. Iba al trabajo en transporte urbano, igual que sus obreros, con los que solía coincidir en el tranvía. Nunca quiso conducir un automóvil ni tener un carnet. A pesar de estas costumbres, fundó una empresa de automoción cuando este negocio estaba lleno de incertidumbres. Tenía instinto empresarial. Y algo aún más extraño: al planear un negocio no pensaba en sus intereses, sino en los de los demás. No era altruismo, sino realismo: sabía que el mercado, y no otra cosa, es lo que hace triunfar a un empresario.

Cuando comenzó a gestionar Hijo de Miguel Mateu, S. A., decidió que además del hierro y el acero, sus dos productos tradicionales, se encargaría también de vender maquinaria y estructuras metálicas. A finales del siglo XIX existía una importante demanda de hierro para la construcción de ferrocarriles, teleféricos, funiculares y edificios, cuyas estructuras dejaban de hacerse con madera para pasar a ser construidas con acero. Barcelona vivía un *boom* inmobiliario y los beneficios de la venta de hierro hicieron que la firma familiar de Mateu se convirtiera en líder del sector metalúrgico y abriera una segunda sede en Valencia. Sus ingresos procedían de la demanda de la construcción, la industria y los encargos públicos. Construyeron un funicular para el puerto de Barcelona, vendieron rotativas para imprentas y se convirtieron en representantes de Fábrica de Mieres, S. A., una empresa asturiana, en la Ciudad Condal.

Poco a poco, Mateu fue transitando el camino que va desde el comercio a la industria. Desde la intermediación a la producción. En 1900 era gerente de Altos Hornos y Herrería de Nuestra Señora del Carmen, S. A., una empresa siderúrgica. No duró mucho, apenas cuatro años. Su socio era una fundición de hierro (Viuda e Hijos de Gaspar Quintana) que se dedicaba a la fabricación de cocinas y estufas, productos de primera necesidad en aquella España hirsuta. Desembolsaron un capital social de dos millones de pesetas, pero las fuertes inversiones los dejaron pronto sin liquidez.

En el desarrollo de estos nuevos negocios, Mateu se convirtió en acreedor de Fábrica Hispano Suiza, la primitiva marca de automóviles de Jaime Castro, cuando entró en suspensión de pagos. Le debían dinero y participó, junto a otros inversores, en la comisión encargada de gestionar la quiebra de la compañía. Lo primero que se plantearon es si la empresa de coches tenía viabilidad. Y decidieron, con Mateu a la cabeza, reflotarla. Corría 1904 y nacía así la nueva Hispano Suiza, cuyo nombre se debe a que el capital financiero con el que se refundó era español y la tecnología, helvética. Su primera sede estaba en la calle Floridablanca de Barcelona. En 1911 ampliaron las dependencias a La Sagrera. La industria del automóvil, en esos años lejanos, era una absoluta novedad. Más que un negocio industrial, los coches eran objetos de lujo relacionados con una nueva idea del progreso que únicamente tenían las élites sociales de principios de siglo, practicantes de lo que se llamaba «la vida *sport*».

De hecho, a los coches no se les llamaba coches, sino «carruajes mecánicos». Lanzando un llamamiento a «todos los amantes del progreso» para que se incorporaran al proyecto, los acreedores disolvieron la Hispano Suiza de Castro y crearon la nueva empresa, con Mateu en calidad de presidente y el editor Francisco Seix —editor de la Gran Enciclopedia Jurídica Española y un entusiasta de las nuevas máquinas— como vicepresidente. También participó el suegro de Mateu, Sixto Quintana, representante de la empresa química alemana Basf en Barcelona. El capital social de partida —250.000 pesetas— no llegó a suscribirse por completo dados los problemas para reunir inversores. Desembolsaron 162.000 pesetas y nombraron asesor técnico al ingeniero Marc Birkigt.

El negocio de la automoción

¿Quién diablos era Birkigt? ¿Y qué hacía en Barcelona? Hijo de un sastre de procedencia alemana, había nacido en Ginebra (Suiza). Era ingeniero y especialista en la mecánica del automóvil y la aviación. Llegó a la Ciudad Condal tras realizar el servicio militar para unirse a la primera empresa de la Península que se dedicó a la fabricación de automóviles, la Compañía General Española de Coches Automóviles de Emilio de la Cuadra, un capitán de Artillería que en 1898 había constituido una sociedad mercantil para construir vehículos con motor. Primero experimentaron con un motor de combustión y energía eléctrica, con el que trataron de mover un ómnibus. No tuvieron éxito. Birkigt convenció entonces a De la Cuadra para orientar a la compañía hacia la fabricación de vehículos propulsados por motores de explosión. En 1900 diseña sus primeros motores de gasolina, pero el negocio no prospera. Solo un año después, el sueño de De la Cuadra fracasa.

El principal acreedor del exmilitar era el empresario Joaquín Castro. En pago por la deuda pendiente, se queda con la empresa, busca capital y contrata a Birkigt, que se había casado en Ginebra con Eugénie Brachet, con la que tuvo dos hijos. Dos años después, en 1903, la compañía de Castro saca a la calle su primer automóvil, el modelo 10 HP, con un radiador *nido de abeja* y cuatro velocidades. La actividad, sin embargo, no arrojaba beneficios: la inversión era muy grande; las ventas, escasas. Un año después, tras vender ocho coches, suspenden pagos. Birkigt había logrado construir una docena de coches, tanto con un motor eléctrico como con otro de explosión, pero la demanda de vehículos era baja, la producción se veía afectada por la agitación sindical de aquellos años turbulentos, las baterías de los vehículos tenían una capacidad muy limitada y los costes de los motores térmicos (bastante más fiables) hacían imposible continuar con el proyecto original.

La refundación de la Hispano Suiza hace que el ingeniero suizo permanezca en Barcelona como director técnico a las órdenes de Mateu y sus socios. Los inicios de la nueva empresa no fueron fáciles. En 1907 tuvieron serios problemas de tesorería que obligaron a remodelar el consejo de administración, sumido en disputas entre los socios. Mateu, a pesar de la incierta rentabilidad del negocio, lo sacó adelante con avales personales y sumando a la iniciativa a otros capitalistas de su ámbito de influencia. Un año después de esta crisis, la empresa lanzó al mercado su primer ómnibus, un vehículo dedicado al transporte de viajeros. Los primeros coches, comercializados bajo la marca Castro, alcanzaban una velocidad de 10 CV. Posteriormente, ya con la marca Hispano Suiza, fabricaron dos vehículos más, de 14 CV, a un precio de 14.000 pesetas. Ambos funcionaban con motores de gasolina de cuatro cilindros y su transmisión se hacía mediante un cardán, en lugar de a través de una cadena. Fabricaron 14 unidades.

El siguiente prototipo fue capaz de alcanzar los 87 kilómetros por hora en una superficie llana. Tenía un chasis acorazado, que terminaría por darle nombre al modelo. Para presentarlo en sociedad, la empresa organizó un viaje promocional desde Barcelona a París. La novedad llamó la atención de Alfonso XIII, gran aficionado a los vehículos a motor, que compró acciones de la compañía, adquirió uno de ellos e inició así una estrechísima relación con el industrial Mateu. Alfonso XIII llegará a tener una participación del 8 % en la empresa, lo que le garantizaba a la Hispano Suiza apoyo estatal y un indudable *agente comercial* entre las élites europeas. La empresa exporta su tecnología a Suiza para fabricar vehículos en busca del mercado de lujo. Se presenta también en el Salón de París y comienza a fabricar motores para barcos.

En 1907 construye el primer automóvil español de seis cilindros, capaz de ir desde Perpiñán a París en 22 horas. Un capricho para millonarios. La Hispano Suiza intentó atraer a las clases medias con un modelo de coche —el 12/15 CV— a un precio más bajo, que se vendió primero en España y más tarde en Francia. Desarrolló incluso una variante —el modelo 15/45 CV— para competiciones deportivas que podía alcanzar los 120 kilómetros por hora. Fue el primer deportivo de la historia en ser comercializado (a un precio de 11.500 pesetas), en competencia con la prestigiosa marca británica Rolls-Royce. Se vendieron 500 unidades. La Hispano Suiza lo utilizaba en eventos deportivos para darse a conocer frente a competidores como Mercedes (Alemania), o Peugeot, Panhard y Mors (Francia).

La venta de coches y deportivos, no obstante, no era un mercado suficientemente grande para sostener los gastos. Había que diversificar la cartera de productos. La compañía se orientó hacia las empresas de transporte de viajeros y mercancías. Fabricó chasis para autobuses, ómnibus, camiones y ambulancias con la idea de crear líneas regulares en los lugares de España que carecían de ferrocarril. Mateu decidió hacerlo mediante un sistema singular: suministraba vehículos solo tras estudiar la viabilidad de las líneas. Si el diagnóstico era favorable, se convertía en accionista en especie: a través de los ómnibus adquiría participaciones. Del precio de los billetes se descontaba una parte de los ingresos hasta amortizar los vehículos. Una vez cubierta la cantidad, la Hispano Suiza salía de las empresas, que llegaron a ser treinta.

El salto a Francia

A finales de la primera década del siglo, los desórdenes y las huelgas de la Semana Trágica (1909) provocan una caída súbita de la producción industrial en España que afectó de lleno a la Hispano Suiza. A estos problemas se sumaron otros: carencia de suministros exteriores y la imposibilidad de encontrar proveedores alternativos en la industria auxiliar española. La situación era límite: cinco meses de huelga en el sector metalúrgico dejaron a la compañía sin ingresos regulares y sin encargos. Mateu optó por salir al exterior en busca de aire. Abrieron una oficina comercial en Ginebra y una fábrica en París, donde las condiciones de exportación eran mejores que en España, contaban con proveedores seguros y la tecnología automovilística estaba suficientemente desarrollada. La factoría se instala en Levallois-Perret, en las afueras de París, en 1912, después de las incursiones encargadas a Josep Vià i Marquès, uno de los socios. Dos años después se trasladan a Bois-Colombes. Como director nombran al ingeniero Birkigt, que además de motores *de luxe,* que darían mal resultado en los vehículos pero servirían para los aviones, sacó dos nuevos modelos deportivos: un *biplaza* capaz de alcanzar los 140 kilómetros por hora, conocido como *La Sardina,* y un utilitario que costaba 7.500 pesetas. La actividad de Hispano Suiza en Francia, sin embargo, tuvo una vida efímera al estallar, dos años después, la Primera Guerra Mundial. Birkigt vuelve entonces a Barcelona. La Hispano Suiza había decidido ponerle al frente de una nueva línea de negocio: los motores para la industria militar.

Los contratos militares

No hay negocio más rentable que una guerra. Sobre todo para los países que no participan directamente en el conflicto. El estallido, en 1914, de la Gran Guerra, supuso una oportunidad empresarial para la Hispano Suiza, que descubrió que con los motores para aviones podía ganar más que con los coches convencionales y los ómnibus. Alfonso XIII, con el que Mateu ya tenía amistad, le pidió en 1914 que fabricase un motor de avión. Se terminó en 1915 y fue vendido al gobierno francés. Un año después de este contrato, en 1916, la compañía reabrió en París su división gala, de nuevo dirigida por Birkigt para equipar a la aviación francesa. Entre 1915 y 1918, la compañía logra contratos para instalar ingenios rotatorios, capaces de funcionar durante 50 horas ininterrumpidas, en 50.000 aeronaves de las fuerzas aliadas. La compañía no tenía capacidad para producir los pedidos, así que desarrolló un sistema de venta de licencias para otros fabricantes de Francia, Reino Unido, Estados Unidos, Italia, Japón, Rusia, México y Noruega. La actividad militar le permitió dar con la técnica que posteriormente emplearía en los automóviles Hispano, cuyas primeras unidades salieron de la factoría entre 1919 y 1929, otorgándoles un importante prestigio internacional.

El final de la guerra provocó un brusco descenso de pedidos y la acumulación de excedentes. Y también problemas fiscales. El Gobierno francés, dado el extraordinario capital acumulado por la Hispano Suiza durante el conflicto, reclamó el correspondiente pago de impuestos por dichas cantidades. La compañía intentó salvar el litigio alegando que era una empresa española y, por tanto, no tenía que tributar en Francia. La respuesta del ejecutivo galo fue confiscar sus propiedades, lo que derivó en un conflicto entre España y Francia en el que tuvo que hacer de mediador el presidente suizo Gustave Ador. Fruto de su arbitraje, se creó una nueva empresa —con capital francés— donde Mateu suscribió, a título personal, el 49 % de las acciones. La compañía se denominó Societé Français Hispano Suiza. Tenía derecho a usar las marcas y patentes de la matriz española y la vicepresidencia quedó de nuevo en manos de Birkigt. La filial gala siguió fabricando desde Bois-Colombes, durante la posguerra, motores para aviones militares franceses, japoneses y, a través de licencias, para Bélgica, Italia, Japón, Checoslovaquia y hasta la URSS. La tecnología de la Hispano Suiza fue la que permitió en 1929 a un biplano llamado Jesús del Gran Poder, pilotado por Ignacio Jiménez Martín y Francisco Iglesias Brage, viajar entre Sevilla y Río de Janeiro en 121 horas de vuelo.

También continuó con el negocio automovilístico. En 1919 presentó el modelo H-6, uno de los símbolos de la *Belle Époque*, capaz de llegar a los 140 kilómetros por hora. Únicamente el chasis costaba 40.000 pesetas. El precio del coche completo equivalía a varios vehículos americanos de gama alta. Se estrenó en 1921 en una carrera de la Cuesta de las Perdices (situada entre Madrid y La Coruña) conducido por el rey Alfonso XIII. Fue el monarca español quien, en 1920, inauguró la fábrica de Guadalajara (conocida como La Hispano), una sociedad independiente a la firma catalana que se radicó en la Alcarria. Se dedicó a la producción de camiones, coches, cañones y aviones para el ejército español. Los motores se importaban desde la división francesa de la compañía, que era la dueña de las patentes.

Esta nueva planta de producción tenía una plantilla de 300 operarios (después llegaron a ser casi 600), hornos de fundición, motores eléctricos, prensas, un aeródromo y una estación ferroviaria. Cada año salían de sus instalaciones 350 vehículos y 180 aviones. La Hispano Suiza se había convertido en una multinacional (primitiva) con sedes en Francia, Suiza y Argentina, donde participó en otra sociedad de camiones y tractores de uso civil y militar, motores de gasolina y diésel, piezas de repuesto y coches. La factoría de Guadalajara duró hasta los años treinta, cuando Mateu se la vendió a la Fiat tras constatar un descenso en los presupuestos militares. Solo se salvó la división que se dedicaba a los aviones militares, que fue definitivamente desmantelada por la República.

La Guerra Civil supuso un terremoto para la compañía. El sindicato anarquista CNT incautó la fábrica barcelonesa, que más tarde sería nacionalizada por el Gobierno catalán. Un comité revolucionario de trabajadores se hizo cargo durante este período de suministrar al ejército republicano blindados, camiones y chasis de coches. La empresa francesa sobrevivió hasta 1938, cuando fue nacionalizada por el Gobierno galo. Birkigt se había dedicado en ella a la fabricación de motores de aviación y a la construcción de armas automáticas, tarea que realizaría también durante la Segunda Guerra Mundial. Su producto estrella fue el cañón automático Hispano Suiza HS404, usado por los aliados en el conflicto y capaz de hacer 700 disparos por minuto. Durante la ocupación alemana de Francia, la factoría se entregó a la firma germana Gnôme & Rhône. Siguió haciendo motores para el gobierno de Vichy y la compañía Junkers, de capital alemán.

En España, al término de la Guerra Civil, Mateu creó, en 1943, la empresa Hispano Aviación, S. A., con sede en Sevilla. Bajo una licencia alemana se ocupaba de construir los motores de 200 cazas Messerschmitt Bf-109. Duró hasta 1970, cuando fue adquirida por Construcciones Aeronáuticas, S. A. (CASA). La marca de la Hispano Suiza quedó fuera de la operación de venta de la factoría de Mateu al INI. Todavía existe, propiedad del Grupo Peralada, formado por los herederos del patriarca, que se dedican al negocio de los casinos, la actividad industrial y la producción de vinos.

Un empresario monárquico

Mateu, más que un empresario con convicciones, fue un industrial con intereses políticos. Algo natural: en España los grandes negocios son los que se establecen en alianza o, en su defecto, con la anuencia del poder. Su relación personal con Alfonso XIII fue muy estrecha. Para el monarca, el industrial catalán representaba a la burguesía de Barcelona. Tenía grandes propiedades inmobiliarias —la Casa Comalat, en la Diagonal, el Mas Rossell y una torre modernista (La Miranda) en Llinars del Vallès, además de una masía en el Montseny. Era un extraordinario coleccionista de arte: tenía arte chino, piezas visigodas, camafeos, tapices y pinturas. Participaba en la Cámara de Comercio de Barcelona y en la Tenería Moderna Franco-Española. Hasta recibió la medalla de los Caballeros de la Legión de Honor de la República francesa.

Se dice que el rey le ofreció un título nobiliario que el industrial catalán rechazó. En todo caso, sí está demostrado que Mateu ayudó a Alfonso XIII a salvar parte de su fortuna cuando tuvo que huir del país tras la proclamación de la Segunda República. El empresario pertenecía a la Federación Monárquica Regionalista, un grupo político que en las elecciones de 1918 logró un diputado y que, cuando se produjo el golpe militar del dictador jerezano Miguel Primo de Rivera, le dio su apoyo. Los intereses mandaban. La mayoría de los miembros de la Federación Monárquica, de perfil claramente conservador, se integraron en la Lliga Regionalista. Mateu, sin embargo, solo mostró interés político —al contrario que su hijo— cuando lo requerían sus negocios. A pesar de llevar una vida burguesa, no era dado a la exposición pública, salvo en las cuestiones relacionadas con la Corona.

La única excepción a esta norma de la discreción fueron los periódicos. Fue propietario del efímero *Diari del Migdia,* editado en la Barcelona de 1931, cuya línea editorial defendía con furor los ideales monárquicos frente al dominio republicano. Por petición del rey, en 1923 salvó también de la ruina al *Diario de Barcelona,* el histórico periódico de la Ciudad Condal, uno de los más antiguos de Europa, cuyo consejo de administración presidió después de que sus propietarios originales —la familia Brusi— lo cedieran por las importantes pérdidas económicas que implicaba su publicación. Mantuvo la propiedad del rotativo hasta la Guerra Civil, cuando fue incautado por Estat Català y transformado en un órgano del partido independentista. Sus intereses se extendían asimismo, como suele suceder con los grandes industriales, al ámbito financiero. Ocupó la vicepresidencia del Banco Urquijo en Cataluña, entidad que fundó en 1918. También participó en otras sociedades y negocios mercantiles: Fuerzas Hidroeléctricas de Andorra, Tubos Bonna, Establecimientos Gallart, Manufacturas Cerámicas, Comas S. A., General de Riegos, La Maquinista Terrestre y Marítima o la Compañía de Seguros Hispania. Su empresa más famosa, sin embargo, siempre sería la Hispano Suiza, especializada en vehículos de lujo —Franco hizo el desfile de la victoria en 1939 en uno de ellos, cedido por el hijo de Mateu—, motores y tecnología mecánica.

Un año antes de la Guerra Civil, con 72 años de edad, el patriarca de los Mateu murió. En sus archivos aparecieron más de 30.000 documentos comerciales, la mayor parte cartas. El dueño de la Hispano Suiza dictaba entre cuatro y siete cartas diarias entre 1900 y 1935, todas con copias en papel cebolla y perfectamente clasificadas. Así gobernaba su imperio: mediante epístolas. En una agenda privada apuntaba, día a día, sus obligaciones, sus preocupaciones, sus reuniones y sus impresiones. En ella aparecen los detalles de la compra del castillo de Peralada a la dinastía de los Rocabertí, que adquirió en 1923. O las citas con Joaquim Folch i Torres, el padre de los museos barceloneses, su asesor personal como coleccionista (e inversor) en obras de arte. Su herencia patrimonial era extraordinaria: sellos de Mesopotamia, Grecia o Roma. Al igual que Francesc Cambó, adquiría aquello que no tenían los museos de Barcelona. En Pedralbes enseñó su colección de arte chino, con 468 objetos de las dinastías Ming y Tsai-Tsing, que ocuparon cinco salas. Su fama llegó lejos: en 1935 las monjas de San Andrés de Arroyo, en Palencia, intentaron venderle un claustro, que no llegó a adquirir. Se conformaba con dos murales de la Seu d'Urgell: el *Martirio de San Saturnino* y *Disputa teológica y arresto de Santa Caterina,* arrancados del edificio original. En su testamento legó sus propiedades a su familia, y sus acciones y participaciones empresariales a su hijo, Miguel Mateu Pla, que pasaría a la historia como uno de los más reconocidos franquistas de Cataluña. El escritor Josep Pla lo calificó como «un personaje siniestro, un burgués dominado por el miedo, por un ansia económica sin límites, el auténtico representante del franquismo en Cataluña». En las fotos de época aparece, indistintamente, ataviado con uniforme militar, con las ropas de Falange, y con el bigote característico de los fascistas que habían ganado la guerra.

Carlos Mármol

Bibliografía

Cabana I Vancells, F. (1992). *Fàbriques i Empresaris. Els protagonistes de la Revolució Industrial a Catalunya,* Barcelona: Enciclopèdia Catalana.

Casalta Miralles, J. (2003). *La Hispano-Suiza: resumen de su historia;* Barcelona: Jamsa.

Ciuro, J. (1994). *Historia del automóvil en España,* Barcelona: CEAC.

Lage Marco, M. (1992). *Hispano-Suiza/Pegaso. Un siglo de camiones y autobuses*, Barcelona: Lunwerg/Iveco-Pegaso.
López Carrillo, J. M. (1998). *Los orígenes de la industria de automoción en España*, Madrid: Universidad Europea.
Polo, E. (1994). *La Hispano Suiza. Los orígenes de una leyenda (1899-1915)*, Wings & Flags, Madrid.
— (1999). *La Hispano Suiza. El vuelo de las cigüeñas (1916-1931)*, Madrid: Wings & Flags.
Torres, E. (dir.) (2000). *Los cien empresarios españoles del siglo XX*, Madrid: LID, pp. 130-136.
www.museucastellperalada.com

Pascual Camilo Payá (1876-1951)

El rey del juguete

Reproducción de un juguete Payá de principios del siglo XX (Wikicommons).

De la chispa que llevó a una familia de hojalateros, los Payá, a la fabricación de juguetes a comienzos del siglo XX en la localidad alicantina de Ibi circulan múltiples versiones. Hay quien dice que todo empezó con la reproducción a escala pequeña de utensilios domésticos (platos, vasijas...) que alcanzarían popularidad como regalo habitual de madres a hijas. Otros fijan el punto de partida de esta labor en la fabricación de un caballo en zinc a través del mismo procedimiento utilizado en el taller para elaborar candiles y recipientes. El animal, al parecer, estaba pintado en marrón, excepto las crines y los cascos, rematados en negro. Según este relato, algún comercial debió entusiasmarse con el resultado, proponer su comercialización y lograr algunos pedidos. Los beneficios, al parecer, habrían animado a aquel modesto taller a seguir por esta senda. Finalmente, también se ha sugerido que todo arrancó con unos juguetes de hojalata de origen alemán que no presentaban soldaduras, sino que estaban unidos a través de la técnica del engafe (por pestañas), hecho que abarataba el coste y reducía el tiempo de ejecución de aquellos trastos infantiles que tenían tan buena venta.

Tampoco está clara la fecha exacta del comienzo de la nueva actividad. Parece que aquella familia empezó a fabricar sus juguetes de metal hacia 1902. Sin embargo, se ha establecido como punto de partida de esta industria el 3 de febrero de 1905, día en el que el hojalatero Rafael Payá Picó, ya con sesenta años cumplidos, vendió a sus tres hijos varones —Pascual, Emilio y Vicente— el taller radicado en el número 43 de la calle del Ravalet. En el transcurso de esos años, lo más probable es que los juguetes ganaran cada vez más espacio en las labores de la empresa frente sus actividades tradicionales, como la hojalatería y la fontanería (fabricación de utensilios y herramientas, reparación de canales y desagües de los tejados, fundición de metales...). En esta línea, la venta del taller —probablemente ficticia, debido a su valoración muy por debajo del precio real del negocio— es, de algún modo, la confirmación documental del arranque de una nueva tarea, todavía de futuro muy incierto, a juzgar por el hecho de seguir definiendo al taller como de hojalatería.

Al frente de aquella aventura se situó Pascual Camilo, el mayor de los hermanos Payá Lloret. De él se sabe que sus estudios se limitaron a leer y escribir, y a todo aquello que pudo aprender de forma autodidacta desde su oficio de hojalatero y de vendedor de productos en los mercadillos ambulantes de Ibi y de sus municipios aledaños. Es, como apunta José Ramón Valero Escandell, «un claro ejemplo de empresario enraizado en su tierra». Porque allí residió toda su vida, en la misma calle, la del Ravalet, donde estableció la fábrica a espaldas de las viviendas familiares. Y porque allí nacieron sus padres, sus hermanos, sus cuatro hijos y María Rico, su mujer, con quien se casó a temprana edad. Además, *L'amo Pasqual,* como se dirigían a él sus empleados, habló siempre en valenciano con su familia, con sus trabajadores, con todo el mundo, en un momento en que expresarse en castellano era un signo de distinción de la burguesía regional. Tocaba el clarinete en la banda local —de ahí que, durante algún tiempo, el taller se dedicara a la reparación de instrumentos musicales que llegaban desde todos los puntos del país— y contribuyó a la fundación del equipo local de fútbol. En sus momentos de ocio acudía al Casino Radical, más abierto e interclasista que el Casino Primitivo, aunque en esta última institución se reunían los mayores propietarios.

Parece claro que, bajo su dirección, el taller de los Payá se adentró en el sector de la juguetería. Probablemente, la aventura comenzó por la fabricación de modelos de escasa complejidad. Entre los primeros, sin duda, los utensilios domésticos en miniatura (tazas, platos, cacerolas y ollas), a los que seguirían otros surgidos, probablemente, a partir de aquel primer caballo de hojalata, como la calesa descubierta —el número uno del catálogo inicial—, las tartanas con toldos, los tranvías tirados por animales y los barcos con ruedas que tenían el atractivo de que el niño los podía arrastrar por el suelo. En esas horas iniciales también, por supuesto, los trenes. Al principio, simples, con la máquina y los vagones en la misma base. Con el tiempo, los ferrocarriles diseñados por la firma ibense ganarían complejidad gracias al añadido de una tracción y de unos coches diferentes. Se sumaban así, con esta producción, a la industria juguetera de España, que había echado ya raíces en Cataluña, donde los empresarios Palouzié y Borrás fundaron sus empresas pioneras en 1891 y 1894, y en la Comunidad Valenciana, concretamente en la localidad alicantina de Onil. Desde allí, a poco más de quince kilómetros de Ibi, Ramón Mira fabricaba sus famosas muñecas con la cabeza de barro desde 1860, sacando provecho de los conocimientos de la tradicional industria alfarera local.

Ibi: la capital de los juguetes

Si bien se originó años más tarde, la iniciativa de la familia Payá acabaría por convertir al municipio alicantino de Ibi por unas décadas en el principal centro fabril del juguete en España. Todo eso sucedió, paradójicamente, en una localidad sin tradición alguna en el campo industrial y dotada de unas condiciones poco favorables a comienzos del siglo XX para el desarrollo económico, como certifican la ausencia de líneas férreas y la existencia de caminos carreteros para su acceso. En aquel momento, la población estaba volcada principalmente en unas labores agrícolas condicionadas por un relieve montañoso y accidentado, un suelo de escasa fertilidad de tipo arcilloso y calcáreo y un clima caracterizado por la amplia variación térmica y las escasas precipitaciones. La temporalidad del trabajo obligaba a los jornaleros a marchar periódicamente a la siega hacia Castilla o Aragón, y a la poda de viñas en Argelia. Otras actividades comunes entre sus habitantes, aunque también en claro retroceso, eran los molinos harineros, el comercio de nieve, la fabricación de papel y la elaboración y venta de helados artesanos.

Por tanto, sorprende, en este contexto desfavorable, el despegue de la industria juguetera bajo el liderazgo de los hermanos Payá, quienes se presentaron ya con vitrina propia —de inspiración modernista y de grandes dimensiones: más de un metro de lado por dos y medio de altura— en la Exposición Regional Valenciana de 1909. Según detalla José Corredor Matheos, los hojalateros de Ibi llevaron a esta cita empresarial «modelos de tartanas, automóviles, autobuses, camiones de bomberos, tranvías, soldados, barcos, trenes, trompetas, silbatos, sonajeros...». Esa variada oferta les valió la concesión de una medalla de oro, un diploma de mérito y la invitación de la Cámara de Comercio valenciana para participar al año siguiente en una exposición de juguetes españoles que se iba a llevar a cabo en una de las ciudades más pujantes de la época, Buenos Aires.

En los años siguientes, se produjeron varias transformaciones esenciales en la historia de la empresa: la presentación del primer modelo de juguete con mecanismo de resorte fabricado en España (un cochecito), la puesta en marcha de la sección de cuchillería y, sobre todo, la definitiva constitución de la sociedad, que utilizaba el nombre de *La Sin Rival* como marca de fábrica. En concreto, el 15 de diciembre de 1912, Payá pasó de empresa mancomunada a sociedad, bajo la forma legal de Compañía Regular Colectiva y con el nombre de Payá Hermanos. Así consta en la escritura de constitución y en la inscripción en el Registro de la Propiedad Mercantil. Todo el documento fundacional es, por cierto, un canto al mantenimiento de la unidad de la empresa en manos de la familia de hojalateros de la calle Ravalet de Ibi. «Es un perfecto cerco para impedir a toda costa la entrada en la empresa de socios no deseados; queda clara la voluntad unificadora de los tres hermanos, pero también el miedo a que esta unión fraternal pueda desaparecer en un futuro; las precauciones, si se analiza con detenimiento la escritura, no parecen responder en modo alguno a problemas entre los hermanos pero sí a una cierta desconfianza ante las medidas que puedan tomar las posibles viudas o herederos de aquellos», señala al respecto José Ramón Valero Escandell en su estudio. Esa intuición sobre una posible ruptura familiar se confirmaría, lamentablemente, con el tiempo.

Ese recelo hacia el exterior que inspira ese primer documento de la compañía acaso también tiene su raíz en la aparición de un (duro) competidor en Ibi y en las posibles tentaciones de fusión o adquisición. Se trata de A. B. Verdú y Compañía, que adoptaría en el futuro la denominación de Rico, S. A. Al parecer, este rival nació del impulso de un pintor y fotógrafo que trabajaba para los hermanos Payá y que, al descubrir la importancia de su trabajo en el diseño y concepción de los juguetes, pidió sin fortuna la mejora de sus retribuciones y su entrada en la empresa como accionista. Así lo confirma algún testimonio periodístico de la época: «Disidencias surgidas entre los patronos Payá Hermanos y algunos de los socios de la sociedad mercantil colectiva Verdú y Compañía fueron el origen de esta fábrica...». Más allá de competiciones, si la fundación de Payá significó una nueva y pujante fuente de riqueza y empleo para el pueblo, la de Rico convirtió la industria juguetera en el centro de la vida económica de la villa y abría las puertas a un futuro en el que —como así sucedió— nuevas fábricas, nacidas a partir de las ya existentes, vinieron a sumarse a las pioneras y crearon con el tiempo una red de aprovisionamiento de material y de instalación de servicios.

En contra de lo que pudiera parecer, la creación de A. B. Verdú y Cía. no provocó un desplome acusado en las ventas de Payá. El mercado se había disparado en estas primeras décadas del siglo XX y, como respuesta a ese aumento de la demanda, también lo había hecho la industria juguetera española: «Existían entonces [en 1915] solo en Barcelona, quince fábricas importantes, con un promedio de 40 a 70 operarios, más unas treinta de 10 a 40 trabajadores, y treinta y cinco pequeños talleres con menos de 10», anota Corredor Matheos en referencia a la industria radicada en Cataluña. Con todo, también hay registros de fábricas o talleres dedicados a la fabricación de juguetes y productos similares en Alicante, Onil, Ibi, Denia, Biar, Cocentaina, San Vicente, Elche, Petrel y Alcoy. Entre todas ellas, la fábrica de los hermanos Payá podría estar claramente entre las mayores de España, dado que en 1912 ya había superado en su plantilla el centenar de trabajadores, aunque hay que anotar que también se dedicaba al ramo de la cuchillería. Y, precisamente, no como una actividad accesoria, tal como se demostró en los años que coincidieron con la Primera Guerra Mundial.

A este respecto, las inversiones principales de la empresa de los hermanos Payá entre 1916 y 1919 se destinaron a la mejora del equipamiento de la sección de «navajas, cuchillos y tijeras», dado el extraordinario crecimiento de la demanda de estos productos a causa de la caída de la producción entre los países beligerantes y de las necesidades surgidas para afrontar el conflicto bélico en Europa. En la factoría de Ibi se renovaron la máquina de grabar, el tren completo de niquelar, los martillos, el cortador a troquel grande y los martinetes para ensanchar, al tiempo que se adquirieron las máquinas y los utensilios de una empresa de cuchillería de La Coruña, denominada Labra, Grote y Cuevas. Los gastos en la maquinaria de juguetería, durante los años de la Gran Guerra, fueron mucho más moderados, pero, desde 1918, las compras comenzaron a dirigirse hacia el sector de juegos, tanto que, un par de años después, la maquinaria de juguetería ya estaba valorada por encima de la cuchillera. Desde entonces, los juguetes se convirtieron en la actividad principal de la compañía, cuyos ingresos se dispararon al tiempo que empezaban a surgir los primeros conflictos laborales en su seno a causa de los horarios excesivos —se fortaleció la reivindicación de las ocho horas laborales—, el trabajo infantil y los salarios inferiores para las mujeres, dedicadas, por lo general, a las operaciones de ensamblaje. En este punto, los Payá siempre apostaron por un tono paternalista en las relaciones laborales, hasta el punto de que los trabajadores más veteranos podían colocar allí a sus parientes más cercanos. Su propósito: conseguir la vinculación personal de los operarios con la empresa, identificada como un modelo de prosperidad para todos los integrantes de la familia.

Pese a los altibajos y los reajustes que hubo de vivir la empresa tras la Gran Guerra, esta siguió creciendo a comienzos de los años veinte: se aproximó a los 200 trabajadores, amplió sus instalaciones, realizó fuertes inversiones en maquinaria, aunque ahora, sobre todo, en la juguetería (entre 1919 y 1923, las compras superan a todas las realizadas hasta entonces en este ramo), y la valoración del capital de la empresa, cifrado en 1918 en 616.610 pesetas, superó el millón de pesetas a finales de 1922. Desde la incorporación de la chapa litografiada habían ganado en belleza y originalidad los trenecillos, los coches, los juegos de mesa y los animalillos; pero también se introdujeron novedades al calor de la actualidad bélica, como los soldaditos, de infantería o de caballería, vendidos en estuches variados en alguno de los cuales ya se incluye la más famosa de las nuevas armas: la ametralladora. Por su parte, la mayoría de los vehículos se vendían con mecanismo de cuerda o sin él. Algunos juegos, como el hipódromo, consistían en escenas con varios elementos.

Concejal y benefactor

Es, precisamente, en estos años cuando Pascual Payá inicia su breve aventura política. Fue concejal de modo intermitente entre abril de 1920 y la proclamación de la República. El 1 de abril de 1922 fue elegido alcalde, cargo que desempeñó con sobresaltos hasta el 2 de octubre de 1923 al ser cesado en dos ocasiones, la última con el golpe de Primo de Rivera. Su candidatura, de corte liberal, apoyada por los obreros industriales y las gentes progresistas locales, consiguió derrotar al viejo caciquismo agrario, conservador, que siempre controló el voto de los jornaleros. Algunas de sus prácticas al frente de la Alcaldía de Ibi reflejan en buena medida su carácter. Por ejemplo, en ocasiones, adelantó dinero propio para afrontar deudas municipales, convocó los plenos los domingos a partir de las cuatro de la tarde para evitar interferir en los trabajos de los ediles, vigiló de manera estrecha los servicios municipales, rotuló calles con algunos nombres de benefactores locales a cambio de suprimir los del santoral, si bien mantuvo la participación municipal en las celebraciones religiosas, y volcó su gestión en la mejora de las comunicaciones del municipio, uno de los grandes lastres para el desarrollo industrial de Ibi.

Como remate a esta intensa etapa, los hermanos Payá formalizaron el 2 de julio de 1924 la transformación de la compañía en sociedad anónima. De este modo, la nueva empresa se constituyó con un capital social de un millón de pesetas, aunque la cantidad inicialmente suscrita alcanzó las 856.500 pesetas. En la escritura de constitución, el activo de la empresa fue valorado en 856.086,75 pesetas, con una especial importancia de los géneros para la fabricación de juguetes (219.401 pesetas) y su maquinaria (109.260 pesetas). Asimismo, se emitieron 650 acciones de dos tipos: 150 de la serie A, por un valor nominal de 5.000 pesetas y 500 de la serie B, de 500 pesetas. Los únicos accionistas eran los tres hermanos Payá, en la misma proporción cada uno de ellos; los tres eran, asimismo, los integrantes del consejo de administración: Pascual, el hermano mayor, como presidente, y Emilio y Vicente como consejeros; su cuñado, Francisco Torró, era el secretario. Dicha composición no varió hasta el fallecimiento de Torró en 1934.

La empresa Payá Hermanos, S. A., vivió, sin duda, una época dorada. El negocio crecía casi todos los años. Las actas de la compañía recogen habitualmente, al hacer balance de cada ejercicio, que las ventas habían superado a las del año precedente. Los beneficios anuales de la empresa también aumentaron incesantemente durante los años veinte: de las 10.087 pesetas del primer ejercicio a las 140.616 logradas durante 1929, una cifra que ya no se conseguirá hasta el final de la Guerra Civil. Como desvela Valero Escandell en su investigación sobre esta industria juguetera de Ibi, el período de fuerte crecimiento económico estuvo acompañado por un crecimiento de las inversiones, destinado tanto a la mejora de las instalaciones como a la renovación de la maquinaria. También aumentó el capital desembolsado. En 1926 se suscribieron la totalidad de acciones no liberadas. Al año siguiente, se amplió el capital en 5.000 pesetas, hasta un total de 1.005.000; seguramente este incremento tan reducido tuvo como objeto que los tres hermanos dispusieran de un número absolutamente idéntico de acciones, circunstancia imposible antes. Ya no habría ninguna más hasta 1941. En 1929 se produjo el reparto de dividendos más generoso anterior al régimen franquista: 94.044 pesetas. Además, los balances de la década no reflejaban desequilibrios graves entre acreedores y deudores por cuenta, ni los cobros pendientes alcanzaban un volumen excesivo.

Pese a este vuelo, los hermanos Payá siempre tuvieron fama de trabajadores entre sus empleados. No obstante, el rapidísimo ascenso social de la familia, tratándose de gentes de origen humilde en un pueblo pequeño, dio lugar a choques con las viejas familias terratenientes del lugar, que veían amenazado su poder de influencia y su incontestable dominio. Sin embargo, como ha demostrado José Ramón Valero Escandell, ellos nunca fueron excesivamente ostentosos: el uso de algún automóvil de la empresa, las vacaciones, una criada interna o los estudios de los hijos fuera del municipio fueron algunos de los escasos lujos de Pascual Payá, a quien sus familiares siempre recuerdan como alguien sencillo y cariñoso, dispuesto a evitar cualquier conflicto. Bajo su dirección, la compañía participó sin ningún tipo de compensación publicitaria o económica en algunas campañas benéficas: a finales de 1932, por ejemplo, donaron más de 2.000 piezas para una iniciativa de la Alcaldía de Madrid y de la Asociación de la Prensa para entregar juguetes a los niños más desfavorecidos.

Aquellos momentos de gloria en la empresa Payá Hermanos apenas fueron ensombrecidos por los titubeos de la sección de cuchillería —pese a los enormes esfuerzos económicos realizados por intentar adaptarla a las nuevas circunstancias— y por los elevados costes de transporte a los que obligaba las deficientes comunicaciones de Ibi, donde se emplazaba la factoría. Por el contrario, la juguetería sí era rentable, pese a la competencia feroz. Junto a Rico, en 1925 se inauguró la tercera fábrica local, Sanjuán y Compañía —rebautizada como Juguetes y Estuches, S. A., tras la Guerra Civil—, también fundada por antiguos operarios de Payá. Todo ello no parecía asustar en demasía a unos empresarios que a comienzos de 1930 afirmaban: «En la sección de Juguetería se ha dado un notable avance tanto en lo que respecta a modelos creados como en su organización; la cifra de venta en el pasado año no ha sido inferior a la de 1928, y aún, cuando la competencia local no descuida su vida, podemos darnos por satisfechos puesto que ni nos supera en modelos ni en concepto alguno...».

En cambio, la empresa sí atravesó algún período tormentoso durante la República. No por la caída o la desaparición de los beneficios, que siguieron produciéndose aunque sin llegar a la cuantía de años anteriores, sino por el *crack* de 1929 en el ámbito internacional y por la radicalización política en España. A modo de señales, las actas del consejo de administración de la empresa de los hermanos Payá contienen numerosas referencias a las dificultades de mercado. Desde la memoria de 1930 se lamenta que la crisis económica ha incidido tanto en un descenso de la demanda como en una mayor inseguridad en el cobro de la mercancía servida. Dos años después, el pesimismo es mucho mayor: «La situación del mercado, cada día más crítica, no permite hoy contar con la seguridad de que las ventas que se hagan puedan ser cobradas; las devoluciones y protestos están a la orden del día y de una forma que asusta, pues firmas que bajo todos los conceptos nos han merecido y siguen mereciéndonos total confianza, nos devuelven giros y piden aplazamientos con una frecuencia que asusta al más impasible», se lee en los documentos de la empresa.

Como medida de cautela, durante el ejercicio de 1931, la compañía no realizó ninguna inversión en maquinaria y renunció a cualquier tipo de ampliación, dos constantes a lo largo de la trayectoria de Payá Hermanos. Como hecho puntual, se optó por retocar la tarifa de precios, situándolos a la baja para hacer frente a la competencia. Durante el período de la República, tanto los deudores como los acreedores por cuenta aumentaron en los balances de la sociedad considerablemente de año en año, aunque manteniendo un cierto equilibrio; el líquido en cuentas bancarias (que alcanzó su máximo en el balance final de 1933 con 458.071 pesetas) muestra que jamás peligró la situación económica de la empresa. El descenso en los beneficios es la causa de que los empresarios jugueteros mostraran una actitud cada vez más crítica ante aquellos aspectos que influían negativamente en la rentabilidad de la sociedad, como la situación política, la conducta de los movimientos obreros —por su especial violencia, destacó las consecuencias de la huelga de octubre de 1934 en Ibi— y las dificultades para el transporte de sus productos. En los años treinta, además, perdieron toda esperanza respecto al acceso por ferrocarril a Ibi, con la paralización definitiva de la construcción del Alicante-Alcoy; y las carreteras de acceso al municipio seguían siendo tan deficientes como antes.

La revolución del tren eléctrico

Con todo, el sector de los juguetes vivió un momento de esplendor dentro de la zozobra que afrontó Payá. Fue la época de los más bellos modelos de hojalata, entre los que, sin duda, se encontraba el mítico Bugatti; aparecieron nuevos ejemplares de automóviles, motoristas con y sin sidecar, todo tipo de barcos (desde transatlánticos a canoas) y juegos de té, de café, de leche, cada vez más logrados gracias a la mejora de la estampación litográfica. Lanzaron al mercado un nuevo tipo de juguete: los trenes eléctricos, donde introdujeron en 1931 la primera máquina eléctrica producida en nuestro país y una innumerable cantidad de complementos: vagones de todo tipo, túneles con luces de señalización, estaciones, transformadores para los distintos voltajes... Payá se convirtió, desde ese momento, en la gran fábrica española de trenes de juguete. También se adentraron a competir en los proyectores de cine para niños —producto iniciado desde Barcelona en 1933 con el cine Nic— y las construcciones mecánicas, los populares *meccanos*, que tuvieron en España a sus primeros impulsores en la casa catalana Palouzie, que desde 1919 comenzó a fabricar los diseños creados en 1901 en Inglaterra por Hornby Trains con un éxito extraordinario.

A nivel interno, durante esta década de los treinta, los hijos de Pascual Payá se fueron incorporando a la dirección de la empresa, mientras que sus primos (mucho más jóvenes) todavía seguían con sus estudios. Poco a poco, fueron ocupando los puestos de mayor responsabilidad: Raimundo y Artemio llegarían a directores de las secciones de juguetería y cuchillería, respectivamente, y Vicente sustituyó en 1934 al fallecido Francisco Torró como gerente y secretario del consejo. Es posible que esta diferencia generacional entre las distintas ramas de la familia —que hizo que los hijos de Pascual Payá se incorporasen a la empresa antes que sus primos— fuese el origen de muchos recelos que décadas después enrarecerían la proverbial armonía familiar de los comienzos.

En lo que se refiere al plano político, por los datos conocidos, se deduce que la familia Payá tuvo ante la República una actitud similar a la de buena parte de la burguesía española. «Esperanzados en un primer momento con que el cambio de régimen significase la modernización de estructuras que la industria española necesitaba, acogieron de buen grado al nuevo régimen. Pero, al poco tiempo, la radicalización de las clases populares, que clamaban por la aplicación de unas reformas prometidas pero no realizadas, les condujo hacia posiciones conservadoras o francamente reaccionarias. Después de los hechos revolucionarios de octubre de 1934 (con participación de los trabajadores ibenses), los Payá apoyaron sin reservas al gobierno de derechas (...). Poco quedaba ya de aquellas ideas progresistas defendidas a comienzos de los años veinte. Algunos jóvenes de la familia, más radicales en sus planteamientos antirrevolucionarios, no ocultaban sus claras simpatías por Falange», señala José Ramón Valero Escandell.

En este punto, la Guerra Civil obligó a los hermanos Payá a renunciar a la propiedad de su empresa. Al poco de estallar el conflicto bélico, la dirección de la fábrica recayó en un comité revolucionario que la unificó junto a la de su rival, Rico, S. A., con el nombre de Industrias Payá y Rico Socializadas, UGT. Durante el verano de 1937, el comité de las fábricas socializadas comenzó las gestiones para la conversión en una cooperativa, proceso que culminó pocos meses después. Finalmente, durante el verano de 1938, la Subsecretaría de Armamento del Gobierno de la República se hizo cargo de la cooperativa como Fábrica número 27. Aunque, desde el 28 de agosto de 1937, ya se había autorizado la intervención de cualquier empresa metalúrgica con fines bélicos si era necesario, parece ser que la dependencia del Ministerio de Defensa fue solicitada por la propia cooperativa (ante el temor a perder parte de su maquinaria en beneficio de alguna industria de guerra de Elda o Elche) o, cuanto menos, no se opuso a ello siguiendo las consignas políticas que imperaban en su dirección.

Juguetes para la guerra

Como consecuencia, la gama de productos fabricados varió bruscamente, orientados desde ese instante a satisfacer las necesidades militares. Parece que fue relativamente fácil comenzar a producir platos y vasos de aluminio, cuchillos de campaña y cantimploras gracias a la adaptación de algunas piezas o a la modificación de varias matrices pero, cuando ya se entró de lleno en la producción de material bélico, la transformación fue más importante, en buena medida porque esa línea necesitaba de una maquinaria específica que tenía que ser enviada por las autoridades militares de la República. Durante largos períodos de la contienda, aquella «Fábrica número 27» trabajó las veinticuatro horas del día, durante toda la semana, al tratarse de una zona relativamente a salvo de los bombardeos de la aviación sublevada, que sí atacó, por ejemplo, las ciudades próximas de Alicante o Alcoy. En un informe sobre la industria de guerra de Ibi realizado por el Partido Comunista de España el 7 de julio de 1938 consta que la factoría producía diariamente un cuarto de millón de balas macizas, 7.000 cargadores de fusil y 7.000 cebos de bombas de aviación. Por su parte, la producción de juguetes, lógicamente, se detuvo, aunque Payá popularizó en su catálogo de aquellos años un miliciano con el fusil al hombro y el puño levantado, que no era más que la modificación de un policía anterior. En el plano personal, la Guerra Civil también fue muy dura para la familia Payá. A la pérdida de la posesión de la empresa, se unió la detención de los tres dueños o la huida de dos de los hijos de Pascual, si bien no se registraron muertes violentas en ella. Se dice, incluso, que el abuelo, a veces, paseaba por las instalaciones de la fábrica (su casa comunicaba con ellas) y recordaba a quien quisiera oírle que aquello era suyo.

Al término de la Guerra Civil, los tres hermanos Payá volvieron a tomar los mandos de la juguetera, que debió hacer frente en esos momentos a la localización de la maquinaria, el acceso a los fondos económicos bloqueados, la reincorporación de los trabajadores y el pago de indemnizaciones al medio centenar de operarios represaliados; todo ello, además, en una situación de carencia casi absoluta de algunas primeras materias. Para colmo, la contratación del nuevo personal no estaba en manos de los propios empresarios, sino del nuevo sindicato vertical y de las organizaciones falangistas. Al margen de estos problemas, los dos o tres primeros años de posguerra fueron positivos para la marcha de la empresa. Pronto se reorganizó la red de ventas y se enviaron cartas solicitando a cada comprador un extracto del estado de cuentas en relación con Payá desde el 1 de enero de 1936. Además, no se tardó mucho en retomar la fabricación de juguetes a partir de los modelos previos a la guerra, aunque algunos de los más sofisticados eran de difícil venta a causa del descenso del nivel de consumo de la mayoría de la población. El resto, los de precios más populares, se vendían sin problemas, dada la escasez de productos en las estanterías de los comercios españoles. Gracias a ello, el número de obreros empleados fue creciendo de día en día hasta alcanzar, en poco tiempo, cifras similares a las de la época republicana.

Inmersos en esta «vuelta a la normalidad», a menudo enfrentada a realidades como la falta de materias primas y las limitaciones energéticas, se instalaron en Payá, ya a finales de los años cuarenta, las primeras máquinas de inyectado de plástico y aleaciones ligeras adaptadas a la producción de juguetes en España, poco antes de que salieran al mercado las primeras muñecas de este tipo producidas por una fábrica de Onil. Se trataba de unos aparatos todavía rudimentarios y no parece que la calidad de los juguetes fabricados con ellos fuera excesiva, según apunta Valero Escandell, quien reconoce cómo, poco a poco, fue imponiéndose el juguete de plástico porque reducía radicalmente el coste de la mano de obra y simplificaba al máximo el número de operaciones necesarias, amén de la continua mejora producida en la calidad de los materiales. Payá, pese a que fue adaptándose paulatinamente al nuevo tipo de producción, siguió lanzando al mercado juguetes de chapa. En ese producto se resumía toda su tradición y todo su buen hacer.

En el seno de la familia Payá, los años cuarenta también significaron el primer momento del relevo generacional y el comienzo de las primeras desavenencias personales. Desde la ampliación de capital de 1945, los hijos de los tres socios fundadores fueron accediendo a la posesión de las acciones de la compañía, proceso completado en su totalidad a lo largo de 1951. Además, fue la década en que la nueva generación accedió a los distintos puestos de responsabilidad: directores de las secciones, control de la contabilidad, de las ventas, de la oficina técnica, acceso al consejo de administración de nuevos miembros; en 1951, con la creación del consejo de gerencia, todas las decisiones efectivas estaban ya en sus manos, aunque la presidencia de la empresa todavía no les pertenecía. Fue el momento de varios fallecimientos significativos: el abuelo Rafael (el *llander* de Ibi) y, ya en la década de los cincuenta, Pascual, el presidente de la compañía.

Aunque siempre se trató de mantener la armonía entre todos los miembros de la familia a través de iniciativas como la inclusión del derecho al retracto en los estatutos, la pervivencia de la cordialidad se antojaba cada vez más difícil, dado que ya no se trataba de tres hermanos, sino de tres ramas familiares. El número de accionistas creció, los directivos habían aumentado, los intereses se multiplicaron: en la segunda generación, los varones eran diez (las mujeres no intervenían en la gestión de la empresa). El funcionamiento de la entidad se había hecho mucho más complejo, con más centros de decisión, con agravios comparativos y malos entendidos a la hora de optar a los puestos de responsabilidad de la empresa. Así, la primera discusión importante en el seno del consejo de administración ocurrió al conocerse la posibilidad de que Pascual Payá, presidente de la sociedad, pudiera ser condecorado con la Medalla al mérito del Trabajo, gracias a las gestiones de su hijo Artemio. Por tal motivo, los consejeros de las otras ramas familiares protestaron por un galardón que, según creían, correspondía a los tres hermanos por igual. Finalmente, al año siguiente, la medalla acabó concediéndose, a título póstumo, al abuelo, a Rafael Payá.

El disputado premio

Con todo, la empresa no paró de expandirse. Durante los primeros años cincuenta, la empresa realizó gestiones ante las autoridades del Ministerio de Comercio con el propósito de conseguir el permiso de importación de maquinaria. Como fruto del éxito de esta iniciativa, se adquirió en 1953 una máquina valorada en más de un millón de pesetas en Suiza. Las instalaciones de la empresa también fueron mejorando y ampliándose poco a poco. A comienzos de los cuarenta, recién concluidos sus estudios de ingeniería industrial, se incorporó a la empresa Nicolás Payá, a quien se le encomendó la dirección del taller mecánico; pero al poco tiempo organizó una oficina técnica (en la que en un principio solo trabajaban él y un delineante) y algo después una escuela de aprendices. La mayor ampliación de instalaciones realizada después de la Guerra Civil se decidió a finales de 1951, cuando se planteó «cubrir la balsa de refrigeración de motores para dedicarla al almacén de leña con destino a los gasógenos, poniéndole, al mismo tiempo, cubierta para evitar que la lluvia moje las leñas; prolongar el tinglado de maderas; depósito general de agua; nave para clínica, pulido, limpieza y baños galvánicos, almacén de cartón, fabricación de cajas de envase (paralela a la nave de maquinaria de juguetes); ampliación de la nave de maquinaria de cuchillería...». Al mismo tiempo se tomó el acuerdo de ir adquiriendo todas las casas de la calle donde estaba la factoría que fuesen puestas en venta, por si fueran necesarias para futuras ampliaciones.

Por otro lado, los años de posguerra, sobre todo desde finales de los cuarenta, contemplaron el acceso de varios miembros de la familia Payá a cargos de responsabilidad política. Así, en 1952 Ismael Payá, director de una sucursal que se abrió en Alicante, fue nombrado jefe provincial de la Sección Económica del Sindicato del Metal. En enero de 1947, Nicolás Payá alcanzó una concejalía del Ayuntamiento de Ibi. Pero el gran personaje político de la familia Payá fue Artemio, el farmacéutico, el director de la sección de cuchillería. Desde finales de la década de los cuarenta, desempeñó los cargos de procurador en Cortes y de presidente de la Diputación de Alicante, a los que poco después añadió su sillón como consejero nacional del Movimiento (y más adelante varios puestos de responsabilidad en el Sindicato del Metal). Entre las principales obras de su gestión destacaron la construcción del enlace directo de Ibi con la carretera que une Alicante y Castalia, y la fundación de la Caja de Ahorros Provincial, que estableció en Ibi su primera sucursal tras la oficina central de Alicante. La relevancia política de Artemio Payá, el apoyo que siempre brindó Carmen Polo a la empresa, el tamaño de la factoría y algunas iniciativas de fuerte rendimiento propagandístico (como el grupo de viviendas Rafael Payá o la escuela de aprendices) hicieron de Payá Hermanos, S. A., por antonomasia, la industria juguetera del régimen de Franco.

En esta línea, la década de los sesenta representa el punto más alto del poder político de la familia Payá, pero también el comienzo de su decadencia. Son años en los que se consigue tener acceso a la residencia oficial del general Franco, a quien se solía agasajar con todo tipo de juguetes para los nietos: se conservan un buen número de fotografías realizadas en el interior del palacio del Pardo en las que Carmen Martínez-Bordiu celebra su cumpleaños, su hermano Francis juega con el Tiburón o el general Franco observa, junto a sus nietos, una maqueta de ferrocarriles. En 1960, un frío y desapacible 29 de octubre, Carmen Polo visitó Ibi y recorrió las instalaciones de la factoría de los Payá. Artemio Payá seguía siendo la principal figura política de la familia; aunque pronto dejó la presidencia de la Diputación de Alicante, siguió ocupando, hasta comienzos de los años setenta, varios puestos de responsabilidad en la dirección de los sindicatos verticales, llegando a compaginar los cargos de presidente de los Grupos Nacionales de Cuchillería y Juguetería durante algún tiempo (aunque como representante de la empresa). Al frente de la patronal juguetera se dio entidad jurídica a la Agrupación Intersindical de Fabricantes de Juguetes (en agosto de 1967), se manifestó la oposición a la importación de juguetes japoneses posibilitada por la firma de un acuerdo comercial con aquel país en 1966 y se acordó la realización de una campaña conjunta de promoción del juguete (el llamado Día Mundial del Colegial). Durante seis años (desde abril de 1955 hasta el mismo mes de 1961) Raimundo Payá ocupó la Alcaldía de Ibi, en sustitución de su primo Nicolás Payá Jover. Como primer edil del municipio alicantino, sus gestiones fueron encaminadas a la mejora del alcantarillado y asfaltado de una población que, sometida a un incontrolable crecimiento, presentaba toda clase de deficiencias urbanísticas.

La empresa juguetera, más allá del fallecimiento de Pascual Payá en 1951, volvió a vivir una segunda edad de oro a mediados de los años sesenta, cuando se lanzaron al mercado juguetes tan conocidos como el Tiburón Citroën o el Ferrari. Fue, entonces, cuando comenzó la aplicación de la tecnología a la fabricación de juguetes. Si en los años cincuenta el nombre de Payá recordaba fundamentalmente la creación de trenes en miniatura, a partir de la década siguiente la imagen de la firma se asoció a la producción de vehículos de transporte por carretera. No obstante, no pudo superar la grave crisis que a comienzos de los ochenta arrasó también con Rico, S. A., y algunos de sus más firmes competidores. En la primavera de 1984, tras un período muy conflictivo, se produjo el cierre de la empresa. En las instalaciones de la misma factoría y con su maquinaria, funcionó durante algún tiempo una cooperativa formada por antiguos operarios que fabricaron de forma tradicional y con series limitadas de cinco mil unidades los juguetes más populares y característicos de la industria de los hermanos Payá.

José María Rondón

Bibliografía

Corredor Matheos, J. (1997). *El juguete en España*, Madrid: Espasa Calpe.

Valero Escandell, J. R. (2016). *Payá Hermanos, historia social de una industria juguetera*, Ibi: Área Oberta.

— (1997). *Origen y desarrollo de la industria del juguete en Ibi (1900-1942)*. Alicante: Universidad de Alicante.

Juan March Ordinas
(1880-1962)
El hombre sin límites

Juan March (1950, EFE).

Todo en la vida de Juan March Ordinas (1880-1962) es asombroso y, al tiempo, terrible. Podríamos decir que su existencia fue excepcional y pavorosa. La historia le ha reservado un lugar preferente entre los grandes hombres de la España de su tiempo, como demuestra el retrato de Zuloaga (Fundación Juan March) que lo presenta ante la posteridad, ese misterio insondable, como un exitoso hombre de negocios, financiero y filántropo desinteresado que utilizó su inmensa fortuna para beneficiar a la sociedad. Obviamente, este es el relato construido a instancias del propio March, señor de sus silencios, hábil propagandista de sí mismo, que al final de sus días, cuando todavía usaba sombrero de copa, igual que un mago finisecular, tuvo la increíble habilidad de mudar su perfil de contrabandista, especulador desaforado, enemigo número uno del Estado y capitalista sin piedad por el de un caritativo mecenas con una fundación propia para promover el cultivo de las artes y las letras. Algo que solo puede conseguir el poder del dinero, capaz de crear prestigio donde nunca lo hubo. O de ennoblecer hasta los negocios ilegales, que casi siempre son los más rentables.

En la pintura de Zuloaga, March aparece en la edad de su crepúsculo. Está sentado en una silla noble de madera fina, ataviado con un terno oscuro y con un guante de cabritilla, color celeste, saliendo tímidamente del bolsillo superior de la chaqueta. Una corbata y unos gemelos de oro lo identifican como un hombre con fortuna. En su mano izquierda se adivina una alianza de bodas dorada, herencia de las entonces lejanas nupcias con Leonor Servera Melis, su esposa *oficial,* a quien también retrató el pintor vasco con un grueso collar de perlas y el pelo corto, muerta justo un lustro antes que el magnate, en 1957, dejándolo viudo pero con un dolor probablemente más que relativo, según las malas lenguas isleñas, que contaban que la relación entre ambos siempre fue de interés, no sentimental. Cada uno de los cónyuges hacía su propia vida privada mientras ambos mantenían las apariencias en público. En su mano derecha, March porta un inmenso habano encendido —aunque misteriosamente la ceniza no tiene humo— de una vitola irreconocible. Acaso pudiera ser un Montecristo o un Hoyo de Monterrey, sus dos marcas de cigarros cubanos favoritas. Un atributo simbólico para quien llegó a ser considerado el emperador del tabaco en el Mediterráneo.

El protagonista del cuadro mira al infinito. Sus gafas, grandes y redondas, están mucho más elevadas que sus ojos, lo que le confiere un aire cómico al rostro. Su gesto en el lienzo es hierático; su cara no expresa ningún sentimiento. Es un retrato tan correcto como inquietante. Al fondo, sobre el perfil de la costa de una isla —debemos suponer que se trata de Mallorca, donde nuestro hombre nació en la más absoluta de las pobrezas— emerge, abrupto, un cielo tenebroso creado con una paleta de azules oscuros, retorcidos y amenazantes. Hay algo desazonador en esta imagen, que se nos presenta como naturalista siendo en realidad una composición onírica que, igual que un mal augurio, parece querer decirnos que detrás del modelo del lienzo lo que se yergue es un horizonte sombrío, más propio de los cuadros de Goya que de Sorolla.

En efecto, la trayectoria vital de March está llena de sombras, a pesar de que no han sido escasos los biógrafos —algunos excelentes, como el británico Arturo Dixon; y otros pioneros, como Manuel Domínguez Benavides, cuya biografía novelada March hizo desaparecer del mapa en 1934— que han intentado arrojar luz sobre una existencia que todavía continúa siendo tan misteriosa como categórica. Cuando murió en 1962 por las heridas derivadas de un fatídico accidente de tráfico en La Rozas (Madrid), tenía 81 años y su imagen pública no se había visto alterada en exceso ni por la edad ni por las calamidades del calendario. Completamente calvo, con su característica nariz de águila, más prominente a medida que cumplía años, aquel hombre que había nacido ocho décadas antes como un campesino analfabeto de Santa Margarita, un pequeño pueblo del Pla mallorquín, al noreste de la mayor de las Baleares, y relativamente cerca de la Bahía de Alcudia, era la séptima fortuna del mundo y, sin duda, la persona más rica de una España que vivía la penúltima década de la agotada dictadura franquista, tras haber pasado por una sangrienta Guerra Civil y haber conocido las convulsiones de una monarquía secular —la borbónica— y la proclamación de una República pasajera que derivó en un régimen de corte *sovietizante* que intentaría recluirlo en prisión.

En todos estos episodios históricos, y en otros que todavía no han salido a la luz, intervino el gran patrón mallorquín, que desde la nada accedió a las magistraturas de la alta política, se hizo inmensamente rico, fue espía, diputado, naviero, petrolero, contrabandista, compró voluntades, reinó sobre territorios terrestres y marinos como un señor feudal, e impuso siempre a los demás su santa voluntad. March es una leyenda, un enigma sin descifrar del que solo conocemos algunas de las caras del poliedro. Su cuerpo yace desde ese día del adiós al mundo mundano en un grandioso panteón de piedra, de estilo pretenciosamente italiano, construido en Mallorca con la aspiración de perdurar en el recuerdo, que es la obsesión que comparten todos los muertos cuando todavía están vivos pero sospechan que el tren de la vida se aproxima a su estación término. Su tumba tiene las aspiraciones de un auténtico *signore* del Renacimiento. Si quiso dejar huella, como Lorenzo de Médici, no cabe la menor duda de que lo consiguió a pesar de que a lo largo de sus días (y sus noches) en la Tierra siempre se resistió, salvo contadísimas excepciones, a poner nada por escrito. Su reino era el de los secretos.

Vivió como un millonario ágrafo. Residía largas temporadas en las suites de los mejores hoteles del mundo, pero mantenía la vieja costumbre campesina de dejarse la camisa fuera del pantalón y, a pesar de su inmensa fortuna, se cuenta que nunca regaló un habano a nadie y que evitaba pagar las rondas de coñac con las que entretenía las tardes doradas en el Palace de Madrid, donde disertaba con comisionistas, hombres de negocios, periodistas y políticos de la España de principios del siglo XX, mantenía apresuradas citas sexuales con señoritas hermosísimas y contemplaba el inefable espectáculo del circo social, donde se movía con una habilidad no exenta de temeridad que incluía el sublime arte del fingimiento.

March creía en los números y en el poder de las palabras: construyó un imperio —multinacional— mediante intermediarios, dando órdenes verbales a hombres de paja, representantes, embajadores y abogados. Sin dejar excesiva huella, pero participando en primerísima persona en todo tipo de conspiraciones, negocios, tratos, acuerdos, guerras y afrentas. Financió una rebelión militar —la de julio de 1936— y después una Guerra Civil. Antes había pagado la Casa del Pueblo al partido de los socialistas mallorquines en un homenaje —interesado— a la «clase trabajadora». Se presentaba como un hombre humilde, hecho a sí mismo, hijo únicamente de sus obras, pero negoció como un prócer iracundo con el fascismo italiano, el imperio británico y hasta con las dinastías moras del Norte de África. Rehuía los actos sociales, salvo por conveniencia, y procuraba no dejar rastro de sus acciones, pero su nombre aparecía recurrentemente en los informes de los servicios de inteligencia y en los *memorandums* de las grandes cancillerías y embajadas.

¿Cómo es posible que un campesino de Mallorca, cuyo padre comenzó como un labrador que con el tiempo se convertiría en un tratante de cerdos, y cuya familia recibía en su pueblo el mote de *los Verga,* se convirtiera en el gran *hombre de honor* de su tiempo? Los ingredientes, indudables, pues al hablar de ellos coinciden tanto sus (escasos) amigos como sus (infinitos) enemigos, fueron dos: una proverbial inteligencia y una nada frecuente ausencia de escrúpulos morales. March, que sentía fascinación por los números y las matemáticas, aunque leía con dificultad, estaba interesado en una única cosa: el dinero. En su vida no había nada más. Sobre todo después de perder a su madre a los siete años de edad. Aprendió muy pronto a hacer negocios ventajosos, a administrar la corrupción como si se tratase de una más de las bellas artes y a comprar la libertad de los hombres, así como a manejar a las mujeres y a los políticos que necesitaba para satisfacer sus apetitos personales. Probablemente fue lo más parecido a un *don* italiano que hemos tenido en la historia de España. Predispuesto al soborno, capaz de influir a su capricho en la esfera política, suficientemente poderoso para cambiar el curso de la historia, socio y enemigo de gobiernos, y propietario de periódicos de distintas ideologías a los que ponía, como una artillería, al servicio de sus intereses; fue un hombre doble sin igual.

Santa Margarita

Nacido en el seno de una familia de campesinos de Mallorca, a los que apodaban los *chuetas* por sus supuestos antecedentes conversos, condición que les impedía el trato con la aristocracia, March fue un niño apocado, enfermizo, callado e inquietante. Son las señales del genio. La leyenda sostiene que no aprendió a leer ni a escribir hasta cumplidos los 40 años, pero lo más probable es que alguna instrucción primaria adquiriera —las biografías hablan de sus estudios en el colegio de Santa Teresa del Pont d'Inca, del que fue expulsado por agredir al hijo del director en una pelea—, aunque irregular, durante su adolescencia. Comenzó a trabajar pronto, con diez años, en un comercio de su pueblo que pertenecía a la familia Qués, donde años más tarde se construiría un palacio con un león en el frontispicio del edificio, que llenó de armarios con cajones de doble fondo. Allí, en la Mallorca interior y provinciana, que es como la Sicilia española, descubrió el valor de las transacciones. Primero, de objetos diminutos, como hilos, clavos y botones. Más tarde, de bienes inmateriales, como el humo de las caladas de los cigarrillos que vendía a sus compañeros de juegos por cinco céntimos. A los diez años ya era contable en la empresa familiar March Hermanos, fundada por su padre y su tío.

Con veinte años, recién comenzado el siglo, se ocupaba de tres negocios de forma simultánea: la venta de cerdos, igual que su progenitor; la compraventa de terrenos y el contrabando de tabaco, una industria tradicional de los hombres de mar. Mientras Eduardo VII era coronado en Delhi como emperador de la India, se publica en París la primera edición integral en 16 volúmenes del libro de *Las mil y una noches,* en Estados Unidos se fundaba la compañía Harley-Davison y la familia Luca de Tena sacaba a las calles de Madrid el primer número del diario *Abc,* March compraba a los ganaderos de la mayor de las Baleares cabezas de marranos al por mayor para venderlos a los carniceros de Barcelona que se dedicaban a hacer embutidos. Intentaba hacer sus negocios arriesgando el mínimo capital posible y buscando el máximo beneficio. El contrabando de tabaco y la compraventa inmobiliaria, sin embargo, requerían hacer unas mínimas inversiones y capacidad para obtener crédito ajeno. Esta necesidad, más que el amor, explicaría, según insinúan algunos de sus biógrafos, su prematuro matrimonio con Leonor Servera, hija de un banquero mallorquín que había tenido puestos políticos en Manacor. March no daba puntada sin hilo. La chica, de cuerpo fornido y ancho, no era excesivamente agraciada físicamente, pero la dote con la que se negoció el matrimonio fue el remedio que el joven campesino de Santa Margarita encontró ante el indudable inconveniente de la falta de capital propio, vedada por cuna y resuelta mediante el sagrado sacramento de la unión marital. Su suegro, después de su abuelo y su padre, a los que nunca devolvió las 1.500 pesetas que le prestaron para poder simular ante el banquero que contaba con suficientes *posibles,* le adelantó crédito para iniciar su negocio inmobiliario, cuya fortaleza estaba en la ruina de los demás; en este caso, en las hipotecas suscritas por las casas nobiliarias de Mallorca, que ofrecían sus propiedades como aval para mantener un nivel de vida que ya no se podían permitir. El antiguo mundo aristocrático periclitaba mientras el capitalismo se hacía moderno.

Del matrimonio nacerían dos varones —Bartolomé y Juan, sus herederos— y también un negocio: la posesión inmobiliaria de tierras rústicas. En una España donde, salvo excepciones, la propiedad seguía el secular modelo latifundista, el joven tratante de ganado vio antes que nadie las extraordinarias posibilidades del negocio que suponía arrendar a terceros los infinitos predios de labranza, cuyos propietarios históricos parasitaban en su favor mediante un sistema heredado de rentas vitalicias. Con los años presentaría esta actividad como una suerte de reforma agraria civilizada, incluso social. No era tal: se trataba de una industria especulativa en toda regla. Consistía, como todos los grandes negocios, en comprar barato y vender caro, además sin necesidad de producir nada. Para March fue extraordinariamente rentable. Adquiría fincas grandes con bajo rendimiento agrícola —este factor contribuía a abaratar el precio— y las dividía en lotes que alquilaba metódicamente a campesinos particulares para que las explotaran con sus recursos. Sustituía así la figura del antiguo señor feudal, que en su caso eran los arruinados aristócratas de Mallorca, los famosos *botifarres* de Baleares, y a cambio recibía el pago recurrente de los terrenos, alquilados con opción a compra. El riesgo era muy bajo: los campesinos nunca se retrasaban en los pagos porque les iba la vida en el trance. Necesitaban la tierra para poder sobrevivir. Lograda la subsistencia, inmediatamente después soñaban —reproduciendo el modelo social de la burguesía isleña— con comprar la tierra que trabajaban para convertirse en dueños de su destino. Entre el trabajo y estos sueños de prosperidad se situaba March, que convertía en rentas constantes lo que antes habían sido vínculos de vasallaje, alimentando una rueda financiera que nunca dejó de suministrarle capital para este y otros muchos negocios. Empezó a alquilar tierras en Mallorca, pero extendería este negocio a parte de Levante, Andalucía y La Mancha. Cada escritura era un ingreso fijo, constante, seguro. Un beneficio tangible.

El negocio inmobiliario convirtió al campesino de Santa Margarita en un personaje popular. No solo le dio dinero, sino que le facilitó un ejército de campesinos agradecidos dispuestos a colaborar con él en otras iniciativas empresariales. En la España famélica de 1930, March poseía miles de propiedades rústicas que todos los meses le reportaban ingresos periódicos. Todos trabajaban para él. Se había convertido en un latifundista, aunque presentase su *gesta* como una forma de poner la tierra a disposición de quien estaba dispuesto a trabajarla sin necesidad de derramar ni una gota de sangre. Las operaciones de compraventa las controlaba a través de un banco de origen agrario, la Banca March, creada en 1926. Fue el primero de los instrumentos financieros que utilizó en su beneficio, junto a los extinguidos Urquijo, Hispano y Popular, en los que fue accionista. El tratante de cerdos se había convertido en un financiero.

La tercera pata del *milagro March* fue el contrabando de tabaco. Practicado desde antiguo por los pescadores de Mallorca y todo el litoral mediterráneo, era una actividad de subsistencia, y aceptada socialmente —aunque estuviera prohibida— desde el siglo XVII, cuando el Estado creó el primer estanco para administrar este monopolio en su favor. El negocio, en el que participaban clases populares, ofrecía potencialmente, desarrollado con mentalidad industrial, una rentabilidad inmensa, aunque también implicaba riesgos. La demanda era creciente —el hábito de fumar se había convertido en general prácticamente desde que la planta del tabaco fue descubierta en América— y no tenía, al tratarse de una actividad propia de piratas, costes fiscales. Los contrabandistas lo eran precisamente porque no pagaban impuestos al Estado y permitían a todo el mundo fumar barato. La tradición picaresca, tan cara en España, los presenta con frecuencia como héroes populares, unos tipos listos capaces de burlar a la autoridad.

March revolucionó esta industria ilegal al convertirla en un mecanismo perfecto: creó una red de contrabandistas extraordinariamente jerarquizada y organizada que todos los días surcaba el Mediterráneo, desde Argel y Marruecos, a Mallorca, con estaciones intermedias en la costa levantina y catalana. Empezó moviendo fardos pequeños. Después transportó toneladas de labores de tabaco fabricadas en sus propias factorías, controlando así toda la cadena del negocio. La leyenda cuenta que March se inició en el contrabando antes del cambio del siglo a través de su abuelo, el patriarca familiar. La tolerancia relativa del Estado con esta actividad se debía a una cuestión de pragmatismo: al no ser capaces de abastecer a la población en sus necesidades básicas, las autoridades preferían hacer la vista gorda para mantener la estabilidad social. Había límites —que March sobrepasó pronto— pero también cierta manga ancha. En un país profundamente desigual, era mejor ser tolerante con ciertos vicios que dar motivos que terminaran provocando la subversión de las clases populares. Los pescadores salían a faenar y, además de pescado, por las noches recogían balas de tabaco procedente de Gibraltar (colonia inglesa) y el Norte de África. March empezó con una red de barcas menores, pasando a continuación a usar naves con motor y, más tarde, las enormes embarcaciones de la Transmediterránea, empresa creada para combinar el transporte de mercancías con el traslado de pasajeros, y de la que era accionista el propio rey, Alfonso XIII.

Los beneficios logrados eran inmensos —con ellos los contrabandistas invertirían en la construcción de la primera planta hotelera de Mallorca— y el comercio ilegal, que entonces *mercaba* con todo tipo de productos imposibles de encontrar legalmente a precios razonables, como gasolina, recambios, armas o drogas, permitían reducir los riesgos con un protocolo que quizá no fuera muy sofisticado pero sí era convincente. March pagaba a los pescadores por el transporte, a los patronos de las naves por la gasolina, sobornaba a los carabineros para que se hicieran los ciegos ante el constante tráfico de lanchas y, cuando surgían problemas o imprevistos, también recompensaba a los jueces, a los abogados y a los secretarios de juzgado para que hicieran desaparecer los expedientes y las denuncias. Conocía todas las rendijas del sistema —léase: las tentaciones de los hombres— y contaba con la decisión necesaria para conseguir sus propósitos: dinero. Lo aprendió pronto. Y lo practicaría durante toda su vida: todos los hombres tienen un precio. Es así. La cuestión es averiguar cuál es. Una vez conocido, todo es posible. Las puertas cerradas a cal y canto se abren de improviso. Las negativas categóricas se convierten en *síes*. Todo fluye en la dirección necesaria. Es la magia del interés, la gloria de la avaricia, lo que convierte lo imposible en factible. Los pleitos por contrabando de March se eternizaban en los juzgados o eran archivados por falta de pruebas que parecían evidentes. No era magia. Era algo muy similar a la mafia.

El tráfico terminó conduciendo a March a la materia prima: la fabricación de cigarrillos, puros y picadura de tabaco. Decidió convertirse en fabricante en 1906, cuando adquirió una participación accionarial en la sociedad de la familia Garau, con centros de producción instalados en Argel y en Orán. En 1911 expandió el negocio al hacerse con el monopolio de la Compañía de Tabacos de Marruecos a través de tratos con sus propietarios franceses. La relación con los Garau es la causa de una de sus mayores sombras: una acusación por asesinato, cuyas causas nunca estuvieron claras, y por la que no fue condenado, pero que desde entonces condicionaría su biografía. Los Garau eran también de Santa Margarita y se dedicaban al contrabando. La mayor parte del tabaco ilegal que se vendía en Mallorca era suyo. En términos económicos, Garau era un competidor para March, que había conseguido incorporar a otros contrabandistas a su industria ilegal. Garau, sin embargo, mantuvo su independencia y cortó las redes de suministro de March con la justificación de que no contaba con excedentes para vender a terceros. No estaba dispuesto a compartir el negocio con nadie.

Entre ambos hombres mediaba una generación: Garau rondaba los cincuenta años; March no llegaba aún a los 23. El joven contrabandista se desplazó Argel para que Garau le diera explicaciones por secarle el caladero. No fueron satisfactorias, así que March tuvo que buscar una base aprovisionadora alternativa, mientras comprendía que los negocios basados en la intermediación tienen el inconveniente de que tu proveedor te deje sin existencias y, por tanto, sin beneficios. La opción disponible que encontró para no cortar el contrabando de tabaco fue Gibraltar, situada más lejos de Mallorca que Argel —unas 300 millas más— y más cara, ya que exigía a los compradores de tabaco contribuir con una libra para Su Majestad por cada 45 kilos de tabaco. No era una tasa excesiva, pero sí superior al sistema de Argel. Cinco años después de la tormentosa reunión con Garau, March había ampliado su red de contrabando —sus barcos navegaban con la Union Jack para evitar ser registrados por las autoridades españolas— y volvía a intentarlo. Viajó de nuevo en Argel y ofreció a Garau un trato: invertiría dinero en su factoría para ampliar la producción y compartirían el negocio. Garau tenía capacidad de producción pero su red de distribución era más débil que la de March, que necesitaba conseguir tabaco a un coste más económico. Hubo acuerdo, aunque nunca se rompió la desconfianza propia de dos hombres que son del mismo lugar, pertenecen al mismo mundo y conocen las mismas mañas para lograr sus deseos. Meses después, más de veinte barcos al día movían fardos de tabaco entre África y Mallorca. El contrabandista ejercía ya de *don* y había mostrado que no tenía escrúpulos a la hora de hacer negocios.

El señor de la guerra

En 1911, las potencias europeas se repartieron el territorio de Marruecos en la Conferencia de Algeciras. El monopolio del tabaco en el reino alauita quedó en manos de un consorcio —la Société Internationale de Régie Co-Intéressée des Tabacs au Maroc— participado por el Banco de París y la banca de los Países Bajos, con sede en Tánger. March ya dominaba entonces el triángulo Argelia, Levante, Mallorca, pero logró que los capitalistas europeos le arrendasen el monopolio del tabaco de Marruecos, salvo Ceuta y Melilla, durante diez años. March, de hecho, estaba asentado en la zona antes del reparto del mercado. Abastecía a las tropas europeas en Marruecos de tabaco y de cualquier otro suministro que necesitasen. Cualquiera. También vendía armas a los moros rebeldes del Rif que combatían a las tropas españolas. En su cabeza no existía el patriotismo. Únicamente le importaba el beneficio económico. Una venta era una venta.

Con 31 años se había convertido en un magnate gracias al contrabando, aunque este distaba de ser su único negocio. Invirtió en la empresa eléctrica de Baleares y en la compañía de tranvías de Mallorca. También había visto la oportunidad de hacer grandes negocios gracias a las guerras, que encarecen los productos básicos en los países en conflicto y permiten a los no alineados abastecerlos a precios superiores. La necesidad ajena es la madre de cualquier gran negocio. Y March no hacía ninguno que no fuera rentable, sin descartar ni el tráfico de armas ni el abastecimiento militar a todos los bandos, incluso ofreciendo a los enemigos mutuos información valiosa del contrario. En este doble juego, propio de las novelas de espías, se movió con suma inteligencia e indudable temeridad, en todos los grandes conflictos bélicos de su siglo. Aunque, en paralelo a los negocios de la guerra, March libraba otras batallas privadas. En 1916, el jefe de la Compañía Arrendataria de Tabacos, antecedente de Tabacalera, que administró este monopolio entre 1887 y 1945, lo calificó en el Senado como el enemigo público del Estado, al que hurtaba casi el 20 % de sus derechos de aduanas.

El caso Garau

Ese mismo año apareció muerto en las calles de Valencia, junto a las vías del tren, Rafael Garau, hijo primogénito de su socio en Argel. Lo cosieron a puñaladas. March comunicaría la terrible noticia al padre y trasladaría el cadáver a Mallorca, pero se encontró con que la gente de Santa Margarita, donde se había convertido en el *capo di capi* de los contrabandistas, le acusaban directamente del asesinato. No había pruebas concluyentes contra él, pero los indicios lo situaban como instigador del crimen. Se habló de un ajuste de cuentas entre contrabandistas, pero no por motivos del negocio, sino por algo más delicado: una cuestión de honor. Rafael Garau, soltero y con todos los vicios propios de un *señorito,* calzaba el día de su muerte botas de charol, una corbata con alfiler dorado y un elegante terno oscuro. En la cartera llevaba un billete de lotería y 900 pesetas, toda una fortuna para la época. Se había reunido con «unos amigos», que lo mataron con arma blanca y bastante saña. Recibió un total de 16 puñaladas.

Las causas exactas de su muerte son un misterio. La familia Garau encontró entre las pertenencias de su primogénito unos gemelos de oro y unas cartas personales que demostraban que el hijo del socio de March mantenía una relación sentimental con Leonor, la mujer del magnate del contrabando. ¿Fue un asesinato por despecho? Quizá. Aunque también cabe otra posibilidad: una muerte encargada por la adúltera a un grupo de sicarios. Leonor, embarazada entonces de uno de sus hijos, estaba despechada, según las misivas, porque el apuesto hijo de Garau, su amante secreto, se había marchado con una joven de 18 años, dejándola en la estacada. El episodio rompió para siempre el matrimonio de March, que sin embargo mantuvo viva la ficción familiar. Dejó de convivir con su esposa, pero la mantuvo como madre de sus hijos hasta el último día. Las razones también son un misterio porque el engaño pasó a ser de conocimiento popular. En un pueblo pequeño los secretos de alcoba no se pueden ocultar.

La leyenda dibuja a Leonor como una mujer colérica y de carácter vengativo. Además de con el joven Garau, mantuvo relaciones extramatrimoniales con empleados de March —su chófer— y un sacerdote. En privado era una persona; en público, otra. En las crónicas de los periódicos el día de su fallecimiento se la despide como una mujer ejemplar, benefactora de los pobres, gran señora de la burguesía de Mallorca y devota creyente que, además de ir a misa a diario, aportaba fondos para las causas eclesiales. March mantuvo la fábula de que seguía siendo su mujer, pero desde 1929, además de un sinfín de relaciones puntuales con otras muchas mujeres, la sustituyó por Matilde Reig Figuerola, una joven de Burriana (Castellón), a la que puso un piso en Madrid o alojaba por temporadas en el Hotel Ritz. Matilde estuvo ligada a March hasta el día de su muerte. Leonor perdió el afecto de su marido, pero conservó los honores: un túmulo en su honor acompaña al de March en el panteón familiar. Como si los dos fueran los Reyes Católicos.

La muerte de Rafael Garau provocó una guerra entre los dos clanes de contrabandistas mallorquines. Y, obviamente, dio al traste con su sociedad mercantil, de la que March intentó recuperar la inversión firmándose un pagaré a su favor. Aunque fue investigado como presunto implicado en el asesinato, nunca fue condenado. El caso, identificado en los juzgados valencianos con el expediente 277/1916, fue archivado por falta de pruebas por un juez sustituto que relevó al instructor inicial de la causa, que fue trasladado por una repentina y extraña orden superior. La parte más comprometedora del sumario también desapareció de los despachos de la audiencia. Eliminadas todas las pruebas que podían incriminarle, March se esmeró en aniquilar a los Garau para prevenirse de una probable venganza.

¿El procedimiento? Denunciarles por colaborar con los alemanes en labores de espionaje a partir de unas cartas que, con el tiempo, en 1919, se revelarían falsas, pero que entonces ya habían cumplido su cometido: llevar a la cárcel a su antiguo socio y a su otro hijo, Francisco, que fueron internados hasta el juicio que los absolvió de las acusaciones en el penal militar de Argel. La sombra de la sospecha por la muerte de Garau, sin embargo, acompañaría a March toda su vida.

Poder y política

El episodio del sumario sustraído en Valencia, y el archivo de las investigaciones del caso Garau, evidenciaron que las influencias políticas de March funcionaban como un reloj suizo. Y eran lo suficientemente poderosas para interferir en la acción de la justicia. Nada extraño en un país corrupto como España, donde un día el presidente del Gobierno dice en el Congreso que actuará contra el mayor de los contrabandistas del Mediterráneo y después se cita con él en su finca para tratar cuestiones de negocios y fumar vegueros caliqueños de procedencia desconocida. Un país donde quien tiene dinero, como era el caso de March, quedaba siempre por encima de la ley. Los biógrafos del gran empresario del contrabando explican —con datos— que March tenía en nómina al conde de Romanones y a Santiago Alba, ministro de Hacienda de la época, que fue durante décadas su consejero legal y socio en diversos negocios. March participaría en el partido político de Alba y, tras llegar a la conclusión de que la política es una parte más de cualquier negocio, decidió presentarse a las elecciones en 1923. El vendedor de cerdos llegaba así al Congreso de los Diputados por la isla de Mallorca, donde ya ejercía de señor y amo, aunque no volviera a pisar más las calles de su pueblo desde la muerte de Garau. Cuando alcanzó la cámara legislativa, en calidad de miembro de la Izquierda Liberal, el partido de Santiago Alba, en la última etapa de la monarquía, March, además de contrabandista, se había hecho naviero. El mismo año del asesinato del hijo de su socio participa en Barcelona en la fundación de Transmediterránea, la compañía naval que todavía hoy, aunque en manos del Estado, controla las comunicaciones entre Baleares y Canarias con la Península. La empresa, cuyo capital fue de 100 millones de pesetas, nació de la fusión de Valenciana de Vapores, Ferret Pesset (Levante), Vapores Tintoré (Cataluña), Vinuesa (Sevilla) y la Marítima de Mahón (Menorca). Cada una de ellas disfrutaba de un monopolio de navegación regular en una zona geográfica concreta. Su disolución en Transmediterránea colocó a la naviera de March en una posición hegemónica: además del cabotaje, su actividad abarcaba los servicios postales desde la Península a Canarias y Baleares, y las plazas españolas en el Norte de África. Por estas actividades recibía importantes subvenciones del Estado.

Su entrada en la esfera política, consecuencia natural de los negocios basados en el monopolio, estuvo precedida de inversiones estratégicas en el sector de la prensa. En 1921 fundó en las Islas Baleares el diario *El Día,* órgano de expresión de sus intereses empresariales. Más tarde financiaría muchos otros periódicos como *Informaciones,* cuya línea editorial era monárquica, o *La Libertad,* de un marcado ideario republicano. Posteriormente tendría intereses en *La Voz, Luz* y *El Sol,* el periódico apadrinado por Ortega y Gasset. Todos estos diarios participaron en la campaña en su defensa cuando estuvo en la cárcel. ¿Contradicciones? Ninguna. Como buen empresario, March no tenía preferencias ideológicas a la hora de hacer negocios: buscaba la cercanía, el acceso y la influencia en el poder político, con independencia de cuál fuera su ubicación dentro del arco parlamentario. La utilización de la prensa a su favor incluía el apoyo económico a ilustres periodistas, como Julio Camba, cuya estancia en el hotel Palace corría por cuenta de March, o Azorín, que escribió artículos a su favor en las páginas de *Abc* cuando fue necesario. Los antiguos anarquistas —ambos escritores fueron militantes radicales en su juventud— no tenían reparo en escribir en defensa de un capitalista como March a cambio de una soldada. Tampoco tuvieron mucho reparos los socialistas de Mallorca, para los que March financió en 1926 una monumental Casa del Pueblo en Palma, que fue lo más parecido a un palacio obrero que ha existido nunca en España, pero costeado por un capitalista sin piedad: un edificio con 15 salas, un teatro y una escuela. Indalecio Prieto evitó ir a la inauguración para no ser relacionado con March, cuya inversión no era filantrópica, sino interesada. Su discurso de inauguración, donde se presenta públicamente como un trabajador más, es una obra maestra de la impostura. El magnate demuestra en él un excepcional sentido del pragmatismo al acercarse a la izquierda al mismo tiempo que mantenía firmes sus posiciones conservadoras.

Nada extraño, por otra parte. El juego a dos bandas era una de las estrategias empresariales preferidas de March. Durante la Primera Guerra Mundial, y más tarde en la Segunda, mantuvo relaciones cruzadas con todos los bandos bélicos, ofreciéndose a unos y a otros. Se declaraba anglófilo y ofrecía sus servicios de abastecimiento e información al servicio secreto británico; de la misma forma, suministraba combustible a los submarinos alemanes que surcaban el Mediterráneo a cambio de fuertes sumas de dinero. Un juego de alto riesgo en el que el contrabandista mallorquín, sin embargo, se movía con comodidad y, que se sepa, nunca le costó ningún disgusto. Por el contrario, le permitió ampliar sus intereses comerciales con independencia de cómo se moviera la inestable balanza del poder.

Lo que vale para la guerra rige también en tiempos de paz. Y así, del mismo modo que en Palma se presentaba como un industrial que quería beneficiar al pueblo, lograba que Miguel Primo de Rivera, un general andaluz que llegó al poder por las armas y el apoyo del Rey, y que había prometido en público que lo fusilaría en cuanto tuviera posibilidad, no solo no lo hiciera, sino que le pidiera diversos favores económicos que, antes o después, eran devueltos al magnate mediante generosos contratos estatales. La influencia de March sobre Primo de Rivera, al igual que años más tarde ocurriría con Franco, no fue plena, pero sí notable. Seis semanas después de acceder al poder, el militar jerezano y March ya se habían reunido. No hubo fusilamiento, sino concordia. En ese momento el Estado libraba una batalla contra el contrabando por orden de Francesc Cambó, ministro de Hacienda, que calificó a March como «el último pirata del Mediterráneo». Cambó encargó la guerra contra March a Francisco Bastos, un exoficial de la Armada, y puso vigilancia policial constante al *signore* de Mallorca, que comenzó a ser espiado por el aparato del Estado mientras celebraba reuniones con políticos y ministros. Bastos logró hacer frente al problema del contrabando de tabaco mediante dos vías. Primero, mejoró la vigilancia, apresando muchos más barcos de la red del magnate mallorquín y renovando el cuerpo de guardacostas, comprado históricamente por los piratas. También optó por hacerles la competencia: bajó los precios del monopolio estatal en Ceuta y Melilla para tumbar la demanda que alimentaba el negocio del tabaco ilegal. March —cuentan sus biógrafos— entró en cólera. Por primera vez iba a remolque de los acontecimientos en su terreno natural: el mar. Dieciocho meses después de acceder al cargo, Bastos había hecho improductivo un negocio ilegal con más de un siglo de actividad.

La reacción del magnate mallorquín fue denunciar a los funcionarios por mala gestión —toda una ironía, ya que la acusación, hecha por un contrabandista, se basaba en las pérdidas que el abaratamiento del tabaco legal habían causado al erario público— e intentar que fueran removidos de sus puestos, cosa que terminaría consiguiendo una vez que Cambó abandonó el ejecutivo. March terminaría siendo, merced a un favor de Primo de Rivera y José Calvo Sotelo, ministro de Hacienda en 1927, adjudicatario del monopolio de tabaco en las dos plazas españolas en el Norte de África sin concurso público, además de accionista destacado de Tabacalera y de la Compañía General de Tabacos de Filipinas. Conseguir este nuevo monopolio le costó relativamente poco: ayuda financiera en favor del diario *La Correspondencia Militar*, por el que el dictador sentía especial predilección; y la compra de unos terrenos en Tánger. El primer asunto era una inversión política; el segundo, inmobiliaria. Ambas dieron sus frutos. El negocio de Ceuta y Melilla, claramente lesivo para el Estado, duraría hasta 1931, cuando la República española anuló la adjudicación por su manifiesta ilegalidad.

El petróleo ruso

No todos los negocios que March hizo con el Estado fueron exitosos, aunque sus fracasos recibían —sin faltar— una compensación. Uno de los proyectos que apadrinó y terminó siendo inviable fue el monopolio de la distribución de petróleo en España durante la dictadura de Primo de Rivera. En esta guerra le ganaron la mano los treinta grandes banqueros de la época, que se asociaron para fundar Campsa. March se había posicionado en el sector a través de la firma Petróleos Porto Pi, una sociedad que fundó en Barcelona con dos millones de pesetas. Con vistas a lograr una posición privilegiada para conseguir el monopolio, March la trasladó cerca del poder político (Madrid) y amplió su capital hasta los diez millones de pesetas. Sus accionistas oficiales en 1923 eran Trasmediterránea (controlada por el naviero mallorquín) y Bauer, Marchal et Cíe, un banco francés que se dedicaba a distribuir petróleo soviético en Europa Occidental y que, a través de la Banca Arnús, cedió el contrato a la petrolera de March para distribuir crudo soviético en España, Portugal y Marruecos, en una competencia directa con la compañía americana Standard Oil y la anglo-holandesa Royal Dutch Shell, que operaban mediante firmas subsidiarias y socios locales, como el Banco Urquijo.

March tenía a su favor dos factores: el bajo precio del petróleo soviético y la capacidad política suficiente para que el Gobierno le cobrase el arancel más económico posible a un producto de un país con el que España no mantenía relaciones diplomáticas. De nuevo operó como un agente doble: amenazó a las multinacionales diciéndoles que Primo de Rivera, con el que tenía excelentes relaciones, iba a conceder el contrato de distribución petrolífera mediante monopolio; por otro, se ofreció ante ellas como socio local. En ambos casos, él ganaba. En 1927 Alfonso XIII decretó el monopolio para la distribución de petróleo, que se canalizaría a través de una sociedad mixta con una participación estatal del 30 %. March perdió el concurso. Su reacción fue, sin dejar de litigar con ellos, ofrecerse como solución ante sus competidores, que al ganar el contrato habían perdido el acceso al crudo norteamericano. La sociedad petrolera de March —Porto Pi— tenía garantizado el suministro soviético. Primero fue su proveedor y después se convertiría en accionista de Campsa, aunque siempre reivindicaría al Estado una compensación por la pérdida (parcial) del negocio petrolero.

La Segunda República contra el ciudadano March

La caída de Primo de Rivera y la abdicación del Rey condujeron a España a una república proclamada tras la histórica victoria de las izquierdas en las elecciones municipales. Para March, en principio, no suponía ningún problema: se había acercado en su momento a los socialistas, y notables miembros del comité republicano habían acudido a él, como tantos otros, en busca de un patrocinador financiero para su revolución. Las condiciones del acuerdo eran simples: si March aportaba fondos en favor de la causa, tendrían garantizada la inmunidad por sus negocios con la dictadura. El magnate mallorquín no dijo que no, pero tampoco que sí. «Solo sonrió como un conejo», cuenta Azaña, en sus memorias, presente en el ofrecimiento, que tuvo lugar en un hotel de San Sebastián, mientras March cenaba con una de sus hermosas amantes. La ambigüedad le costaría cara. Cuando advino el régimen republicano, empezó a dudar de las repercusiones que su negativa tendría sobre sus negocios. Comenzó a sacar al exterior parte de su capital (guiado por su proverbial prudencia) y también decidió abandonar temporalmente el país, pero el nuevo gobierno, que lo tuvo bajo vigilancia desde el primer día, se lo impidió. March volvió a su palacio de Madrid mientras la policía buscaba la forma de armar una causa contra él, algo nada sencillo porque el contrabandista nunca escribía sus órdenes ni dejaba rastro en los archivos oficiales.

En las elecciones generales de 1931 decidió volver a presentarse diputado en un alarde de cinismo: quien había amasado una inmensa fortuna robando al Estado ambicionaba de nuevo, exclusivamente por sus negocios, representar a una patria en la que nunca creyó. Con 51 años volvió a sentarse en el Congreso mientras los hombres que unos meses antes le habían pedido que les financiara copaban el consejo de ministros. Indalecio Prieto, como ministro de Hacienda, anuló el monopolio de March en Ceuta y Melilla, que fue sacado a concurso y adjudicado a otra sociedad a pesar de que el magnate mallorquín presentó una oferta legal. La República buscaba la forma de procesarle. March lo sabía por su excelente red de espionaje en la Administración. Tenía puestas sus esperanzas de influir en el ejecutivo a través de Lerroux. Pero el Gobierno no podía permitirse el escándalo de devolver el contrato a quien lo había disfrutado por una decisión caprichosa de Primo de Rivera. La hostilidad del Gobierno contra March llegó a la cámara legislativa, donde se acusó al magnate de contrabandista y se le abrió una causa —a pesar de su defensa ante el plenario con un elocuente discurso— para retirarle la inmunidad parlamentaria, paso previo para poder encarcelarlo.

El problema es que no existían muchas pruebas concluyentes de sus actividades delictivas. El señor de los silencios llevaba toda una vida intentando no dejar rastro, a pesar de estar en todos los sitios donde había posibilidad de hacer negocios. En la comisión de garantías parlamentarias que estudió su caso, reunida en una sesión secreta, March negó los cargos, exigió pruebas a sus acusadores y se presentó como un hombre «de ideales de izquierda» que era objeto de la conspiración del Gobierno. En buena medida, tenía razón: el Ejecutivo republicano, a falta de pruebas sólidas, intentó indagar en el episodio de la muerte de Garau, contactando con la familia de su exsocio en Argel. Todo esto lo expuso March ante la comisión parlamentaria, encargándose —en un hábil golpe de efecto, porque las sesiones no eran públicas— de distribuir su discurso entre la prensa. La votación, sin embargo, aprobó su procesamiento, previa ratificación en una sesión pública. En dicha reunión posterior fue donde Jaume Carner, un banquero e industrial catalán que sucedió a Indalecio Prieto al frente del Ministerio de Hacienda, pronunció unas palabras históricas sobre el personaje: «March no es enemigo de la República ni amigo de la República. March no fue amigo ni enemigo de la dictadura. March no fue amigo ni enemigo de la monarquía. March no es amigo ni enemigo de nadie. March es March. (...) Lo que quiere es que ante su voluntad todo sucumba. Ni nos quiere ni nos odia. El que quiera ir contra su voluntad es su enemigo (...) O la República somete a March o March someterá a la República».

La suerte estaba echada. Había sido profetizada por el propio padre de March años antes, contrariado al saber que su propio hijo había sustraído dinero de sus ahorros: «Bárbara, mi hijo acabará en la cárcel». El augurio paterno se cumplió: a pesar de las irregularidades por las que fue procesado, el contrabandista Juan March, naviero y banquero, pasó 17 meses encerrado en las prisiones republicanas. Entró en la Modelo de Madrid en 1932 y un año después fue trasladado a la prisión de Alcalá de Henares, de donde se escapó —en una pacífica fuga mítica— tras sobornar y llevarse consigo al carcelero, un tal Eugenio Vargas, al que años después el régimen franquista propondría para alto cargo de Instituciones Penitenciarias. March salió por la puerta principal con su abrigo, su sombrero y su habano. Era la madrugada del 3 de noviembre de 1933, se montó en un Rolls-Royce y puso rumbo a Gibraltar, donde dio una rueda de prensa para explicar su decisión, cogió un barco para Marsella y, después de tomar un tren, se plantó en París, a salvo de una República que a partir de ese momento juró destruir. La noticia dio la vuelta al mundo y acrecentó internacionalmente su leyenda.

El banquero del Alzamiento

En el año largo que pasó en prisión, March no dejó ni un día de dirigir sus negocios y preparar su venganza contra el Gobierno republicano. Su prisión tenía carácter preventivo porque faltaba una condena judicial que lo mantuviera en la cárcel, algo nada fácil, ya que tras un año largo de pesquisas, incluyendo la acción de los servicios secretos, lo único que había contra él eran las cartas de Primo de Rivera donde este le pedía favores «en favor de la patria». Nada más. Entre otras razones porque los libros de cuentas de March ardieron misteriosamente en Santa Margarita en piras de leña.

El contrabandista se adaptó a la situación con su fórmula infalible: gracias al soborno recibía visitas, firmaba cheques, despachaba con sus colaboradores, convirtió a dos funcionarios de la cárcel en sus secretarios —a cambio de 500 pesetas al mes— y trasladó a su celda a sus propios criados, que se encargaban de que no faltara nunca el champán, el coñac, el jerez y los habanos. Recibía el menú del Hotel Palace y repartía vales del economato entre otros presos. Hasta se decía que usaba el despacho del director del centro penitenciario para mantener encuentros sexuales. En todo caso, estas comodidades, que demuestran cuán permeable era a la corrupción la administración carcelaria, no le distraían de su objetivo: terminar con la República. Financió a todos los movimientos políticos hostiles al Gobierno, sin importar su signo. Desde los anarquistas a Falange. Sin descartar intentonas golpistas militares como la de Sanjurjo. Movió a sus periódicos y ordenó a los articulistas que tenía a sueldo que denunciaran la «injusticia» que la República cometía con él para ganarse el máximo respaldo popular. De forma directa o indirecta controlaba toda la prensa de Madrid, que publicó una carta escrita a su abogado para explicar las razones de su fuga de prisión. Volvió a presentarse a diputado, estando ya en el exilio, y salió elegido al mismo tiempo que triunfaban las derechas. Su asalariado, Santiago Alba, fue elegido presidente de las Cortes.

Tardó dos años en regresar a su *suite* del Palace, pero la situación política no se estabilizó. El mismo día del triunfo del Frente Popular en las elecciones del 36 cruzaba los Pirineos en su Rolls-Royce y se instalaba en Biarritz, decidido a financiar una nueva asonada militar como la de Sanjurjo, pero esta vez encabezada por el general Mola. Con él salió de España parte de su fortuna a través de dos bancos: el británico Kleinwort, Sons & Co, célebre por sus acciones financieras en favor del bando nacional, y la Swiss Bank Corporation. A través de ambos pagaría las operaciones militares a favor de los militares sublevados, entre ellas el alquiler del *Dragon Rapide,* el avión que utilizó Franco para viajar de Canarias a Marruecos para encabezar el ejército rebelde. El pasaje costó 1.019 libras esterlinas y cuatro chelines. A Mola, líder de los golpistas, le avaló créditos por valor de 600 millones de pesetas. El poder financiero de March parecía poderlo todo: permitió al ejército fascista contar con suministros de petróleo de la Texaco y recibir armas de Alemania e Italia. Según cuenta Arturo Dixon, gestiones directas de March con Mussolini y un aval de 121 toneladas de oro hicieron que el régimen fascista italiano enviase sus aviones de combate para defender Mallorca frente a un desembarco republicano. También costeó el puente aéreo, efectuado con aviones alemanes, que trasladó desde Marruecos a Sevilla a las unidades de élite del ejército golpista, lo que permitió la conquista súbita de Andalucía y Extremadura. La Guerra Civil se había convertido, junto a intereses personales, como la especulación de divisas, en uno más de sus negocios. Y March, desde joven, tenía la virtud, entre sus múltiples defectos, de no hacer ninguno malo. Según sus biógrafos, poseía una fortuna que se calculaba en 1936 en 4.000 millones de pesetas. Cuatro años más tarde había doblado esta cantidad.

La dictadura

La victoria de Franco en la Guerra Civil le permitió volver a instalarse en España, desde donde prosiguió con sus negocios de divisas, favorecidos por la Segunda Guerra Mundial. Al igual que en la contienda mundial previa, el empresario mallorquín trabajaba con los dos bandos en conflicto y colaboraba (como benefactor) en los negocios estatales para reconstruir España tras el conflicto fratricida. Lo que le movía no era la solidaridad ni el patriotismo, sino el interés crematístico, el único motor de su vida. A través de la sociedad J. March & Co, desde Londres, controlaba todo el comercio entre España e Inglaterra. Adquirió una sociedad de buques mercantes y contribuyó a la neutralidad de España en el conflicto bélico mundial por encargo del Gobierno británico. El argumento que March puso encima de la mesa a los generales de Franco fue muy convincente: diez millones de dólares americanos. A la operación se la denominó *La Caballería de San Jorge*.

En 1941 March se instaló en Estoril (Portugal) para ponerse a salvo de los recelos que su figura suscitaba entre algunos dirigentes de la Falange, partido que durante su estancia en la cárcel también apoyó, a pesar de no estar de acuerdo con las propuestas nacionalistas de su ideario. Buscaba más libertad para sus negocios. Nunca perdió su extraordinaria capacidad de influir en el régimen franquista, pero el país luso era históricamente el socio tradicional del imperio británico en la península ibérica. En Portugal se relacionó con la oposición monárquica a Franco y participó financieramente en 1943 en la intentona fallida para reinstaurar a don Juan de Borbón, auspiciada por José María Gil Robles y Pedro Sainz Rodríguez.

En 1945, viendo que el régimen franquista iba a perdurar, se aproximó de nuevo al dictador de El Ferrol. Y, tácticamente, se trasladó a vivir a Ginebra (Suiza), desde donde administraba su inmenso imperio financiero y planeó, en una jugada propia de espías, su último golpe de efecto en el mundo de los negocios: la adquisición de la compañía Barcelona Traction, Light and Power Co., a partir de la cual creó Fecsa. Esta empresa tenía una posición dominante en el mercado energético catalán. Había sido fundada en 1911 en Canadá pero operaba en España a través de dos firmas asociadas: Riegos y Fuerzas del Ebro, y Barcelonesa de Electricidad. Sus problemas financieros comenzaron con la Guerra Civil y empeoraron con la Segunda Guerra Mundial, a finales de los años treinta. March compró su deuda a muy bajo precio. Forzó su quiebra y se hizo con todo su patrimonio a través de intermediarios. En la operación ganó 6.000 millones de pesetas.

Su rutina personal, sin embargo, no había cambiado en exceso desde sus comienzos. Se levantaba a las nueve de la mañana asistido por un ayudante de cámara, igual que un emperador romano. Revisaba la prensa y despachaba con sus ejecutivos y colaboradores, que le informaban de la marcha de los asuntos o le proponían nuevos negocios. Nunca contestaba sobre la marcha. Se tomaba como mínimo un día antes de decidir. Almorzaba con empresarios y políticos. Le gustaba la paella y nunca hacía siesta. Tras la comida reposaba unos minutos mientras repasaba su situación financiera. Por las tardes volvía a despachar asuntos de negocios. Cenaba en su palacio con Matilde o acudía a reuniones en el Palace y en el Ritz. A la una y media de la madrugada se acostaba con la ayuda de un lacayo uniformado. Rara vez rompía esta disciplina.

En 1955 decidió crear la Fundación Juan March, dedicada al mecenazgo y al patrocinio cultural, en la que invierte 14 millones de dólares para limpiar su imagen social y, de paso, reducir legalmente la factura fiscal de sus empresas. Le preocupaba mucho cómo pasaría su nombre a la posteridad. Así nacía, en su septuagenario cumpleaños, el March filántropo, que es el que retrata Zuloaga en su cuadro y el perfil que proyectó hasta 1962, año de su muerte, tras un extraño accidente, en la clínica de la Concepción de Madrid. El hombre que empezó vendiendo cerdos, comerciando con tabaco ilegal y alquilando predios a los campesinos de Mallorca, dejaba un grupo empresarial de más de cien empresas, contactos políticos en todas las cancillerías occidentales y un ejército de sobornados, víctimas y verdugos. Todo en abundancia.

CARLOS MÁRMOL

Bibliografía

Cabrera Calvo Sotelo, M. (2011). *Juan March (1880-1962)*, Madrid: Marcial Pons.

Díaz Nosty, B. (1977). *La irresistible ascensión de Juan March,* Madrid: Ediciones Sedmay.

Dixon, A. (1985). *Señor Monopolio,* Barcelona: Planeta.

Domínguez Benavides, M. (2017). *El último pirata del Mediterráneo,* Sevilla: Espuela de Plata.

Ferrer Guasp, P. (2004). *Juan March, la cara oculta del poder 1931-1945* (en catalán). Palma de Mallorca: Cort.

Torres, E. (dir.) (2000). *Los cien empresarios españoles del siglo XX,* Madrid: LID, pp. 268-277.

www.march.es

Ildefonso Fierro Ordóñez (1882-1961)

El empresario del fósforo

Ildefonso Fierro (Wikicommons).

Cuando Félix y Toribio González Fierro decidieron torcer el signo de la suerte al repartirse las actividades de su sociedad, Fierro Hermanos, disuelta por común acuerdo en 1907, desconocían que aquel modesto negocio naviero establecido en el puerto asturiano de San Esteban de Pravia acabaría por convertirse en la semilla de un importante conglomerado industrial que se caracterizaría por el don de la oportunidad y la diversificación, tal como demuestra su fuerte presencia en sectores como las finanzas, la minería, el transporte marítimo y el petróleo cuando ya el siglo XX se plegaba por la mitad. Aunque la fortuna había deparado otro destino, Ildefonso, el segundo de los hijos de Toribio, convenció a su padre y a su tío para cambiar los lotes: él y su progenitor se quedarían al final con los negocios de la mar, mientras que la otra rama de la familia se pondría al frente de los de la tierra, principalmente la fábrica de conservas radicada en la localidad asturiana de Soto del Barco.

Nacía así, el 16 de junio de 1908, Toribio Fierro e Hijos, sociedad que pronto abandonaría las tareas administrativas en torno a la carga y el pasaje de los barcos para lanzarse directamente a competir en el transporte de mercancías por vía marítima. Para tal fin, Ildefonso animó a su padre —siempre reacio a apostar su dinero en el mar frente a las seguridades que proporcionaba la tierra— a comprar un buque: un vapor de mil toneladas adquirido a unos armadores de Gijón, al que bautizó con el nombre de *Mieres*. La nave, destinada al comercio de cabotaje de la sal y, sobre todo, del carbón procedente de la cuenca asturiana, proporcionó importantes beneficios a la compañía, ya liderada por ese joven que apenas había cursado antes unos años en una escuela de comercio de Avilés, pero que, si destacaba por algo, era por su inteligencia y su fino *olfato* para los negocios. Esa misma virtud, al parecer, fue detectada muy tempranamente, ya en época escolar, por Pedro García Robles, el maestro de su pueblo natal, Lugueros, situado en la comarca de los Argüellos, en la montaña leonesa.

Ahí, justo en ese punto, en esas primeras travesías del buque *Mieres* por el mar Cantábrico, podría situarse el origen de la carrera empresarial de Ildefonso González-Fierro Ordóñez (Lugueros, León, 1882 – Madrid, 1961). Hijo de Toribio González Fierro y Genoveva Ordóñez Fernández, casados en segundas nupcias en 1881 tras quedar aquel muy pronto viudo. A un hijo del primer matrimonio, llamado Valentín, vendría a sumarse Ildefonso, quien se pondría al frente de una larga descendencia que alcanzaría hasta ocho hijos más. Él mismo también sufriría el duro revés personal de su padre: la temprana pérdida de su esposa. En su caso, la joven Inés Viña Campa falleció al dar a luz a su primera hija, quien recibió el nombre de la difunta. Según las anotaciones biográficas existentes, Ildefonso Fierro, que contaba entonces con 28 años, no estaba en San Esteban de Pravia cuando ocurrió el deceso de su mujer, del que se enteró por la prensa al regresar de un viaje de negocios desde Bilbao.

A esta honda tragedia personal de gran calado se le sumó casi en las mismas fechas un revés profesional: el *Mieres,* sin duda el motor económico de la empresa, embarrancó el 11 de agosto de 1911 en la costa de Málaga, muy cerca de Torremolinos. No hubo desgracias personales, pero el barco quedó inservible sin estar completamente asegurado. Costó más de un año sobreponerse al golpe, pero la reacción resultaría definitiva. En noviembre de 1912, la sociedad Toribio Fierro e Hijos adquirió un vapor de 1.200 toneladas de carga, el *Cabo Tres Forcas,* nombre que sustituyó por el de *Fierros,* cuando el negocio naviero español empezaba a vivir un importante despegue a causa de los conflictos sociales y laborales que agitaban los puertos británicos. La dificultad para cargar carbón en el Reino Unido disparó la salida de mineral desde enclaves alternativos, entre ellos los asturianos, donde destacaban Gijón, Avilés y San Esteban de Pravia. Desde este último emplazamiento, Ildefonso Fierro ganó posiciones a la competencia ofreciendo a los armadores notables ventajas y condiciones, especialmente sobre los tiempos de carga y descarga permitidos en el puerto.

Como consecuencia, la compañía se lanzó a la compra de nuevos buques. En febrero de 1913 se hicieron con la propiedad del vapor *Carlisle,* de 1.400 toneladas, perteneciente a unos armadores de Belfast. Ildefonso Fierro se trasladó a Burdeos para hacerse cargo de la entrega del buque y tramitar el expediente de abanderamiento que permitió el cambio de nombre.

A partir de ese momento, el barco pasó a llamarse *Alfonso Fierro,* realizando una intensa actividad hasta su pérdida, a finales de 1919, en Estaca de Bares, en el municipio gallego de Mañón (La Coruña). También, por entonces, debió sumarse a la flota un vapor de pequeñas dimensiones, *Aller,* de doscientas toneladas de carga.

«Eldorado asturiano»

Instalado en esa corriente positiva, el empresario leonés se puso al frente de las oportunidades de negocio que empezaban a surgir al estallar la Primera Guerra Mundial, en el verano de 1914. De este modo, el conflicto proporcionó una inestimable ocasión de crecimiento a los países neutrales, entre ellos España, que ocuparon los mercados abandonados por los contendientes. En el caso español, los sectores más beneficiados fueron el sector naviero y el carbonífero, donde la compañía dirigida por Ildefonso Fierro tenía plaza conquistada, dado que su principal actividad consistía en el transporte y la venta del carbón de la cuenca asturiana a la siderurgia vasca. Tal como anotó Javier Aguirre de Viar en la *Revista Nacional de Economía* (1918), «los fabulosos negocios del carbón han convertido Asturias en un nuevo *Eldorado,* y aquí afluyen gentes de todas partes, atraídas por el imán de estas pepitas de oro... *negro*». Ese crecimiento deparó al empresario grandes beneficios derivados de una intensa actividad en el transporte de mercancías.

De esas circunstancias, la familia Fierro salió muy fortalecida, a tenor de la expansión y las inversiones realizadas en aquellos años. Al margen de su actividad principal, la sociedad sumó participaciones en tres navieras (Marítima Unión, Compañía de Navegación Vasco-Asturiana y la Sociedad Española de Construcción Naval), en una ferroviaria (Compañía de los Caminos de Hierro del Norte de España) y en una entidad de crédito, el Banco Hipotecario, fundado 1872 con todas las bendiciones oficiales. Toribio Fierro e Hijos también se introdujo en una pequeña empresa eléctrica, la Murense, y en una azucarera, probablemente la General Azucarera de España. «En definitiva, la Primera Guerra Mundial había transformado radicalmente a los Fierro», señala Elena San Román en *Ildefonso Fierro. La aventura de un emprendedor* (LID Editorial, 2010), quien añade en este punto: «Quedaban atrás los tiempos en que se le acumulaban las deudas al padre de Toribio. Tampoco se repetiría en sus hijos la condición de labrador con la que él mismo se había identificado: Ildefonso y sus hermanos serían empresarios industriales».

En efecto, la Gran Guerra permitió a la familia Fierro aumentar la flota y comprar importantes explotaciones de carbón en los municipios asturianos de Mieres y Cangas del Narcea y el leonés de Villablino. Al fin, la compañía poseía las mercancías que vendía y los barcos que las distribuían. A todo eso, Ildefonso Fierro añadió, a título personal, unas minas de baritina en San Martín de Luiña e instaló en Soto del Barco una fábrica para su molienda y venta, ambas en Asturias. Próximas al puerto de San Esteban, estaban las fábricas de briquetas y de conservas, que vendían sus productos a toda España e incluso exportaban a otros países europeos. Toribio Fierro e Hijos había ya rebasado ampliamente las fronteras de la región asturiana con su despliegue a través de actividades como la consignación de buques, la exportación de minerales, el almacén de productos coloniales y el control de aduanas, entre otras.

A todo ese buen momento profesional, el empresario sumó la recuperación de su vida personal. Así, contrajo matrimonio en 1916 con una hermana de su primera esposa, Florentina Viña Campa, con quien tendría cinco hijos. Además, tres años después, en 1919, compró unos terrenos en la localidad asturiana de Soto del Barco, donde se ubica la antigua fortaleza medieval del castillo de San Martín. Allí se construyó una residencia que se convertiría en símbolo de éxito. Según la prensa de la época, el nuevo hogar «era un broche señorial para un comerciante que escalaba vertiginosamente la difícil escalera social». Aquella vivienda de recreo completó el hogar familiar, levantado en la céntrica plaza de San Miguel de Oviedo. En este punto, los cuantiosos beneficios originados por la contienda europea empujaron a la compañía Toribio Fierro e Hijos a su final. La fortuna reunida permitía diversificar los negocios y, en este contexto, resultaba más eficaz aglutinar las actividades de cada sector en nuevas empresas. Además, el enriquecimiento facilitó también la separación de los hermanos. Cada uno podía, al fin, seguir su camino.

El mar y la tierra

Esta deriva vendría marcada, una vez más en esta saga familiar, con la separación de los negocios de mar y de tierra. Así, el 1 de agosto de 1919 se creó la Naviera Fierros para gestionar barcos y fletes. Meses más tarde, el

24 de febrero de 1920, nació la Sociedad Comercial Asturiana, centrada en las actividades de las minas de Mieres, Cangas del Narcea y Villablino, las fábricas de baritina y briqueta de San Esteban de Pravia y algunas edificaciones en Oviedo. Esta última compañía no se limitó al negocio de los minerales, sino que amplió campo: igual exportaba vino y frutas que importaba madera, café y azúcar. Con todo, el nacimiento de estas nuevas sociedades no implicó una ruptura total de los lazos familiares en la forma de gestión empresarial de la familia Fierro. Muy al contrario, Ildefonso mantuvo siempre en sus negocios una fuerte presencia de sus hermanos y, más tarde, de sus hijos, yernos y sobrinos. «Esta activa participación familiar y el marcado carácter personalista de la dirección de los negocios se convirtieron, ya desde entonces, en signos de identidad de lo que sería el futuro Grupo Fierro», apunta en su estudio la profesora Elena San Román.

Al igual que el estallido de la Primera Guerra Mundial había proporcionado grandes oportunidades de negocio a Ildefonso Fierro, su final le obligó a afrontar importantes contratiempos. De un lado, la demanda de los carbones españoles —de peor calidad y de más costosa extracción— cayó en picado cuando comenzaron a llegar minerales extranjeros, especialmente desde los puertos ingleses. Del otro, la paz restauró las vías comerciales más potentes y los precios del transporte por vía marítima bajaron de forma considerable. Ante esta situación, el empresario decidió trasladarse a Madrid y abrir otras vías de negocio con el apoyo de nuevos socios, entre los que jugó un papel destacado la familia Herrero, a la que conocía de sus días en Oviedo. Desde el Banco Herrero, su todavía consejero, Ignacio Herrero de Collantes, futuro marqués de Aledo, sería una pieza fundamental para que Fierro se incorporarse a la vida financiera y empresarial de la capital de España, donde aparece ya instalado a partir de 1921.

Ildefonso Fierro tendría ocasión allí de afinar, otra vez, su talento para los negocios. Como mejor ejemplo, el éxito de la Sociedad Ibérica de Contratación y Publicidad. Esta pequeña empresa, con sede en la plaza de las Cortes de Madrid y con dos millones de pesetas de capital, le abrió de par en par las puertas del sector fosforero, uno de los pilares de su futuro imperio industrial. En concreto, la compañía se ocupaba de suministrar en exclusiva el cartón con el que se fabricaban las cajas de cerillas pero, sobre todo, le permitió a su propietario colocarse en un lugar de privilegio a la hora de optar al concurso estatal sobre las fábricas de fósforos promovido por el Ministerio de Hacienda en 1922, cuyo alquiler se otorgaba en régimen de monopolio. Allí, en el bando ganador, entre los accionistas de la

Compañía Arrendataria, estaba el empresario leonés, bien arropado por Ignacio Herrero, junto a políticos como Juan Navarro-Reverter Gomis, a quien le uniría de por vida una fuerte amistad, e históricos del sector como José Moróder y Pascasio Lizarbe.

Con su entrada en esta aventura y, por consiguiente, en este sector, Ildefonso Fierro convirtió a los fósforos en el motor de su desarrollo industrial. Esta línea se apuntaló con los años a raíz de la creación de la Fosforeira Portuguesa, la primera incursión internacional del empresario, con la apertura en 1925 de unas oficinas en Lisboa y una fábrica en las proximidades de Oporto, y la Compañía Industrial Expendedora, que recibió en 1926 —también en régimen de monopolio— la concesión de los servicios de transporte, almacenamiento y venta de toda clase de cerillas y fósforos. Sus fines, con todo, eran más amplios. Así, tenía autorización para exportar e importar toda clase de artículos y podía prestar al Estado y a otras instituciones oficiales servicios tan básicos como la recaudación de contribuciones, impuestos y arbitrios. Por último, esta empresa le sirvió de entrada en el negocio del tabaco, procurando una integración vertical de toda la producción que aplicaría en otros negocios, a todos los sectores industriales en los que puso pie.

Esta especialización en los fósforos no impidió que Ildefonso Fierro continuara con los viejos negocios. Así, a lo largo de la década de los veinte, el empresario reactivó las actividades mineras de la Sociedad Comercial Asturiana, en buena parte gracias a los nuevos contactos forjados en la capital de España que dejaron en sus manos, por ejemplo, el suministro de la Fábrica de Gas de Madrid. También incorporó un grupo importante de empresas con explotaciones mineras en Cortegana (Huelva) y Alcudia (Ciudad Real). Esa expansión tendría, no obstante, su mayor conquista en su entrada en el consejo de administración y en el comité directivo de la Compañía Arrendataria del Monopolio de Petróleos, Campsa, que venía a concretar en la dictadura de Primo de Rivera la nacionalización de un sector estratégico. Así, Campsa se constituyó con una fórmula mixta: el Estado poseía el 30 % del capital y el 70 % restante un consorcio integrado por nueve bancos, entre ellos, el Herrero, a quien Fierro representó en la petrolífera.

A modo de onda expansiva, la entrada de Ildefonso Fierro en los órganos de dirección de la nueva y potente compañía tuvo consecuencias positivas para el resto de sus negocios. Así, la Sociedad Comercial Asturiana se transformó en la delegación provincial de Campsa en Oviedo, si bien el empresario debió dejar la presidencia de su empresa a uno de sus hermanos para salvar, al menos, las apariencias, dado que la creación de la red de la empresa petrolífera por todo el territorio español estuvo salpicada de corrupción y nepotismo. También le fue concedida la construcción de los cargaderos de carbón y la reforma del puerto de San Esteban, así como el ferrocarril de Alicante a Alcoy, dentro del ambicioso plan de obras públicas emprendido por la dictadura de Primo de Rivera. Para tal fin, constituyó la Constructora Fierro, a la que incorporó, tras su compra, la cementera Portland El León, con su fábrica en Matillas, provincia de Guadalajara.

Este asalto de Fierro al sector del ladrillo sufrió un duro revés ya en los años treinta, a raíz del *crack* de 1929. Si bien en España el contagio de la crisis bursátil no fue definitivo —en buena medida, por el carácter eminentemente agrícola de su economía, muy orientada, además, hacia el mercado interior, pero también por sus importantes reservas de oro y su escasa deuda internacional, fruto de los beneficios cosechados durante la Gran Guerra—, la construcción y el cemento fueron dos de las actividades más golpeadas por la recesión. Acaso la paralización hacia 1936 de los trabajos en unas viviendas para obreros en el extrarradio de Madrid ejemplifica, como ningún otro, el duro momento que atravesó el imperio económico de Ildefonso Fierro, a quien el Banco de España le atribuyó la «condición de arriesgado» en un informe fechado a comienzos de la década de los treinta. Sin embargo, el músculo societario del grupo y la ayuda proporcionada por diversos bancos le permitieron al empresario leonés, primero, aguantar la dura travesía y, después, expandir nuevas iniciativas.

Así, entre sus actividades de aquellos años, Fierro continuó siendo consejero de Campsa. Allí destacó por su defensa del monopolio ante los intentos de la República de cambiar los términos del acuerdo de privilegio entre la arrendataria y el Estado. Eso sí, no pudo evitar que el nuevo régimen político español pusiera fin a las delegaciones provinciales de la compañía petrolífera, por lo que la Sociedad Comercial Asturiana dejó la representación de la misma en Oviedo, si bien no tardaría en asumir —ya con Ildefonso Fierro, de nuevo, en el timón— otras actividades como la comercialización y venta de cerillas de la Fosforeira Portuguesa en Marruecos. Además, el empresario volvió a diversificar inversiones y riesgos, con la entrada en el sector de la maquinaria y las construcciones metálicas (Sociedad Manufactura del Ferro Cerio Español), la perfumería (Quimiflor), la electricidad (Hidroeléctrica del Guadiela) o el textil (Sociedad Española de Seda Artificial), aunque estas dos últimas aventuras tuvieron una vida breve ante las dudas sobre su rentabilidad.

De todos los movimientos emprendidos por Ildefonso Fierro hasta 1936 hay, sin embargo, dos que merecen una especial atención. El primero, su entrada en 1932 en el Banco Internacional de Industria y Comercio (BIIC), donde se situó no ya como accionista de referencia, sino como su principal propietario al adquirir 4.187 acciones a título personal: un 13,9 % del capital de una entidad que, a mediados de la década de los treinta, ocupaba el decimotercer lugar entre las instituciones de crédito españolas por el volumen de su capital nominal y el decimosexto por el capital desembolsado. El segundo, la adquisición de la aseguradora Cervantes, que inauguró el desembarco de la familia Fierro en un sector hasta entonces inexplorado para ellos: los seguros, con la entrada en una compañía de tamaño medio, todavía centrada en las ramas de vida e incendios. Ambos negocios marcarían la ambiciosa dirección de crecimiento y diversificación que el empresario leonés se había trazado.

Un Rolls-Royce en la Gran Vía

A poco de estallar la Guerra Civil, Ildefonso Fierro había conquistado plaza entre los empresarios más notables de España. Poco quedaba del animoso joven que había llegado desde Asturias con dos empresas familiares: la Sociedad Comercial Asturiana y la Naviera Fierros. Para comprobarlo, quizá, bastaría verlo subir o bajar cualquier mañana del Rolls-Royce con chófer que lo esperaba a diario en la Gran Vía madrileña, justo en la puerta de sus oficinas, o en las tardes del Hotel Palace, donde era asiduo. En ese momento, había superado la frontera de los cincuenta años como propietario o accionista mayoritario de un grupo que superaba la docena de compañías. Y, a través de ellas, su conglomerado industrial tenía una posición relevante en sectores como la minería, los fósforos y la construcción, en los que desarrolló un proceso de integración vertical de la producción bastante ventajoso. Así, acompañó la compra de minas con la creación de una naviera para el transporte; en la fabricación de fósforos situó una empresa dedicada a la publicidad y a la distribución, y su constructora la arropó con la adquisición de una cementera. Dado que estos negocios necesitaban un flujo de capital constante, Fierro fortaleció su crecimiento con la entrada en el sector bancario: era consejero del Banco de Valencia, accionista del Banco Hispano Americano y propietario del Banco Internacional de Industria y Comercio (BIIC).

Toda esa expansión estuvo siempre vinculada a un modelo de gestión caracterizado por el mando personal y autoritario de Ildefonso Fierro, quien se rodeó en todo momento de personas de su confianza. Al comienzo, fueron sus hermanos y, cuando ellos desaparecieron o las relaciones saltaron por los aires, el empresario incorporó a sus amigos y a su círculo familiar más próximo: hijos y yernos. Además, forjó amistades duraderas, pero también claramente provechosas. Entre ellas, como ya se ha anotado, destacan su relación con la familia Herrero y, dentro de ella, con Ignacio Herrero de Collantes. También con Juan Navarro-Reverter Gomis, a quien llamaba cordialmente *socio*. Por último, Fierro se plantó en los negocios con vocación de riesgo, diversificando inversiones e integrando actividades. En esta línea, el empresario nunca concibió sus empresas como negocios independientes, sino que, desde el comienzo, estableció fuertes relaciones entre ellas. Como ejemplo, Cervantes acabó por convertirse en la aseguradora de todos los empleados y empresas del Grupo Fierro.

Del análisis de sus negocios también destaca la fuerte vinculación de las aventuras empresariales de Ildefonso Fierro con los monopolios existentes en España en las primeras décadas del siglo XX. Así ocurría con la Arrendataria de Fósforos, dedicada a la fabricación de cerillas, y la Compañía Industrial Expendedora, que poseía los servicios de transporte, custodia y venta de mixtos, encendedores y piedras de ignición. Asimismo, el empresario jugó un importante papel en la exclusiva del petróleo a través de su presencia en el consejo de administración de Campsa. Solo el monopolio del tabaco escapó a su influencia, aunque no por mucho tiempo: Fierro entró en Tabacalera en 1945 como accionista y consejero. Cabe destacar que también en sus aventuras en el exterior buscó mercados protegidos como Portugal, que en 1926 se había convertido en una dictadura militar, y el Marruecos español de la posguerra. Finalmente, su entrada en el sector bancario, pese a su destacado peso en el conjunto, respondió más bien a una necesidad que a una vocación: la financiación de su grupo empresarial.

Pero, sin duda, Fierro sobresalió por ser un especialista para hacer negocios en tiempos de guerra. Así ocurrió, como se ha visto, en la Primera Guerra Mundial, con el transporte y venta del carbón de la cuenca asturiana. Pero otro tanto sucedió durante la Segunda Guerra Mundial, cuando ganó mucho dinero con la exportación de un producto estratégico, el wolframio, material duro, denso y difícilmente fusible, muy adecuado para efectuar perforaciones a alta velocidad utilizado por los ejércitos de Hitler. Debido a las circunstancias del conflicto, España se convirtió pronto en uno de los principales lugares de abastecimiento y, en concreto, la zona noroeste de la Península, donde el empresario tenía importantes influencias. En concreto, una empresa de su propiedad, la Compañía Minera Santa Comba, operaba en las cercanías de Santiago de Compostela, la principal zona de producción de wolframio en España. La explotación de este mineral alcanzó tal auge entre 1942 y 1944 que alcanzó cerca del 1 % del PIB y más de una quinta parte del global de las exportaciones españolas.

Esa oportunidad para generar dinero en medio de las armas también la desplegó durante la Guerra Civil, a la que Ildefonso Fierro llegó, desde el prisma político, a la salida, años antes, de una breve aventura en las filas del Partido Liberal. El empresario alcanzó el acta de diputado en el Congreso en abril de 1923 tras una abrumadora victoria —obtuvo 3.413 de los algo más de 6.000 electores que componían el censo—, en la que influyó, de seguro, el reparto de cerdos entre sus posibles votantes. Sin embargo, el golpe de Primo de Rivera le impidió tomar posesión como diputado. A partir de ese momento, el empresario se volcó en sus negocios y, como consecuencia, fortaleció vínculos con la esfera política que pudieran favorecerlos. Así, trabó complicidades con Francisco Bergamín, el ministro que firmó en 1922 la concesión del monopolio de fósforos, o con José Calvo Sotelo, quien después de dejar la cartera de Hacienda en 1930 prestó servicios como abogado en el grupo Fierro. Precisamente, esta relación del empresario con Calvo Sotelo le animó a financiar al Bloque Nacional, que aglutinó desde 1934 a algunas de las derechas radicales contrarias a la República. No es extraño, por tanto, que Fierro viese con buenos ojos el golpe militar de julio de 1936.

Si bien el inicio de la Guerra Civil española sorprendió al empresario y su familia de vacaciones en Estoril, los Fierro se trasladaron pronto a Sevilla, convertida en la capital de la zona sublevada. Allí, en la ciudad andaluza, permanecieron hasta el final del conflicto. Durante esos años, Ildefonso sufrió pérdidas personales —el asesinato de su hermano Federico y su cuñado, Dacio Gutiérrez—, y económicas, dado que muchos de sus negocios o sufrieron un duro retroceso o directamente desaparecieron. Con todo, abrió nuevos proyectos vinculados —otra vez— con las circunstancias políticas y económicas de la contienda. Por ejemplo, creó en julio de 1937 en Tetuán, la capital del Protectorado español, la Fosforera Marroquí, y dedicó las Industrias Subsidiarias de Aviación (ISA), constituidas el 14 de noviembre de 1938 en Sevilla, a fabricar accesorios para aviones de combate, si bien pronto amplió su actividad a los componentes de automóviles. La sociedad, que nació con un capital de un millón de pesetas, instaló su fábrica en el barrio sevillano de San Jerónimo.

El final de la contienda española abrió una nueva etapa en la vida de Ildefonso Fierro. Si los años anteriores fueron de formación y consolidación de su grupo de empresas, la estrategia seguida por el empresario leonés al finalizar el conflicto se caracterizó por la expansión, tanto nacional como internacional. Este hecho resulta especialmente llamativo dadas las circunstancias de extrema escasez y autarquía que sufrió España a partir de la década de los cuarenta. En estos años, la economía española atravesó por importantes dificultades (renta per cápita anclada en valores del siglo XIX, caída espectacular del consumo, aislamiento internacional...), fijadas generalmente por los expertos como origen del atraso industrial y de la fractura económica que lastró el desarrollo de España respecto a otros países de su entorno durante ese período fundamental.

En ese contexto, Fierro continuó, por una parte, sus líneas tradicionales de negocio y, por otra, aceleró la diversificación que emprendió antes de la guerra española. Así, con respecto a la actividad minera, el empresario liquidó algunas de las explotaciones carboníferas y creó otras, como la de wolframio, que tanto buenos réditos le daría. Al mismo tiempo, constituyó empresas metalúrgicas ideadas para trabajar con los minerales obtenidos en otras sociedades del grupo, como Almuso y Mequinsa, que fabricaban manufacturas a partir del tungsteno y del estaño. También siguió con el negocio naviero, uno de los que más le había fascinado desde el inicio de su carrera empresarial, y fijó en los fósforos el crecimiento internacional del grupo, que llegaría a tener fábricas en Cuba, Venezuela, Ecuador y Perú, además de las ya mencionadas en Portugal y Marruecos. El negocio de la construcción también se expandió dentro del conglomerado empresarial del leonés. Sus dos compañías más representativas en este sector, la Constructora Internacional y la Anglo Española de Cemento Portland, aumentaron de forma notable su capital.

El DNI, en sus manos

Asimismo, Ildefonso Fierro incorporó nuevas líneas de negocio como las artes gráficas, donde se vinculó —otra vez— a los servicios públicos. En concreto, se ocupó de la expedición del documento nacional de identidad y de la fabricación de billetes para el Banco de España. Para la primera misión, creó Sutnai, que plastificaba la cédula, y adquirió a la familia catalana

Rieusset la empresa que se iba a encargar de imprimirla. A dicha tarea se dedicaron ambas compañías hasta 1980 cuando ya no pudieron revalidar la adjudicación de los trabajos en el nuevo concurso convocado por el Ministerio del Interior. Para la segunda, puso en marcha Goya Grabados. Se cuenta que la idea le surgió tras asistir en el aeropuerto de Barajas a la llegada de un avión con el papel moneda procedente de Alemania, donde se confió su fabricación durante la Guerra Civil. Esta iniciativa llegó a concretarse en la compra y el equipamiento de unas instalaciones y en la firma de un contrato con el Banco de España, si bien la oposición radical del Ministerio de Hacienda llevó el proyecto a un callejón sin salida. Como alternativa, el Estado le compró todos los bienes de la sociedad —solar, edificios y maquinaria—, pero sin llegar a la cantidad que el empresario exigía como compensación. Como salida, Goya Grabados cambió su accionariado y su objeto social, internándose en el mercado inmobiliario.

Por esta senda expansiva, los negocios de Fierro dieron también un salto lógico desde los fósforos al tabaco, sector en permanente crecimiento dado el consumo al alza de cigarrillos y puros, y la nula presencia de productos alternativos, algo que sí sufrió el mercado de las cerillas con la aparición de los mecheros. Como en anteriores ocasiones, la entrada en este monopolio estatal respondió al buen *olfato* para los negocios del empresario leonés, que logró desembarcar con la Industrial Expendedora —dedicada a la distribución y venta de fósforos, encendedores y piedras de ignición— en la Compañía Arrendataria de Tabacos, la sociedad poseedora de la adjudicación desde 1887 y, por tanto, la principal candidata a renovar el nuevo contrato en 1944 bajo una nueva denominación: Tabacalera. En un abrir y cerrar de ojos, Ildefonso Fierro pasó de ser el presidente de la concesionaria de la distribución de cerillas a ser accionista y propietario de la empresa que poseía el monopolio del tabaco en España.

Como consecuencia de esta entrada en Tabacalera, el grupo empresarial amplió sus actividades en el sector. Así, la Compañía Industrial Expendedora compró la marca de cigarrillos y puros *Rumbo,* y la fábrica que los producía, con sede en Las Palmas de Gran Canaria. Curiosamente, Ildefonso Fierro fumó hasta el final de sus días los puros *Rumbo,* que adoptaron como logotipo el timón de un barco como símbolo de la pasión por el mar de su propietario. Con los años, a la factoría de *Rumbo* —donde las mujeres se ocupaban de casi toda la cadena de producción, trabajando manualmente desde la mezcla hasta la cajetilla— de la Industrial Expendedora se le sumaron dos más en Tenerife, la Tabaquera Canaria y la Compañía Tinerfeña de Tabacos, que fabricaron marcas de gran aceptación popular como *Goya, Kaiser* y *Diamante*. Las tres compañías pervivieron hasta 1980, cuando se vendieron al 50 % a Tabacalera y Bristish American Tobacco para forma Tabacanarias.

Otro golpe de novedad en la trayectoria del empresario se registró con su entrada en los productos de gran consumo ya en la década de los cincuenta, donde el final de la autarquía y los planes de estabilización dieron un nuevo pulso a la economía española. Así lo hizo en los helados a través de Derivados Lácteos Sociedad Anónima (Delasa) y su marca Camy, hasta la compra por la multinacional Nestlé en 1973, y en los productos de limpieza con Tergensa (Compañía Ibérica de Detergentes), fabricante de los detergentes ESE. Precisamente, el lanzamiento de estos productos animó a Ildefonso Fierro a poner en marcha una agencia de publicidad, Publinsa, que apoyara su popularidad y venta. La compañía asumió la tarea de difusión de las actividades del Grupo Fierro, pero también se involucró en algunas importantes campañas de Iberia o del Ministerio de Información, con Manuel Fraga al frente. Al ingenio de sus creativos, por ejemplo, hay que atribuir el lema *Spain is different* que acompañó al *boom* turístico de playa y sol de España.

En este contexto claramente expansivo, también se registró el despegue de una de las empresas más singulares de la trayectoria de Ildefonso Fierro: Comercio, Industria y Transporte, S. A., (Cointra). La sociedad nació en 1945, con cinco millones de pesetas de capital, para dedicarse, inicialmente, a actividades comerciales. De hecho, en los primeros años, se dedicó a exportar naranjas desde una nave en la localidad valenciana de Puzol. Sin embargo, ya en la década de los cincuenta, surgió una nueva y espléndida oportunidad de negocio: un programa de aprovisionamiento militar impulsado por el Gobierno de los Estados Unidos a través de contratos extraterritoriales que se otorgaban mediante un concurso internacional entre las empresas europeas que lo desearan. La iniciativa tenía un doble objetivo: de un lado, se rearmaba a los socios de la Alianza y, por otro, se estimulaba el movimiento industrial en un continente arrasado por la guerra.

Cítricos por explosivos

Sorprendentemente, Cointra, la empresa exportadora de cítricos de Ildefonso Fierro, ganó uno de estos concursos: la fabricación de 250.000 minas antitanque, artefactos explosivos destinados a la destrucción de vehículos blindados. La adjudicación de dicho contrato en junio de 1953 —dos meses antes de la firma de los acuerdos entre Estados Unidos y España— fue una combinación de azar, influencia y oportunidad. Así, a favor de los intereses del empresario, jugaron sus contactos en el Gobierno americano, posiblemente desarrollados a partir de la venta de wolframio. «Parece que, en concreto, el que facilitó el negocio de las minas fue Robert Lowe, un militar americano amigo de Ignacio [Fierro, hijo del empresario] que percibió ciertas ganancias con la operación», apunta Elena San Román. También resultó fundamental la contratación de Pedro Gómez-Baeza, de la Academia de Artillería de Zaragoza, quien desde entonces, y hasta el final de su vida profesional, fue consejero delegado y director general de Cointra.

Para cumplir el contrato, que obligaba a la entrega en un plazo inferior a un año de 2.500 minas a Alemania, Fierro puso en marcha, en el tiempo récord de ocho meses, el polvorín y los talleres de carga en La Costera (Valencia) y la fábrica en la nave de naranjas de Puzol. Se trataba de unas instalaciones de once mil metros cuadrados que daba empleo a centenar y medio de trabajadores, muchos de ellos antiguos trabajadores agrícolas que se adaptaron con rapidez a las nuevas necesidades. Gómez-Baeza viajó personalmente a Inglaterra y Finlandia para adquirir la maquinaria y lograr el suministro de un acero de calidad que no se fabricaba en España. El 15 de julio de 1954, los periódicos daban la noticia de la entrega del primer lote al Gobierno alemán. Para finales de noviembre de ese año, la producción alcanzó las 40.000 minas. Una vez satisfecho el compromiso con los Estados Unidos, Cointra abandonó la producción militar y reorientó su producción a otros sectores, algunos relacionados con otros negocios de la familia Fierro. «¿Para qué más sirven las máquinas que permiten construir una mina antitanque?», parece le que preguntó Ildefonso Fierro al director general de su compañía.

La respuesta es variada. Cointra se convirtió en proveedor de la recién nacida industria nacional del automóvil a través de su colaboración con FASA, empresa participada por los Fierro para la fabricación de los modelos Dauphine y R4 de Renault. También comercializó «el velomosquito», un híbrido entre la bicicleta y la motocicleta fabricado por la compañía milanesa Mecánica Garelli que no necesitaba ni matrícula ni carné de conducir. Y, sobre todo, entró en el negocio de la comercialización y la distribución del gas butano. En 1958, la sociedad de Ildefonso Fierro firmó un acuerdo de licencia con la parisina Application des Gaz para lanzar en España aparatos de butano como cocinas portátiles, estufas y lámparas, y unas botellas azules de gas muy populares entre la población. Poco después se le autorizó a Cointra para distribuir el gas butano. La operación suponía el nacimiento de una nueva línea de industria denominada Camping Gas Española, que alcanzaría tal empuje que llegó a independizarse de la matriz para ser una sociedad anónima distinta. Al año siguiente, Cointra empezó a fabricar el primer calentador instantáneo de agua a gas: el Picolino.

Pero esa amplificación de las actividades no acabó aquí. El empresario se subió en la década de los cincuenta a la fabricación de automóviles en serie a través de su desembarco en la sociedad Fabricación de Automóviles Sociedad Anónima, FASA. A través de una compleja operación, sustentada por el músculo financiero del Banco Ibérico, Ildefonso Fierro se hizo con un 10 % de las participaciones de la compañía a través de una compra discreta y paulatina entre algunos de los accionistas de primera hora. Siempre en dura pugna con el Banco Santander, que se hizo también con una notable participación de la industria automovilística, el movimiento pretendía, de un lado, proporcionar al Grupo Fierro un lugar de privilegio en un sector en crecimiento y con perspectivas de rentabilidad y, por otro, favorecer la integración vertical —otra vez, la concepción del conglomerado empresarial como un conjunto— con otras sociedades, como Cointra, la aseguradora Cervantes y la Compañía Ibérica de Petróleos, sin duda, la nueva *joya* de la corporación.

La Ibérica de Petróleos revela, a las claras, el enorme poder que Ildefonso Fierro llegó a acumular en aquellos años. Pese a ser constituida en 1954 en un contexto legal claramente hostil —el Estado se había reservado solo dos años antes, a través del Instituto Nacional de Industria (INI), todas las investigaciones sobre hidrocarburos realizadas en suelo español—, la sociedad del Grupo Fierro no solo logró las autorizaciones necesarias, sino también la entrada de financiación pública en su capital. En esta conquista parece que tuvo un papel relevante el entonces ministro de Hacienda, Francisco Gómez de Llano. De este modo, si bien las primeras actividades de la compañía se desarrollaron en Venezuela, pronto se aprovechó las ventajas de la nueva ley de hidrocarburos de 1958 para iniciar sondeos en territorio español y permitir la participación de empresas extranjeras en dichos trabajos. Como dato revelador, en 1960, se concedieron doce nuevos permisos para la investigación y explotación de yacimientos de hidrocarburos: tres de ellos fueron para el Grupo Fierro.

No obstante, el gran acierto no estuvo en el ámbito de la búsqueda y la explotación, sino en el tratamiento del petróleo, ya que muy pronto se detectó la necesidad que existía de completar la producción de las dos únicas refinerías españolas: la de Cepsa en Tenerife, que atendía el mercado insular, y la de Cartagena, en manos de una sociedad participada mayoritariamente

Homenaje a Ildefonso Fierro (1948, EFE).

por el INI con Cepsa y la americana Caltex como socios, que suministraba el combustible a la Península a través del monopolio de Campsa. Para tal aventura refinera, Ildefonso Fierro se alió con la tejana Ohio Oil Company, que financiaría la operación de instalar una refinería en el emplazamiento del norte de España que el Gobierno considerara más oportuno. De inicio, la operación contó con el rechazo frontal del INI, que planeaba la construcción de una instalación similar en Puertollano, si bien la intervención directa de Luis Carrero Blanco y del ministro de Industria, Joaquín Planell, allanó el camino. El proyecto de la Ibérica de Petróleos con la Ohio Oil fue aprobado en abril de 1961: la Compañía Ibérica de Refinadora de Petróleos (Petroliber) nació tres meses después. Sería la última conquista del empresario.

Ildefonso Fierro falleció a causa de un infarto el 6 de diciembre de 1961. Cuando acabó de almorzar y se disponía a encender uno de sus puros *Rumbo* antes de acudir al consejo de administración del Banco Exterior programado para aquella tarde, el corazón le falló. Se paró. A su entierro acudió una amplia representación oficial encabezada por el ministro de la Presidencia, el almirante Luis Carrero Blanco, quien estuvo acompañado por seis representantes más del Gobierno de Franco. Ese despliegue venía justificado por la trayectoria del fallecido, sin duda uno de los empresarios más importantes e influyentes del país: poseía cerca de cuarenta sociedades en España y una veintena en el extranjero, repartidas por el norte de África (Marruecos) e Iberoamérica (Venezuela, Ecuador y Perú). También era fundador y presidente del Banco Ibérico, uno de los doce privados más importantes del país. La *Memoria* de la entidad de crédito recoge aquel año: «Fruto de sus obras y trabajo, no fue aquí un banco quien hizo a un hombre, sino un hombre extraordinario quien hizo al banco».

Hasta allí se aupó no por sus orígenes familiares ni tampoco por una formación esmerada que le facilitara cierta excelencia profesional. La clave de sus éxitos estuvo en la vocación de riesgo, en el *olfato* de Ildefonso Fierro para hacer dinero, tal como demostró el empresario en los grandes episodios bélicos del siglo XX. Su participación en el sector minero durante las dos guerras mundiales fue crucial en la capitalización del grupo. Tanto el carbón como el wolframio le proporcionaron unos ingresos espectaculares que permitieron la expansión nacional e internacional, y la diversificación empresarial, sujeta esta a una lógica interna que aspiraba a la integración vertical de las actividades o al aprovechamiento de evidentes sinergias. Así lo hizo con las minas y el transporte marítimo, los fósforos y el tabaco, la construcción y los cementos, la banca y los seguros, los productos de gran consumo y la publicidad, por citar algunos ejemplos.

Además, siempre que pudo aprovechó la existencia de monopolios para disparar la rentabilidad. Su dominio en la industria de los fósforos, su presencia en la creación del mercado reservado del petróleo y su irrupción en el comercio exclusivo de tabacos se contarían entre aquellas aventuras donde logró una posición de privilegio. Cuando saltó al extranjero buscó condiciones similares. En Marruecos, Venezuela, Ecuador y Perú. Luego, supo cultivar útiles relaciones personales y aprovecharlas a su favor en el momento adecuado. Los vínculos estaban en la esfera empresarial, política e, incluso, militar. Así sucedió en el ámbito internacional cuando pugnó por el contrato de fabricación de 250.000 minas antitanques; también en suelo español se sirvió de oportunas influencias para inclinar a su favor adjudicaciones y negocios.

En esta línea, se ha insistido en que los Fierro fueron una de las familias más poderosas y ricas de la España del franquismo, de tal modo que a Ildefonso Fierro, el fundador de la dinastía, se le ha fijado a menudo con la etiqueta de «empresario de Franco», dando a entender que debía al dictador la creación de su fortuna. Sin embargo, él ya era rico antes de la Guerra Civil. Eso sí, amplió negocios en la dictadura, aprovechando, cuando estuvo a su alcance, sus contactos en las altas esferas del régimen. Así ocurrió en la producción de fósforos, la explotación y el refinado del petróleo, la fabricación de automóviles o la expedición del documento nacional de identidad. Otras veces, las decisiones del régimen no le fueron favorables. Cabe señalar, en este ámbito, la expropiación forzosa de los edificios que hoy albergan la Casa de la Moneda en Madrid tras su intento de fabricar los billetes para el Banco de España, los impedimentos del Instituto Nacional de Industria (INI) a la creación y desarrollo de FASA Renault, dada su competencia directa con SEAT, o la supresión por ley del monopolio de la fabricación y venta de cerillas.

Como otros empresarios de su época, Ildefonso Fierro —quien en los años veinte unió sus dos apellidos, González-Fierro, para suprimir el primero de ellos en 1947— ejerció una dirección personal de sus empresas, omnipresente en todas las decisiones, en todas las gestiones, arropado por personas de su confianza, por técnicos o especialistas en cada uno de los sectores. Paralelamente, desarrolló una política paternalista entre sus empleados, a los que recordaba que se encontraban entre los mejores retribuidos de España. Para ellos creó en 1944 una Mutualidad de Previsión Social, Motiberus, para ofrecerles atención médica. También puso en marcha una organización de previsión y beneficiencia que atendió a viudas y huérfanos, y una fundación con su nombre que financiaba los estudios anuales de dos estudiantes en la Universidad de Oviedo. Finalmente, impulsó la restauración de conjuntos patrimoniales en León y Asturias, así como obras sociales en Madrid y en otros puntos de España.

A su fallecimiento, el reto que dejó a sus herederos fue fenomenal, puesto que la excesiva diversificación que alcanzó se convirtió, por un lado, en una muestra de su éxito, pero, por otro, en una fuente inmediata de riesgos dada la dificultad de mantener un entramado de negocios tan variado. La red de empresas de Ildefonso Fierro se fue disolviendo, poco a poco, ante la imposibilidad de hacer frente a los desafíos de un grupo tan amplio y de una economía en permanente cambio.

José María Rondón

Bibliografía

San Román López, E. (2011). *Ildefonso Fierro: La aventura de un emprendedor,* Madrid: LID.

Torres, E. (dir.) (2000). *Los cien empresarios españoles del siglo XX,* Madrid: LID, pp. 294-297.

Pepín Fernández
(1891-1982)
El «inventor» de los grandes almacenes

Pepín Fernández (1969, EFE).

«Ayer una señora dejó olvidado un paraguas negro en nuestra tienda en la sección de lencería. Nos complace comunicar a dicha cliente que el paraguas está a su disposición para serle devuelto en nuestra caja. Cualquiera de nuestros clientes puede estar completamente tranquilo, cuando acuda a nuestra tienda, en la confianza de que nuestro personal vela por sus objetivos y pertenencias con el máximo interés». La nota publicitaria, que apareció el 23 de noviembre de 1940 en las páginas de un periódico madrileño, venía a inaugurar un tiempo nuevo en el comercio en España. La calidad, la atención al cliente y la venta por secciones abrían un abismo con las prácticas habituales en el sector, donde aún dominaba el regateo y la picaresca. La fórmula, que echó a andar en la tienda Sederías Carretas, alcanzaría la máxima velocidad con Galerías Preciados, los grandes almacenes que deben su nombre al emplazamiento de su primer centro, radicado en la calle madrileña Preciados, en el corazón comercial de la ciudad. Aquella *revolución* abrió sus puertas el 5 de abril de 1943.

Fue, sin duda, el gran logro del empresario José Fernández Rodríguez, *Pepín* Fernández, nacido el 12 de diciembre de 1891 en un caserío llamado El Rellán, en el concejo de Grado, una de esas poblaciones asturianas donde sus habitantes miraban entonces al continente americano como una oportunidad de cambio y progreso. Solo en la última década del siglo XIX, un total de 63.736 residentes en la región emprendieron una nueva vida al otro lado del océano Atlántico. En una de esas oleadas se enroló aquel muchacho, el menor de los cinco hijos de Manuel Fernández Miranda, conocido como *Manuel el del Rellán,* y María Rodríguez Ordóñez, *María la del Benitón,* que regentaban una pequeña tienda, *La Chabola,* dedicada en sus comienzos a la expendeduría de tabaco, pero que acabaría vendiendo todo tipo de productos. En aquel pequeño establecimiento tuvo el niño su primer contacto con la actividad comercial. Al parecer, el trasiego era frenético los miércoles y los domingos principalmente, los días de mercado, cuando la gente se desplazaba de Salcedo a Grado.

No abundaba el dinero en aquel hogar, pero tampoco pasaban estrecheces. A los réditos del pequeño negocio, la familia Fernández le sumaba los beneficios sacados a unas tierras y corrales que les permitían vivir con cierto desahogo con la ayuda de todos los miembros del clan. Pese a esta estabilidad económica, Pepín Fernández debió afrontar, ya desde pequeño, algún contratiempo importante. Por un lado, los choques entre sus padres —al parecer, frecuentes, si bien nunca se separaron— y, por otra, la muerte en la guerra de Cuba de un hermano, Jorge, el cuarto de la saga. Ese duro golpe hizo que sus progenitores fueran reacios a dejar que sus hijos marchasen a América, postura que llegó al extremo con el más pequeño de la prole. Su padre aspiraba a que él se convirtiera en sastre, oficio que podría aprender sin grandes dificultades, dado que su madre era costurera y llegó a regentar un taller con varias aprendices. Como consecuencia de esta aspiración, los estudios del niño nunca pasaron de una formación académica elemental.

Con todo, de nada sirvió el deseo de los padres. «Soñaba con salir de allí para volver con los dientes de oro, monedas de oro en los bolsillos, leontina de oro y una enorme sortija, de oro también, en la mano derecha», rememoraría Pepín Fernández sobre sus inicios. Aquel impulso no respondía tanto a una necesidad material como a las ansias de «probar fortuna» y «conocer mundo». También le serviría para poner distancia con una situación familiar que le disgustaba. Ese deseo se hizo en realidad en 1908. Así, partió a América desde el puerto de Santander con dieciséis años. Como todos los menores de edad, tuvo que subir al barco de incógnito, dado que muchos emprendían el largo viaje para burlar el servicio militar. Para la travesía llevaba como único patrimonio cien pesetas que le había dado uno de sus hermanos, quien también se hizo cargo de abonar los gastos del billete. Junto a él, viajaba su hermana Eustaquia, quien había contraído matrimonio, por aquellas fechas, con un indiano, Tomás Menéndez, bastante mayor que ella.

Si la hermana alargó viaje hasta Cuba para encontrarse con su marido, Pepín Fernández se quedó en México, donde un primo le ofreció trabajo en un pequeño comercio de su propiedad. El establecimiento en cuestión era una especie de cacharrería que vendía todo tipo de productos, desde sedales de pesca a artículos de alimentación. Además, la tienda ofrecía a los clientes un amplio horario: de seis de la mañana hasta las doce de la noche, todos los días de la semana. Como empleado de la escala más baja, solo disfrutaba, por tanto, de una jornada libre al mes, por lo general, el último domingo. Su trabajo consistía en la limpieza del local y el transporte y el cuidado de los productos a la venta. Ya por la noche, extendía el jergón sobre el mostrador para echarse a dormir. La experiencia descubrió en él la vocación de comerciante. Sin embargo, la aventura mexicana llegó a su fin al cumplirse los dos años de su llegada: su hermana Eustaquia le reclamó en Cuba, donde se sentía muy sola y tenía problemas con su esposo. Ella le prometió que no tardaría en encontrar trabajo allí: la economía de la isla estaba en ebullición. Y, realmente, así fue.

Al poco de llegar, entró en la plantilla de los almacenes El Encanto, propiedad de las familias Solís y Entrialgo. En un primer momento, como *parado,* es decir, sin sueldo; solo con la obligación de ser alojado y alimentado en el establecimiento. Posteriormente, como *cañonero,* una especie de «chico para todo» con una asignación salarial mínima. Allí coincidió con César Rodríguez, primo suyo por vía materna que alcanzó un puesto relevante en el señero establecimiento de La Habana, y no tardaría en hacer lo mismo con Ramón Areces, quien, con el transcurrir de los años, se convertiría en su principal competidor. Los tres reprodujeron en sus negocios en España, Galerías Preciados y El Corte Inglés, las prácticas comerciales aprendidas en este establecimiento de La Habana, y tanto en un centro como en otro acabaron contratando a muchos empleados de la compañía caribeña que salieron de la isla tras el triunfo de la revolución castrista. Por tanto, El Encanto fue la inspiración y la escuela de los tres grandes empresarios del comercio en España.

Inmerso en ese hábitat, Pepín Fernández no tardaría en destacar en aquellos grandes almacenes que habían importado muchas de las fórmulas comerciales de éxito en Estados Unidos. A los pocos meses de ser contratado, los propietarios decidieron ficharlo para el departamento de ventas como dependiente. Y de ahí, en apenas dos años desde su llegada, a las tareas administrativas de la compañía, donde racionalizó el sistema de cuentas e introdujo por primera vez instrumentos contables. Con el paso del tiempo, él añadió cierto aroma mítico a estos fulgurantes ascensos. Sobre su llegada al área comercial, por ejemplo, siempre recordaría cómo la suerte le sonrío cuando se dirigió a una mujer que se marchaba sin comprar nada entre quejas por una mala atención. «Le rogué que viera los artículos que le mostré e hizo una compra importante. El hecho fue muy comentado por jefes y vendedores», señaló. De los asuntos contables se ocuparía, según su versión, tras demostrar a los jefes su capacidad para redactar y para expresarse en público.

El primer «día de la madre»

Precisamente, en el ámbito administrativo de los almacenes El Encanto, Pepín Fernández pudo demostrar por primera vez sus dotes de empresario. Allí, progresivamente, puso fin a la improvisación que había regido hasta entonces muchas de las decisiones de la compañía. En esta línea, perfeccionó la planificación de compras e impuso normas para el control de los empleados. Al mismo tiempo, introdujo las relaciones públicas (abrió una sala para exposiciones de artistas locales y acoger actividades culturales) y forzó un cambio de orientación en la publicidad, más directa. También innovó al incorporar en el calendario del comercio algunas fechas emblemáticas para la cultura cubana, a la que añadió un día dedicado a la madre como estímulo para las compras. Cuando abrió Galerías Preciados también difundió esta jornada entre los españoles, convirtiéndose desde entonces en una de las celebraciones con mayor impacto en las ventas de los comercios.

Desde sus nuevas responsabilidades realizó un viaje a Nueva York para estudiar los métodos comerciales y de organización de los grandes establecimientos de la ciudad. A su vuelta, convenció a los propietarios del establecimiento de la importancia de la atención al cliente, de ahí que apartara vicios y costumbres asentadas entre el personal, a los que se les prohibió acudir al trabajo mal aseados o vestidos o fumar en la tienda. Cuando abrió su propio negocio ya instalado en España, esta obsesión la trasladó a las Normas, un reglamento de tono severo que debían cumplir todos sus trabajadores si deseaban seguir vinculados al proyecto empresarial. De una forma u otra, estas propuestas otorgaron a El Encanto una distinción única entre los comercios de Cuba.

Por otro lado, el ascenso profesional arrastró la consolidación de su vida personal. El 17 de abril de 1920, tras ser nombrado gerente en los almacenes El Encanto, Pepín Fernández contrajo matrimonio con Carmela Menéndez, una joven cubana cinco años menor que él, hija de un asturiano y una dominicana, cuya familia pertenecía a la clase alta de la isla. Como señala la profesora Pilar Toboso en la biografía *Pepín Fernández. El pionero de los grandes almacenes* (LID Editorial, 2000), «la institución familiar siempre fue muy valorada por Pepín, posiblemente porque añoraba no haber tenido durante su infancia un hogar en el que el amor entre los padres hubiera sido más sólido». Precisamente, la entrada en la edad escolar de sus tres hijos (José Manuel, Carmina y Jorge) le hizo plantearse retornar a su tierra natal, donde deseaba que crecieran y se educaran. En mayo de 1931, tras asistir a algún terremoto alrededor de la propiedad de El Encanto y desoír suculentas ofertas para su permanencia en la isla caribeña, el empresario y su familia regresaron a España.

«Me costó mucho trabajo arrancarme de Cuba. Mi espíritu había echado raíces muy profundas», confesaría sobre aquel episodio en algunas entrevistas. Su *aterrizaje* en la convulsa realidad española de la época fue, con todo, suave, paulatino, gracias a los importantes caudales guardados a lo largo de la aventura americana. Así, en los primeros meses, la familia se instaló en La Toja. Posteriormente, se trasladó a El Escorial para asentar vida de forma definitiva en Madrid. Los primeros meses se hospedaron en el hotel Florida, situado en la Gran Vía, hasta que alquilaron un piso en la calle Lagasca del barrio de Salamanca, el más distinguido y señorial de la ciudad. Pepín Fernández repartió el tiempo de ocio entre las actividades culturales y políticas. Al tiempo que se matriculaba como oyente en la Universidad Central de Madrid, acudía a mítines y encuentros políticos, desde Julián Besteiro a José Antonio Primo de Rivera. Como anécdota al pie de su biografía, esta proximidad a los principales acontecimientos de la sociedad española alimentó en él cierta pasión por la actividad periodística, a la que dio cauce a través de unos artículos que vieron la luz en el *Diario de la Marina* de La Habana, dirigido por su amigo Pepín Rivero.

Sin embargo, su vocación comercial no tardaría de nuevo en aparecer. En concreto, un grupo de vendedores del establecimiento Nuevas Pañerías, radicado en la calle de la Montera de Madrid, acudió a él en 1934 para abrir un nuevo negocio. Al parecer, ellos habían tenido noticias de la labor que había desarrollado en los almacenes El Encanto. El 8 de septiembre de ese mismo año constituyeron una sociedad limitada, a la que, una vez adquirido un local que había funcionado como peletería, se puso el nombre de Sederías Carretas. Pepín Fernández se convirtió en uno de los principales socios capitalistas de la nueva empresa, en la que de inmediato aplicó toda la experiencia reunida en los años cubanos. Así, el comercio, inaugurado el 2 de octubre tras unas gestiones realizadas a toda velocidad, era una tienda de tejidos, aunque bien pronto empezó a ofrecer otro tipo de artículos textiles. No cumplía con los requisitos de un gran almacén al estilo europeo o americano, pero desafiaba el carácter de la tienda tradicional española.

Acaso por la influencia de Pepín Fernández en los principales periódicos de la capital de España, Sederías Carretas se presentó públicamente como un nuevo concepto comercial. «Que Madrid cuente con una tienda más no tiene importancia, pero que cuente desde ahora con la tienda que esperaba, con la que precisamente echaba de menos, eso ya alcanza la categoría de trascendental», se leía en los anuncios insertados en los diarios madrileños en los días siguientes a la apertura de Sederías Carretas. Al margen del interés propagandístico, el establecimiento rompió con el modelo tradicional de tienda. Así, el cliente podía acceder libremente a su interior, donde estaban a la vista todos los productos a la venta marcados con un precio fijo, hecho que desterraba el regateo de las relaciones entre el vendedor y el cliente. La propuesta tuvo un éxito fulgurante. A las pocas semanas, se habían agotado las existencias. En poco más de un año, ya se planteaba la ampliación de la tienda, proyecto que iba a tomar forma definitiva en el verano de 1936, pero que tardó tres años en concretarse por el estallido de la Guerra Civil.

«Abierto por contienda fratricida»

El golpe militar sorprendió a Pepín Fernández y a su familia en San Sebastián, donde pasaban unos días de descanso. A la espera de una rápida salida, se instalaron en Francia, donde vivieron hasta el final del conflicto. Con todo, Sederías Carretas abrió sus puertas durante toda la Guerra Civil —incluso, en sus días más duros— gracias al impulso de los socios que se habían quedado en Madrid. Nada más acabar, el empresario asturiano regresó al mundo laboral y celebró con entusiasmo el triunfo del bando sublevado, como dejó traslucir en los escaparates que saludaban y festejaban el destino final de la contienda. A su juicio, el general Franco garantizaba el restablecimiento de los valores tradicionales y religiosos de la sociedad española. Desde el primer momento, se situó entre los empresarios que apoyaron el régimen autoritario, relación que aprovechó a su favor cuando lo necesitó, tanto para asuntos profesionales como para aspectos domésticos.

Sederías Carretas se expandió desde el núcleo de la primera tienda. Se alquilaron o, llegado el caso, se compraron los locales aledaños hasta el punto de que, a comienzos de 1941, el establecimiento había dejado de centrarse en exclusiva en los tejidos. Con el espacio que se ganó, la oferta se diversificó, de manera que la variedad de artículos puestos a disposición del público superaba a la de cualquier competidor. Allí se vendían camisas y complementos para los señores, pero también medias, pañuelos y vestidos para el sector femenino. «El arte de comprar y vender es un servicio público», defendió desde ese *kilómetro cero* de su imperio comercial. La aceptación de la fórmula en los primeros años de la década de los cuarenta tuvo como primera consecuencia un aumento significativo de la plantilla. En este período se pasó de los ocho empleados iniciales a veintidós, generalmente jóvenes de buena presencia y refinada educación. Esta cuestión de imagen tenía, además, un fuerte atractivo económico, dado que su salario era muy bajo, apenas unas veinticinco pesetas al mes en 1941.

El fulminante éxito de Sederías Carretas es, sin duda, una anomalía en la economía de la España de posguerra. Al menos, una conquista de mérito entre grandes adversidades. Porque la política autárquica diseñada por el nuevo régimen y el comienzo de la guerra en Europa crearon un ecosistema inhóspito para las relaciones comerciales. Acceder a las mercancías para vender resultaba, en ocasiones, una tarea imposible. La producción nacional, ya de por sí insuficiente, resultó seriamente diezmada durante la contienda y la compra de mercancías en el extranjero se complicó por el contexto bélico y la restrictiva legislación local para la importación de productos. Como fórmula para esquivar estos inconvenientes, utilizó, de un lado, las oficinas que los almacenes cubanos de El Encanto tenían abiertas en Europa y, por otro, abrió una sucursal de compras en Barcelona, ya que en Cataluña se encontraban las principales fábricas textiles del país. Al frente de esta delegación comercial, situaría a José María Puigdomenech, quien tendría un papel relevante en el devenir del grupo empresarial.

Para combatir la atonía del comercio, Pepín Fernández *inventó* un estímulo que haría fortuna: las rebajas. Por primera vez en enero de 1940, Sederías Carretas anunció su primera temporada de ofertas como respuesta a la caída de ventas que se producía tras las fiestas navideñas, cuando las familias realizaban un fuerte desembolso. La fórmula se convirtió en un auténtico incentivo para las ventas. Tanto que El Corte Inglés, su principal competidor, la copió cuatro años después; a continuación, se sumó el resto de comercios de Madrid. Posiblemente, este triunfo animó al empresario a llevar a cabo su más ansiado proyecto: la apertura de unos grandes almacenes. Tenía claro que la única vía para competir con el estraperlo y el mercado negro, en una sociedad recién salida de una guerra y en la que reinaba la escasez de los productos más básicos, era ofrecer mercancías de buena calidad y a precios ventajosos. Para tal fin, se metió en una espiral de compras inmobiliarias —incluido el edificio de El Corte Inglés, entonces una sastrería— que contó con el beneplácito del Gobierno local de Madrid ante las trabas administrativas que surgían. Su apoyo decidido al régimen de Franco y las buenas relaciones con las autoridades empezaron a dar sus primeros frutos: tres años después, nacía Galerías Preciados.

«Hoy se inauguran unas grandes galerías comerciales. En la calle de Preciados y con este nombre. Se trata de un establecimiento suntuoso, con edificio propio, que honra Madrid», recogieron con gran despliegue los periódicos de la época. La inversión realizada en el nuevo inmueble, incluida la compra de las fincas, las indemnizaciones pagadas a los inquilinos y la construcción alcanzó una cifra muy elevada: más de cien millones de pesetas. Se trataba de tres mil metros cuadrados destinados a la actividad comercial distribuidos en cinco plantas: en el sótano, los almacenes y la zona del personal; en la baja, las secciones de mercería, bisutería y complementos; en el entresuelo, la perfumería y los artículos de regalo; en el nivel uno, las lanas y las sedas; en el dos, los algodones y las tapicerías; en el tres, la lencería y la ropa de hogar; en el cuatro, el apartado de niños y caballeros, mientras que en la planta superior estaban los talleres, la oficina y la dirección. Todo atendido por una plantilla de trescientos cincuenta empleados.

Galerías Preciados atravesó por importantes dificultades en sus tres o cuatro primeros años de vida. No existía aún una clase media en España con el músculo suficiente como para compensar la fuerte inversión realizada, circunstancia a la que se sumó la situación catastrófica del país a la salida de la Guerra Civil y la política autárquica que complicaba en exceso la compra de mercancías en el exterior. Para lograr algo de viento a favor, el empresario tiró de influencias entre las autoridades franquistas. Así, por ejemplo, eludió varias multas por exceso de consumo eléctrico y el uso de iluminación en los escaparates en horas prohibidas. También logró que tanto Galerías Preciados como Sederías Carretas contaran con la autorización para la venta de productos con precios tasados —ropa de algodón, principalmente—, aquellos que se podían adquirir con las cartillas de racionamiento. En ambas casas comerciales se habilitó una zona claramente diferenciada donde comprar esta mercancía de precio único, perfectamente separada de la que se movía libremente por el mercado.

Doña Carmen Polo, clienta habitual

No es de extrañar: Pepín Fernández siempre mantuvo una buena sintonía con el régimen de Franco, al que incluso apoyó económicamente durante la Guerra Civil, según se deduce de algunas de sus notas personales. Así, cultivó excelentes relaciones con un buen número de ministros de los primeros gabinetes de la dictadura, aunque, sin duda, sus vínculos más directos con el poder fueron Ramón Serrano Suñer, cuñado del dictador y responsable de las carteras de Gobernación y Exteriores hasta su caída en desgracia con la Segunda Guerra Mundial, y Carmen Polo, la esposa de Franco, cliente habitual de Galerías Preciados, quien solía recomendar al empresario a conocidos y familiares para su contratación, solicitudes que, por lo general, siempre fueron aceptadas. Además, Fernández participó en el Consejo de la Hispanidad, una iniciativa de la Administración franquista para tratar de paliar el aislamiento al que las naciones democráticas habían condenado a España. Su tarea consistió en utilizar sus contactos en Cuba para dar cuerpo a ese organismo de eco internacional.

Ya a finales de 1944 la maquinaria comercial de Galerías Preciados funcionaba a todo gas. Entonces, la primera sede alcanzó la suma de medio centenar de departamentos, entre los que destacaban los de tejidos, señora, caballero, niños, artículos para el hogar, regalos, bolsos y librería. Tres años después, compraba un nuevo edificio, muy próximo al centro de Preciados, que abrió el 21 de junio de 1948 para dar cabida a los productos del hogar, regalos y juguetes. Era el primer paso del programa de expansión de Galerías Preciados, una estrategia que le llevó a coronar la cumbre del comercio en España, pero también lo terminaría por condenar. De algún modo, su fulgurante crecimiento se adelantó a las posibilidades reales de los españoles. Sin embargo, el desarrollo de su principal competidor, El

Corte Inglés, apostó por caminos menos arriesgados y siguió una vía paralela a la evolución social y económica de España.

Para el crecimiento de Galerías Preciados, Pepín Fernández siempre optó entre dos modelos: uno, la apertura de tiendas inspiradas en los centros de Madrid, adaptadas a las nuevas ciudades, y dos, la creación de delegaciones a cargo de uno o dos empleados que vendían a través de catálogo. En la zona del protectorado de Marruecos se abrieron las dos primeras agencias. En 1947, en Tánger y, al año siguiente, en Tetuán. Ambas lograron colocar artículos españoles en un mercado dominado por otros países, pero también muy acostumbrado a comprar vía catálogo, pues muchas de las grandes marcas de París empleaban este modelo de venta. Como expresión del éxito, El Corte Inglés tardó apenas un año en instalarse también en la primera de las ciudades africanas citadas. Casi en paralelo, Badajoz fue la primera ciudad en la Península en abrirse a la expansión de los almacenes de Pepín Fernández a través de la fórmula de la agencia, mientras que Zaragoza acogió la primera de las tiendas. Con esta inauguración comenzaba una de las estrategias menos afortunadas de la cadena: la coexistencia de establecimientos de muy distintas características, hecho que imposibilitó la creación de una imagen de empresa.

Para colmo, El Corte Inglés, la sastrería de caballeros fundada en junio de 1940 por Ramón Areces y César Rodríguez, se empezaba a convertir en un rival para Galerías Preciados. Posiblemente, la fuga de empleados se convirtió en el primer gran choque de los gestores del nuevo negocio con Pepín Fernández, quien lo consideraba un síntoma de deslealtad e ingratitud. Con todo, las diferencias entre las grandes compañías fueron importantes y, de algún modo, decidieron su suerte final. Mientras la empresa de Fernández necesitó constantemente de créditos y recursos ajenos para atender su expansión, la compañía de Areces confió su andadura a la autofinanciación, hecho que propició un crecimiento no tan rápido como el de su competidor, pero sí más razonable. Además, ante las dificultades para acceder a las mercancías, se lanzó a crear en 1949 su propia filial industrial en el sector textil, propiciando así una integración de carácter vertical que le generó importantes ventajas. También Galerías Preciados creó su empresa de fabricación textil, si bien la integración nunca se consolidó. Por primera vez, El Corte Inglés tomaba ventaja. Y no sería la última ocasión.

Esa amenaza se hizo por primera vez visible en el discurso que Pepín Fernández pronunció en febrero de 1946 a sus empleados y socios. En su opinión, su rival suponía «una poderosa fuerza competidora contra nosotros. Hay que reaccionar contra ella». Aunque hasta la primera mitad de la década de los cincuenta, Galerías Preciados ocupó el lugar más alto del podio comercial en España en número de centros, empleados e innovaciones comerciales, su propietario siempre fue consciente de los peligros de su competidor, asentado en un inmueble a escasa distancia de su primer y más emblemático establecimiento. «Pepín Fernández nunca aceptó la ingratitud que tuvo hacia él aquel muchacho, al que desinteresadamente había ayudado a dar sus primeros pasos profesionales en Madrid y que ahora le hacía la competencia, abriendo un gran almacén de las mismas características que el suyo y copiando muchas de sus fórmulas», destaca acertadamente la profesora Pilar Toboso.

Ya hay rival: El Corte Inglés

En los comienzos de la década de los cincuenta, El Corte Inglés se convirtió ya en un serio problema para Galerías Preciados, al que aventajaba en surtido y precios en algunas secciones como las de niños y caballeros. Como consecuencia, los clientes empezaron a abandonar la *casa* de Pepín Fernández para alistarse como clientes al establecimiento de Areces. Su obsesión por el competidor alcanzó tal nivel que, en un determinado momento, llegó a plantear como una de las directrices de la empresa, que los empleados más sagaces y eficientes se ocuparan de aquellas personas que entraran en Galerías Preciados con algún producto de la tienda de Areces. No obstante, también establecieron campos de colaboración, como al instaurar el «día de los enamorados» en febrero de 1950 como estímulo para las ventas en un período del año poco propicio para los negocios. A esta estrategia importada del mundo anglosajón, presente aún hoy en el calendario del sector comercial, le siguió el acuerdo en ese mismo año para fijar la fecha de comienzo de las rebajas de julio.

Otro punto interesante de Galerías Preciados en sus años de arranque fue la política de personal impulsada por Pepín Fernández, quien siempre apostó por un tono marcadamente paternalista y jerarquizado, fiel al modelo de los grandes almacenes del siglo XIX. Esta gestión funcionó hasta mediados de los años sesenta, cuando el número de trabajadores la hizo realmente inviable. Sin embargo, hasta esa fecha, el empresario organizó a sus empleados alrededor de un férreo sistema jerárquico y controló de primera mano, mientras las fuerzas le acompañaron, el funcionamiento de sus tiendas. En este punto, tiene un enorme simbolismo la rutina de visitas que él impuso en el primer centro de su imperio comercial, donde tenía su despacho. Allí, desde la gerencia se realizaban cada día dos paseos: del primero, en horario de mañana, se ocupaba el secretario personal del empresario, quien anotaba en un informe las incidencias; en el segundo, el propio Pepín Fernández visitaba, ya por la tarde, las plantas y se detenía a hablar con los dependientes, dado que una de las principales razones de esta medida era conocer cómo se atendía al público.

Ese tono paternalista empleado con la plantilla tuvo otros efectos. Así, se prohibió signos de afecto entre los empleados durante el horario laboral. Para evitar conflictos, nada más tener noticia de la existencia de unas relaciones entre trabajadores de una misma sección o de una misma planta, se producía el traslado de uno de ellos. Eso sí, cuando el noviazgo daba paso al matrimonio, se anunciaba la noticia en el boletín de Galerías Preciados, medio interno de comunicación que funcionó desde primera hora. Pero si la compañía consideraba que la relación era ilícita —según la moral de la época— podía terminar con el despido de los trabajadores, pues así constaba en las normas de la compañía redactadas por Pepín Fernández al poco de inaugurar el primer centro de su cadena de almacenes. Estas reglas, de obligado cumplimiento, insistían en el sentido de servicio del trabajo, recomendaban seguir una vida espiritual rica y hacían mucho hincapié en el aseo y el cuidado personal. «Léanse con detenimiento; grábense en la memoria; cúmplanse exactamente. Son deberes de los que nadie puede quedar excluido. Lo exige el bienestar del negocio y el prestigio de nuestro nombre», decía en la presentación de estas normas.

También el alcance de esa política de personal alcanzó a los salarios de los trabajadores, que se fijaban, por lo general, de forma personal. Las subidas de ingresos y los premios se establecían en función de los méritos reconocidos por los jefes. Otro tanto ocurría con las caídas, circunstancia que a menudo sembró la intranquilidad entre los empleados. Tal método fue problemático desde la apertura de las tiendas. Ya en 1945 la empresa tuvo que *apagar* el enfado de un socio de la compañía que había descubierto que su sueldo era inferior al de otros con menos cualificación y categoría que él, llegando incluso a amenazar con emprender acciones legales. En estos casos, Pepín Fernández tenía habitualmente la última palabra. Este sistema de retribución arbitrario aguantó hasta las décadas de los cincuenta y los sesenta, cuando el malestar por el nivel salarial y sus métodos de

Pepín Fernández posa con los trabajadores de origen cubano de Galerías Preciados y de Sederías Carretas (1966, EFE).

asignación se convirtió en un importante problema ante la mayor regulación laboral y el creciente nivel de vida que se empezaba a vivir en España.

Precisamente, las nuevas perspectivas que ofrecía el mercado nacional cuando ya se había cruzado el ecuador del siglo XX impulsaron la expansión de Galerías Preciados. En concreto, las medidas liberalizadoras y aperturistas dictadas por el régimen de Franco contribuyeron y facilitaron el crecimiento de las empresas, especialmente las vinculadas al comercio. De un lado, se dejaba atrás la autarquía, que provocó una falta de artículos y mercancías en las tiendas y, por otro, desaparecieron los obstáculos que el Gobierno ponía a los intercambios con otros países, lo que provocaba una inestabilidad en los precios y una inflación galopante. En este sentido, el Plan de Estabilización gubernamental introdujo de forma paulatina un sistema de libre de mercado que favoreció el desarrollo económico. Este período de crecimiento, que alcanzó hasta 1974, se caracterizó por el desmantelamiento progresivo de los controles, por una mayor participación de los mecanismos del mercado en la asignación de los recursos y, sobre todo, por una apertura al exterior. El crecimiento de la demanda en los años sesenta fue enorme, llegando a representar en 1969 la participación del consumo privado en el conjunto de la economía del país un 58,76 %.

El desarrollo económico dio lugar a unos cambios sociales acelerados, acaso de forma imprevista. Así, el desplazamiento masivo de la población del mundo rural al urbano, hecho que provocó una concentración comercial en las ciudades. También el aumento del poder adquisitivo originó una disminución relativa en el gasto de alimentos y un crecimiento del consumo de bienes no necesarios, donde los grandes almacenes estaban plenamente instalados. Y, como última transformación, el consumo se identificó con un nivel social desahogado o elevado. El gasto y la adquisición de bienes se convirtieron en un símbolo de opulencia, máxime en una sociedad en la que la mayoría de la población había carecido de todo durante las dos décadas anteriores y que estaba deseosa de acabar con la miseria. El comercio, pues, tenía vía libre para su explosión.

En este contexto favorable, Galerías Preciados ya ocupaba un lugar de privilegio en el mercado español. Como ejemplo, en 1951 inauguró una nueva sucursal en Jaén, y en 1952 compró seis edificios colindantes al primer centro de Madrid —el más emblemático de todos— para ampliarlo. El propósito del fuerte desembolso aspiraba a cumplir uno de los sueños de Pepín Fernández: lograr que su tienda llegara a la Gran Vía a través de la plaza del Callao. Para tal fin, tuvo que emplear sus contactos al más alto nivel. El empresario, desesperado, escribió a Carmen Polo, la esposa de Franco, para que intercediera en su nombre ante el ministro de Justicia, Antonio Iturmendi, sobre algunas de las demandas que tenía interpuestas con los inquilinos. También remitió misivas a los dos alcaldes que tuvo Madrid a lo largo del proceso: José Finat y Escrivá de Romaní, conde de Mayalde, y José Moreno Torres, conde de Santa María de Babío, cuya esposa, clienta de Galerías Preciados, acumulaba una importante deuda.

El 24 de abril de 1953 se iniciaron finalmente las obras de ampliación. En un tiempo récord, finalizaron al año siguiente. El edificio central de Galerías Preciados ocupó totalmente el céntrico perímetro que formaban las calles Preciados, Rompelanzas, Carmen y la plaza del Callao, con entrada desde la Gran Vía. Pepín Fernández se acomodó en su despacho en la última planta del inmueble, la décima, con vistas a la principal arteria de Madrid. Un hito en la construcción supuso la instalación de las escaleras mecánicas, inauguradas en octubre de 1955. Como señala Pilar Toboso, «fue un acontecimiento comparable al de la apertura de algunos de los centros, pues fueron las primeras escaleras mecánicas de la historia del comercio en

España. Por primera vez en el país, un establecimiento de venta al público disponía de un artilugio que permitía a los clientes pasar de una planta a otra sin ningún esfuerzo y sin tener que llegar a esperar la llegada de ascensores. Supuso una revolución que rápidamente copiaron otros centros».

No se quedó ahí. Entre 1950 y 1961 se abrieron centros en Murcia, Córdoba, Sevilla, Bilbao, Badajoz, Eibar, Las Palmas y Tenerife, además de poner en marcha otro en Madrid, en la actual calle Ortega y Gasset, entonces rotulada como Lista. La prensa solía informar de estas aperturas como si se tratase de un acontecimiento social. A ellas solían acudir una representación de las más altas autoridades de la ciudad y de la jerarquía eclesiástica, que bendecía las instalaciones. Además, a finales de la década de los cincuenta se incorporaron los supermercados al entramado de grandes almacenes de Pepín Fernández como una vía más para la obtención de beneficios y como atracción para el público, dado que la compra de alimentos, todavía entonces, se solía hacer a diario. Para financiar este crecimiento tuvo lugar la transformación de la empresa en sociedad anónima, proceso que el empresario trató de hacer de forma paulatina para no perder el control sobre su compañía, tal como sucedería dos décadas después. Cabe recordar que Galerías Preciados era en ese momento una empresa de carácter familiar: las acciones estaban repartidas entre Fernández y sus hijos, que poseían la mayoría, los socios impulsores de Sederías Carretas y, con una cantidad inferior, algún nombre vinculado a los almacenes El Encanto y todos los trabajadores de la empresa. No sería la única vía de financiación: la deuda con los bancos se multiplicó, especialmente con el Hipotecario.

A esas alturas, Pepín Fernández se había convertido en uno de los empresarios con más prestigio y popularidad. De ahí la lluvia de premios oficiales. En 1962 le fue concedida la Medalla al Mérito en el Trabajo, galardón que contó con el impulso inicial de la agrupación sindical de representantes del comercio de Madrid y que el Ministerio del Trabajo acogió con entusiasmo dada su buena sintonía con el régimen. Dos años después, el ministro de Gobernación, Camilo Alonso Vega, le impuso la Gran Cruz al Mérito Civil por su contribución a la prosperidad de España. También en 1964, el periódico *Pueblo,* uno de los de mayor tirada de Madrid en aquellos años, le designó como el hombre más importante del comercio del país. Siempre que tuvo ocasión se jactó de liderar la transformación de una pequeña tienda textil en una cadena de grandes almacenes con un capital cercano a los doscientos millones de pesetas y cuatro mil quinientos empleados en unas condiciones tremendamente adversas: guerra, miseria, autarquía, escasez de consumo y de mercancías. Con estos logros, se presentó en el Grupo Intercontinental de Grandes Almacenes, una asociación que reunía a las principales cadenas de Europa.

Una expansión acelerada

Acaso ese paseo por la gloria impidió a Pepín Fernández y su reducido grupo de colaboradores ver los riesgos de una expansión tan acelerada y desajustada. En ocasiones, la apertura de almacenes en las grandes ciudades y de tiendas en poblaciones más pequeñas distorsionó la imagen de la cadena. Otras veces, el desembarco en otras plazas se convirtió en un verdadero martirio. Así ocurrió, por ejemplo, en Barcelona, donde ya le había tomado ventaja El Corte Inglés con su centro en la plaza de Cataluña. El empresario optó por comprar unos conocidos almacenes de la capital catalana, Jorba, para ganar tiempo, con la idea de que la reforma de sus instalaciones siempre sería más rápida que la construcción de un nuevo emplazamiento. Sin embargo, el desembarco no fue bien visto por la sociedad barcelonesa y, para colmo, el 5 de diciembre de 1964, día de la inauguración, los nuevos almacenes solo abrieron de forma parcial, con algunas deficiencias y con zonas todavía en obras. Galerías Preciados sufrió el primer gran revés de su trayectoria, dado que a la fuerte inversión apenas respondió unas ventas por debajo de lo esperado.

Para colmo, la disputa entre los hijos de Pepín Fernández, José Manuel y Jorge, por ocupar el puesto que algún día dejaría vacante el empresario, se cobró sus primeras víctimas. El primogénito salió en 1964 para instalarse en una empresa —Artículos Seleccionados para Grandes Almacenes, ASGA— dedicada al comercio exterior, pero con estrechas relaciones con la compañía familiar, a la que volvería tras el fracaso de su aventura personal. También por estas fechas se acometió en Galerías Preciados una fuerte ampliación de capital para atender las necesidades económicas del plan de expansión. La primera de importancia ocurrió en 1962 y disparó el capital de 185 millones a 270 millones de pesetas gracias al desembarco de grupos y bancos de inversión extranjeros. Poco tiempo después, la compañía decidió cotizar con gran éxito en la bolsa. Primero en Madrid y luego en Barcelona, logrando en ambas plazas un fuerte respaldo. Pero las necesidades de fondos eran tales que acudió a otros mecanismos, como la emisión de bonos y los préstamos de amigos y conocidos. Como resultado, quedó una empresa de gran complejidad financiera, muy dependiente del exterior. Esa debilidad acabaría siendo su condena: acabaría en manos ajenas.

En paralelo a estos movimientos de capital, Galerías Preciados registró una importante marejada laboral. Así, el descontento entre los empleados fue creciente a partir de los años sesenta a causa de la desigualdad de retribuciones, la congelación de los salarios y la abundancia de mandos intermedios y altos sin ocupación específica, entre otras razones. Para aliviar el malestar, Pepín Fernández puso en marcha un plan de previsión para los trabajadores complementario a la Seguridad Social que contemplaba prestaciones en caso de enfermedad, accidente y jubilación del empleado, así como una ayuda para las trabajadoras que contrajeran matrimonio y abandonasen la compañía. En un primer momento, la iniciativa no supuso un coste elevado, dado que la media de edad de la plantilla aún era baja pero, con el paso de los años, se convirtió en una carga importante para una empresa con importantes agujeros económicos.

Ya instalado en los setenta años, a Pepín Fernández le faltaron energías para enderezar el rumbo de una empresa compleja, con importantes cargas financieras y a la que su rival, El Corte Inglés, le tomaba ventaja, tal como él mismo tendría que reconocer. Tampoco el empresario tuvo el arrojo de elegir entre sus colaboradores a un sucesor capaz de regir con mano firme aquel transatlántico comercial. Ni siquiera entre sus dos hijos, con los que tuvo diferencias. Como salida, optó por entregar en 1967 la sección de compras a José Manuel y la de ventas a Jorge, pero tal apuesta enturbió aún más las relaciones. La falta de sucesión y la retirada de importantes apoyos económicos —el grupo Pinto— desataron importantes problemas en Galerías Preciados, donde la emblemática Sederías Carretas sufría un grave declive, al igual que importantes centros de la cadena como Bilbao y Sevilla, incapaces de generar plusvalías. Pese a que los escasos beneficios obtenidos en el ejercicio de 1968 se presentaron como un compás de espera hasta que la economía se reactivara, no tardarían en aparecer los números rojos, rematados por la crisis de los setenta.

Desde finales de 1972 la situación de Galerías Preciados se complicó. En opinión del empresario, la razón fundamental se hallaba en la fuerte competencia de El Corte Inglés. Dicha pugna se convirtió en un desengaño —él recordó siempre su auxilio en los primeros momentos a su rival, Ramón Areces, dado su pasado en común en Cuba— y en un error de incalculables consecuencias, ya que jamás pensó que aquella pequeña sastrería iba a convertirse en un gigantesco imperio comercial. La memoria de 1973 ya reconocía expresamente el atraso de las apuestas y las estrategias de la compañía, cuyo intento de modernización obligó a otra fuerte inversión sufragada con nuevas ampliaciones de capital y la emisión de obligaciones. Precisamente, ese impulso coincidió con el cuarenta aniversario de la apertura del primer gran centro en Madrid. En ese período, pasó de contar con los doce trabajadores de Sederías Carretas a los más de doce mil de Galerías Preciados. Además, era la cadena comercial más grande del país, con veintidós grandes almacenes, cinco tiendas dedicadas al hogar, tres establecimientos de oportunidades y siete comercios especiales, más dos líneas de almacenes populares: Galeprix y Midco, que gestionaba los supermercados Aurrerá.

En aquellos años, la *tormenta perfecta* llegó a la compañía de Pepín Fernández con la subida de las materias primas, sobre todo del petróleo. La situación tuvo sus consecuencias en el panorama económico español, con una inflación cercana al 20 % que había elevado los costes y el desempleo, con la caída del consumo y el lógico descenso del poder adquisitivo de las familias. Tuvo, además, que hacer frente a unos elevados costes financieros, disparados por la subida de los tipos de interés. Al no poder hacer frente en 1977 a una ampliación de capital, no quedó más remedio que acudir a créditos financieros. Al año siguiente, soportó unas pérdidas de 220 millones de pesetas; en 1979, de noventa y cinco millones, que alcanzaron casi tres mil en 1980. En este ejercicio, se decidió paralizar las inversiones. Por primera vez desde la década de los sesenta no se inauguró ningún establecimiento del grupo. El Banco Urquijo, uno de los principales acreedores, aprovechó para tomar el mando de la compañía. Y, entre sus primeras medidas, retiró al fundador cualquier decisión ejecutiva tras cuarenta años al mando. Sus hijos, José Manuel y Jorge, no tardarían en caer. Santiago Foncillas, abogado del Estado y hombre ligado a la entidad de crédito, se convirtió en el nuevo *hombre fuerte* de Galerías Preciados.

En el balance de 1981, los nuevos gestores, hombres ligados al Urquijo, reconocieron que el 60 % de los más de seis mil millones de pesetas que había perdido en el último ejercicio se debían a las cargas financieras que esta debía soportar; el resto podía imputarse a la crisis económica, a la fuerte competencia y a la deficiente gestión de los últimos años. El potencial de la cadena se basaba casi exclusivamente en su patrimonio. Los nuevos propietarios llevaron a cabo un plan de reducción de gastos, que adelgazó la plantilla en más de mil trabajadores —pasó de 10.778 a 9.666 en el ejercicio 1980-1981—, y la venta de inmuebles no imprescindibles para el desarrollo del negocio, además de una inyección de más de doce mil millones de pesetas que permitió atender los créditos ya vencidos. Sin embargo, los gestores no repararon en un problema incluso mayor: Galerías Preciados había dejado de ser competitiva y el público le había retirado su confianza. A pesar de los intentos que se hicieron para restablecer el prestigio de épocas pasadas, los recortes y las medidas adoptadas solo contribuyeron a agravar su caída, provocando un descenso gradual de las ventas.

Ante la imposibilidad de doblegar esa acusada tendencia negativa, la compañía empezó un proceso de fragmentación a comienzos de los ochenta. Se buscaron compradores y cada una de las empresas fue vendida al mejor postor. Simago adquirió la línea de alimentación y Rumasa se hizo con el control de Galerías Preciados. La oferta del conglomerado de empresas de José María Ruiz-Mateos resultó la más atractiva para el Banco Urquijo, ya que le anulaba cualquier riesgo en un sector, el del comercio, que desconocía y al que había llegado por casualidad. Sin embargo, la gestión de Galerías Preciados por Rumasa solo duró un año. El primer gobierno del PSOE, presidido por Felipe González y con Miguel Boyer al frente del Ministerio de Economía y Hacienda, expropió el 23 de febrero de 1981 los bancos y todas las empresas del grupo, suspendiendo la cotización en bolsa de sus acciones. Según el portavoz gubernamental, la medida se había adoptado para garantizar los depósitos y los sesenta mil puestos de trabajo que, debido a importantes irregularidades, estaban en peligro. Fue el final del imperio de Pepín Fernández, que se diluyó, paradójicamente, tras varios cambios de propiedad en el conglomerado de su principal *enemigo,* El Corte Inglés.

Ese último capítulo no lo llegaría a ver Pepín Fernández, quien falleció el 16 de diciembre de 1982, a los 91 años, pocos meses después del desembarco de Rumasa en su casa. La noticia de su muerte fue recogida por los principales medios de comunicación: prensa, radio y televisión, con artículos generalmente elogiosos por su contribución al desarrollo del comercio en España. A pesar de la pérdida de la propiedad de la cadena, del retiro forzoso en que el empresario había vivido los últimos años de su vida y de la progresiva pérdida de sus facultades físicas, un buen número de ciudadanos conocían quién era y la labor que había desempeñado a lo largo de su vida profesional. La conquista de aquel joven empleado de los almacenes El Encanto.

José María Rondón

Bibliografía

Toboso Sánchez, P. (2001). *Pepín Fernández. El pionero de los grandes almacenes,* Madrid: LID.

Torres, E. (dir.) (2000). *Los cien empresarios españoles del siglo XX,* Madrid: LID, pp. 328-333.

— (2011). *Cien empresarios madrileños,* Madrid: LID, pp. 393-400.

Zafra Aragón, M. (2006). *Méritos, errores, ilusiones y personajes de Galerías Preciados.* Madrid: Ediciones Académicas.

Demetrio Carceller Segura (1894-1968)

El hombre del petróleo

Demetrio Carceller Segura (1940, EFE).

Alrededor de Demetrio Carceller hay una potente línea de sombra. Ingeniero textil, alto ejecutivo del petróleo y ministro de Industria y Comercio entre 1940 y 1945, encajado en los primeros gabinetes de Franco entre un buen número de militares. Hábil negociador, industrial de éxito y poseedor de una enorme fortuna vinculada, al parecer, con algunos episodios aún por aclarar ocurridos en su etapa de más brillo político. Contrabandista, patrocinador de la autarquía y entusiasta de los totalitarismos son otros de los calificativos que han caído sobre él, en buena parte porque su existencia se ha contado generalmente a través de los ojos de sus principales enemigos: el diplomático, ministro y teniente coronel Francisco Gómez-Jordana y el empresario Juan March, entre ellos. Su rica personalidad y su intensa trayectoria profesional también han contribuido al carácter volátil y escurridizo de la vida de Carceller, como bien adivinó su secretario José Antonio Torrente Fortuño, quien dejó este clarificador testimonio: «Todo un hombre, difícil de imitar, difícil de seguir, difícil de biografiar».

De sus orígenes familiares, los rastros más fiables se hallan en la entrevista que el periodista Manuel del Arco publicó en 1959 en la revista *Destino*. De extracción humilde, Demetrio Carceller Segura nació el 22 de diciembre de 1894 en Las Parras de Castellote, entonces una localidad con poco más de mil vecinos —hoy apenas llegan al centenar— de la comarca del Bajo Aragón, en Teruel. «Éramos perfectamente pobres», admite en la citada conversación al ser preguntado por el nivel social y económico de su familia. Esas duras condiciones de vida propiciaron, sin duda, la salida de los padres —Camilo y María— a Tarrasa cuando apenas contaba con cuatro años, quedándose él y un hermano al cuidado de los abuelos en el cercano municipio de Aiguaviva de Bergantes. Carceller llena la charla periodística de jugosas anécdotas. Por ejemplo, su precocidad en la lectura. «Mi padre, a los dos años, ya me enseñaba a leer; por eso, cuando fui a la escuela en el pueblo de mi abuela, a poco le dije a esta: "Hoy me han mandado a enseñar a los menudos"», explica.

Del documento —reproducido en el libro *Los 90 ministros de Franco* (1970)— también se puede extraer que hacia 1900 ya estaba con sus progenitores en Tarrasa, donde la familia al completo vivió por un año «mejor que en el pueblo» hasta que su padre, un obrero textil, tuvo un grave accidente laboral. «Sufrió un anquilosamiento en los dos pies, quedando inútil total para el trabajo; solo podía mover el dedo gordo de cada pie», explica en su charla el empresario, quien resalta «el esfuerzo fenomenal de mi madre: cuidaba al enfermo y daba de comer a sus hijos». Paralelamente, Demetrio Carceller continuó con los estudios gracias al patrocinio del primer conde de Egara, Alfonso Sala Argemí, obteniendo un enorme provecho si se tiene en cuenta la enumeración de títulos que proporciona al entrevistador: «A los trece años, práctico industrial de la Escuela Elemental de Artes y Oficios; a los dieciséis, perito industrial y, a los diecinueve, ingeniero de industrias textiles». Esta vinculación con Sala Argemí también le serviría de eficaz paracaídas en el mundo empresarial, donde se introdujo a través del círculo del monarquismo catalán. Por esas mismas fechas, Carceller realizó trabajos más o menos esporádicos, todos terriblemente mal pagados: «La primera semana trabajé sesenta y tres horas; diez cada día y tres el domingo, y me dieron tres pesetas», asegura.

A lo largo de su vida, Carceller siempre que tuvo oportunidad agradeció su decisivo apoyo al conde de Egara, quien reconoció en él a «un obrero que ha conquistado la jerarquía con méritos propios de trabajo y vecindad». Ocurrió así en el discurso que pronunció en la apertura de curso de la Escuela de Ingenieros Textiles de Tarrasa el 20 de octubre de 1963. En dicho acto público, «recordó con emoción el afecto recíproco que existía entre ellos». Diez años antes participa en el cincuenta aniversario del centro académico, donde insiste, de nuevo, en la gratitud hacia Alfonso Sala Argemí. Como extensión de este episodio vital, la Fundación Carceller convocó en agosto de 1954 ayudas para estudiantes de ingeniería en Terrassa con pocos recursos.

En la entrevista publicada en la revista *Destino,* el empresario subraya la importancia que tuvo en su vida el traslado a Barcelona. Allí cumple con el servicio militar y, a su finalización en 1918, casi de forma casual, elige un rumbo laboral inesperado que marcará su futuro político y empresarial.

«Entonces, ingreso como químico en el Laboratorio de Refinería de Lubrificantes de Sabadell Henry. A los tres meses me indican que me haga cargo de la fábrica en turno nocturno, alternando con otro», confiesa Carceller, quien recibe del propietario, Claudio Sabadell, un consejo fundamental para su triunfo en el mundo de los negocios: «Hay que saber tocar a Wagner con un peine». Sorprendentemente, tres años después es nombrado director de esta fábrica de Cornellá y, desde allí, reflota una compañía condenada al cierre. De la fórmula que utilizó para tejer ese espectacular despegue poco se sabe, aunque, a raíz de sus problemas en la Compañía Arrendataria del Monopolio de Petróleos, S. A., Campsa, se le acusó de prácticas fraudulentas, como la bajada intencionada en la calidad de los productos para incrementar el margen de beneficios.

Y, de pronto, directivo en Campsa

Porque, curiosamente, su cargo en la fábrica de Sabadell Henry le iba a deparar una posición de privilegio en la nueva Campsa. Esta compañía de fórmula mixta —el 30 % del capital en manos del Estado y el 70 % restante propiedad de un consorcio formado por nueve bancos— nació en 1927 con el propósito de nacionalizar un sector estratégico. Para ello, no obstante, tenía que superar un importante contratiempo: la falta de infraestructuras. Ante este panorama, la refinería de Cornellá se convirtió en una plaza fundamental hasta el punto de integrarse en el monopolio en unas negociaciones que personalmente llevó Demetrio Carceller. Desde esta posición, él, un ingeniero textil, llegó a auparse hasta la subdirección técnica de Campsa, uno de los escalones directivos más altos de la petrolífera. Si bien, apenas había echado a andar la empresa monopolística, él ya estaba detrás de la privada Compañía Española de Petróleos, S. A., Cepsa, junto a los hermanos Recasens y también con el visto bueno del Gobierno. En un viaje financiado por Campsa a Venezuela —con un enorme coste: 500.000 pesetas de la época—, el empresario se descolgó de algunos compromisos y aprovechó su paso por Caracas para negociar en nombre de la nueva empresa petrolífera con la Falcon Oil Company el traspaso de unas concesiones. Poco después se firmaba un acuerdo entre esa sociedad y la recién nacida Cepsa, una iniciativa empresarial con muchas posibilidades de ruina que Carceller logró desatascar y poner en la órbita de los beneficios. Desde esa duplicidad de cargos, pudo gestionar la firma de contratos de suministros de una a otra compañía.

Esa ventajosa *omnipresencia* pareció llegar a su fin con la salida de Demetrio Carceller de la cúpula de Campsa en 1930, realizada con cierto estruendo ante las críticas por compatibilizar su responsabilidad en la compañía monopolística con sus intereses privados. Sin embargo, él siempre tuvo a un hombre de Cepsa en las plazas de mando de la primera compañía petrolífera. De esta forma, en pocos años, se convirtió en el «hombre del petróleo» en España con permiso de Juan March, quien, por su parte, había fijado su tablero de operaciones comerciales en el mercado ruso a través de la sociedad petrolera de Porto Pi. Nacía así una interesante rivalidad entre dos pesos pesados del mundo empresarial que depararía en el futuro encuentros y desencuentros de gran calibre. «Con estos antecedentes es fácil explicarse el interés que despertaba en Carceller todo lo relacionado con el petróleo; él confesaba que su fortuna la debía a su petróleo de Venezuela y a unas naves petroleras que trabajaron incansablemente durante el transcurso de la Segunda Guerra Mundial», explica Ramón Garriga en el libro *Juan March y su tiempo* (1976).

En ese vertiginoso ascenso de Demetrio Carceller Segura es inevitable el impacto político. Él forjó en la dictadura de Primo de Rivera sus mejores contactos financieros, intereses que fortaleció durante la Segunda República. En aquellos primeros años, estuvo próximo a José Calvo Sotelo —ministro de Hacienda en el momento de la fundación de Campsa—, quien a la vuelta de su exilio, en 1934, logró reagrupar la derecha radical monárquica (Renovación Española, Comunión Tradicionalista y el Partido Nacionalista Español) en el Bloque Nacional. Un año antes se había fundado Falange, bajo el patrocinio de la derecha monárquica alfonsina, con la que puso algo de distancia por la falta de músculo económico y por la radicalización del discurso del jefe nacional falangista. No obstante, Carceller fue uno de los miembros del grupo financiero que proporcionó ayuda económica a Calvo Sotelo y a José Antonio y llegó a convertirse en uno de los dirigentes de Falange en Barcelona. Hay quien apunta que su nombre, incluso, se barajó como líder del fascismo español pero, como la oferta política nunca llegó a concretarse, el empresario perdió pulso en la aventura política a la vista de la buena marcha de sus negocios. En este punto, el historiador Stanley G. Payne sostiene que «su liderazgo no cuajó por dos motivos: por la falta de preparación de aquellos industriales que pretendían apoyarlo y por el hecho de que a Demetrio lo que más le interesaba era hacer dinero».

Con todo, a causa de su marca ideológica, su vida estuvo en grave peligro en los primeros días del golpe militar. Aquel 18 de julio de 1936 le sorprendió con su familia en un hotel de su propiedad en El Escorial (Madrid). Según se relata en la semblanza elaborada por Torrente Fortuño, desde allí emprendió, a lo largo de veinte días, una huida «monte arriba, despedazado y maltrecho» hasta Burgos. El empresario solía contar una anécdota que le ocurrió durante la atribulada fuga y que refleja, a las claras, su personalidad: «En Peguerinos [municipio de Ávila] le ofrecí a un pobre hombre la oportunidad mejor de su vida, diez mil pesetas por un asno, y la dejó pasar; no será nunca nada». Ya instalado en la ciudad castellana —capital provisional de la España sublevada—, Demetrio Carceller se integró en la Comisión de Industria, Comercio y Abastecimientos de la Junta Técnica del Estado (una especie de gobierno provisional) presidida por Joaquín Bau Noya, bien arropado allí por las credenciales ganadas en las gestiones para el suministro de combustible a la aviación franquista en los primeros días de la contienda. Si a Juan March hay que atribuir la financiación de estos abastecimientos tan fundamentales en las horas iniciales de la lucha, cabe atribuir la logística y los contactos a una iniciativa personal de Carceller, quien también formó parte de la comitiva que se desplazó a Berlín en septiembre de 1940 para negociar las condiciones de una posible entrada de España en la Segunda Guerra Mundial.

A raíz de estos movimientos, la valoración de la capacidad negociadora del empresario fue en aumento. Este hecho se tradujo en una serie de premios otorgados en los primeros años de posguerra que fortalecieron su papel en Falange: primero, su designación como consejero; segundo, su entrada en la Junta Política liderada por Ramón Serrano Suñer, y tercero, su nombramiento como jefe del partido en Barcelona. Tal ascenso plantea qué tipo de vinculación tenía Demetrio Carceller realmente con Falange: si se trataba de una convicción ideológica o, más bien, una cuestión de oportunismo social y económico. A este respecto, no existe consenso. Para algunos historiadores, él fue un *camisavieja* sin escrúpulos. Para otros, sin embargo, simplemente, se trató de una elección tan inevitable como ventajosa. Y, como muestra de esta segunda hipótesis, se ha planteado su lejanía con los principios económicos del Movimiento, subordinados a la consecución de los objetivos políticos. Partidario de esta opinión, el historiador Francesc Cabana se ha referido irónicamente al apelativo fijado sobre Carceller como «el cerebro económico de Falange»: «Si tenía realmente cerebro económico es porque no aplicaba los principios del Partido». Y, además, aporta un testimonio de primera mano del mismo Carceller, para quien el general Franco era «un teniente al que todos hemos ayudado a construir».

Por esta senda, Demetrio Carceller no tardaría en tomar el mando del Ministerio de Industria y Comercio. Ocurrió el 16 de octubre de 1940, aupado así a uno de los puestos principales del tercer gabinete de Franco, donde Serrano Suñer lideraría la diplomacia del régimen desde la plaza de Exteriores. Bajo ese padrinazgo, el empresario siguió al frente de esta cartera en el cuarto gobierno de la dictadura (1941), pero también lo haría en el quinto (1942), cuando el cuñado del dictador ya había caído en desgracia. De nuevo, existen múltiples opiniones para valorar el nombramiento. Algunos autores lo achacan a las simpatías de su antecesor, Luis Alarcón de la Lastra, con los aliados, de tal forma que Carceller garantizaba el retorno de la sintonía con Alemania, con la esperanza de ganarse el favor de los jerarcas nazis a tiempo para el reparto del botín tras el fin de la guerra en suelo europeo. Otros, en cambio, lo justifican en la incompetencia de Alarcón de la Lastra, con lo que el nombramiento respondería a motivos económicos más que políticos. En este punto, se ha destacado su relevante papel a la hora de destapar el engaño que había perpetrado el austríaco Albert von Filek ante el mismísimo Franco alrededor de una fórmula industrial para crear gasolina sintética.

En este sentido, el sociólogo Amando de Miguel, en un estudio sobre los ministros franquistas, plantea una clasificación en función de la pertenencia a las ocho familias políticas del régimen: primorriveristas, tradicionalistas, monárquicos, falangistas, católicos, integristas, tecnócratas y técnicos. A Carceller lo sitúa en la última familia: «De los técnicos hay poco que decir. Son un grupo residual, ciertamente numeroso e importante, pero demasiado heterogéneo». Y en concreto le asigna esta definición: «Típico *self-made man* al estilo norteamericano, pero al servicio de una política autárquica». Estas dos características tan contradictorias (autarquista *versus* capitalista) se repiten una y otra vez entre los historiadores del primer franquismo al referirse al empresario nacido en el municipio aragonés de Las Parras de Castellote.

De Miguel propuso una segunda agrupación de los ministros según sus componentes y distinguió entre autoritarismo básico, regeneracionismo corporativista, conservadurismo nacionalista, tercerismo utópico, nostalgia liberal, triunfalismo imperial, nacional-catolicismo, catastrofismo antropológico, paternalismo elitista, tecnocratismo desarrollista y populismo aperturista. En esta clasificación lo encuadra dentro de los regeneracionistas corporativistas, asegurando que fue «el artífice de la política de la autarquía». Ni falangista ni monárquico ni católico, Carceller fue —según la clasificación propuesta por De Miguel—, un técnico regeneracionista que defendía una fuerte intervención estatal en la economía y en la reglamentación de las organizaciones sociales.

Pero, ¿qué responsabilidad tuvo Demetrio Carceller en la desastrosa autarquía? Es innegable que participó en la difusión de los principios de aquella salida económica —interpretada, de forma general, como parte del proyecto político que legitimaba en el nuevo Estado y que no respondía tanto al contexto bélico internacional como a la propia mentalidad de Franco—, si bien no los compartió plenamente. Richard Wigg defiende que «no era uno de los autarquistas del régimen, empeñados en hacer a España autosuficiente», y recuerda, al respecto, que su nombramiento como ministro tuvo que ver con sus contactos empresariales con las grandes compañías petroleras estadounidenses. Estaba convencido de que, con un mercado interior tan débil, con un ahorro interno tan escaso, con el acusado subdesarrollo tecnológico y científico, con la escasez de productos energéticos y de materias primas, la opción autárquica era un callejón sin salida. Eso sí, estuvo obsesionado con la deuda y la balanza de pagos y trató de hacer frente a la psicosis de la escasez, que estimulaba la reserva y el estraperlo, con la Comisaría de Abastecimientos, que asumió en 1941 el control directo de la producción para la obtención de recursos y su posterior distribución y consumo.

El «milagro» de los panes blancos

«No existe problema en España que tenga tanta importancia, ni siquiera aproximadamente, como la necesidad absoluta de seguir importando un mínimo de 50.000 toneladas mensuales de trigo, sin las cuales el hambre sería un hecho fulminante para grandes masas de la población española», llegó a comentar Demetrio Carceller al ministro de Exteriores, Francisco Gómez-Jordana, su rival directo en el Gobierno. En uno de sus momentos más críticos, con la interrupción de los suministros básicos por parte de los aliados como respuesta a la entrega del wolframio a la Alemania nazi, el industrial priorizó la alianza comercial con Argentina, acuerdo que tomó forma tras una singular cena en el hotel Ritz de Madrid de la que nos ha llegado testimonio a través de las memorias del embajador del país sudamericano, Adrián C. Escobar: «En la primera comida que ofrecí al gobierno, mandé hacer panecillos con harina argentina y di la orden de que se prepararan hasta seis panes para cada uno de los invitados. En el momento de sentarse a la mesa observé que todos mostraban su sorpresa, y que los comentarios se referían a su blancura y calidad. Hice distribuir grandes bandejas con esos panes (...). Yo quería que esos panes blancos, si no servían para curar, fuesen por lo menos el grato anuncio de la ayuda que la Argentina estaba dispuesta a prestar a España».

Las habilidades negociadoras de Demetrio Carceller también son material de discusión. Es compartida la conclusión de que la primera causa de la pésima situación de posguerra de España fue el comercio exterior con países que en esos momentos estaban inmersos en un conflicto bélico de enormes proporciones. Si durante la Guerra Civil el Gobierno de Burgos había aumentado el comercio con Alemania, a partir de 1940 ya no se pudieron mantener esos mismos niveles de intercambio. Por otro lado, desde el inicio de la Segunda Guerra Mundial, Gran Bretaña y Estados Unidos presionaron a Franco con la amenaza de suspender sus envíos de alimentos y petróleo a España. El arma comercial británica para bloquear desde el Atlántico a los alemanes fue controlar los permisos de circulación de navíos con trigo y gasolina destinados a España. De ese modo, el movimiento de los barcos españoles dependió de la tolerancia o aceptación de los aliados.

En los últimos estudios sobre este período histórico y sus protagonistas, cobra cada vez más importancia el destacado papel que tuvo Carceller en las elevadas exigencias que el régimen de Franco (800.000 toneladas de trigo, 100.000 de algodón, 25.000 de caucho, 625.000 de fertilizantes, además del armamento y la maquinaria) puso a Hitler para la entrada en la guerra en alianza con las potencias fascistas. También hay que atribuirle, en buena medida, la reorientación de los intereses de la dictadura hacia el bando de los aliados porque, según decía, «los capitalistas de todo el mundo podían entenderse». Sin ir más lejos, en una fecha temprana —el 2 de noviembre de 1940—, el empresario nombró como subsecretario del Ministerio de Industria al técnico financiero Manuel Arburúa, conocido adversario de Falange y del germanófilo Serrano Suñer, y muy bien valorado entre las fuerzas aliadas y en el ámbito de las multinacionales. Gracias al tratado comercial firmado con Gran Bretaña a finales de 1940, el Gobierno británico se ocupó de que no faltaran trigo, algodón, carbón y caucho, y defendió ante su socio norteamericano las demandas financieras que procedían de la cúpula del Ministerio de Industria español.

La tendencia se ratificó a comienzos de abril de 1941 con la firma de un nuevo acuerdo de préstamo entre España y el Reino Unido que permitía afrontar las imprescindibles importaciones de alimentos y petróleo. Dicho convenio recogía un crédito de dos millones y medio de libras esterlinas para la adquisición de 75.000 toneladas de carbón (por valor de 300.000 libras); 5.500 toneladas de algodón indio (por 200.000 libras); 9.000 toneladas de yute (por 360.000 libras); 100.000 recipientes de hojalata (por 175.000 libras); 50.000 toneladas de nitrato chileno (por 150.000 libras); 1.000 toneladas de caucho (por valor de 140.000 libras)... Y, firmado el acuerdo, Carceller se embarcó en una nueva negociación secreta con la embajada británica para vender grandes cantidades de mercurio a cambio de entregas de trigo y caucho al margen del Ministerio de Asuntos Exteriores y a espaldas de la embajada de Alemania (que había comunicado su tajante negativa a aceptar exportaciones de este material al enemigo).

Mientras Demetrio Carceller luchaba contra el desabastecimiento y el hambre estableciendo nuevas vías comerciales con los aliados, también fue capaz de seguir con los intercambios con Alemania en un sorprendente ejercicio de equilibrismo diplomático. Tanto que, a principios de septiembre de 1941, Franco envió a su ministro a pedir ayuda a Berlín ante el previsible colapso industrial español. En vez de solicitar el apoyo económico directo, pidió el consentimiento alemán para un deshielo en las relaciones con las potencias anglosajonas, que ya se había producido. En ese juego a dos bandas en el que se movían, Carceller le dijo al embajador americano que, después de haberle sido negada durante varios meses la audiencia con Franco, se le iba a conceder una y que España iba a seguir siendo neutral, aunque iba a continuar con «el apoyo ilimitado a Alemania». Carceller dijo a los diplomáticos alemanes que «España está preparada para cualquier cosa, no importa cuál, planeada por parte alemana. España se acomodaría sin más en el marco de la política paneuropea diseñada por Alemania; pero entonces no debería ser tratada como la Cenicienta ni despreciada, sino que debería incluirse en la planificación económica general». Los envíos desde suelo español a Alemania de importantes cantidades de materias primas como el wolframio fueron frecuentes en los primeros años de la década de los cuarenta.

Así las cosas, desde el verano de 1943 hasta la primavera de 1944, el Gobierno español, con Carceller como ejecutor más visible, mantuvo una actitud ambigua, favoreciendo a los dos bandos a un mismo tiempo y tomando decisiones presuntamente contradictorias. Si se impulsó la retirada de la División Azul, al mismo tiempo se felicitaba al Gobierno títere impuesto por los japoneses en Filipinas para gran escándalo de la diplomacia norteamericana. El «incidente Laurel» —así denominado por José Paciano

Laurel, el líder de aquel régimen próximo a Japón— fue un error del ministro de Exteriores, Gómez-Jordana, tan nostálgico del Imperio español. Un desliz diplomático del que sacaron partido los americanos y, cómo no, seguro que Carceller aprovechó para realizar los movimientos oportunos con el propósito de arrinconar a su rival en el gabinete de Franco.

Ya en noviembre de 1943, el Gobierno norteamericano había exigido el embargo de los envíos españoles de wolframio a Alemania y Franco se negó. Para Carceller, era necesario mantener esa exportación porque beneficiaba al equilibrio en el propio Gobierno: mientras los alemanes no pudiesen pagar con productos básicos podían hacerlo con armas, tan del agrado de generales como Jordana, y se reducía la deuda que se arrastraba desde la Guerra Civil. Pero, en enero de 1944, la política económica de los aliados se hizo mucho más dura y se anunció el embargo total de los envíos de petróleo a España hasta que se pusiera fin a la exportación de materias primas estratégicas a Alemania. Gómez-Jordana prometió que así se haría. Sin embargo, sorprendentemente, se produjo una revelación de Carceller en la embajada británica que, de inmediato, llegó a oídos del representante norteamericano en Madrid. El ministro afirmó que habían concedido un crédito de 425 millones de pesetas a Alemania para la compra de wolframio y la concesión a Alemania de toda la producción de una mina de dicho metal. La reacción norteamericana fue inmediata. El embargo aliado fue absoluto desde mediados de febrero de 1944. El 1 de mayo se cerró un acuerdo tripartito por el cual se daba satisfacción a todas las demandas planteadas por las fuerzas aliadas: España se reservaría casi todo su wolframio para ellos, cerraría el consulado alemán de Tánger y expulsaría a los agentes alemanes a cambio del envío de petróleo y otros productos por parte de las fuerzas aliadas.

«Un personaje de la picaresca española»

En este punto, el historiador Francisco Contreras ha alumbrado «la intensa actividad de Carceller en la embajada británica al margen de los alemanes» a partir del estudio de los archivos del Foreign Office. En el despliegue de estos encuentros («horas y horas de conversación», según el excelente estudio de Contreras) se dio cabida a asuntos diversos como la exportación de mercurio español a Gran Bretaña, el ultimátum de Alemania a España, el miedo que tenían algunos ministros franquistas por el riesgo para «sus cabezas», la previsión del colapso industrial español... Tan frecuentes fueron estos intercambios de información que el embajador Samuel Hoare se refiere a Carceller en sus memorias como «el ministro español más pintoresco que había conocido. Me recordaba a un personaje de lo que ha descrito la picaresca española».

Uno de los últimos trabajos que le encargó Franco a Carceller fue solucionar el problema de Telefónica. La multinacional americana International Telephone and Telegraph Corporation (ITT) había conseguido en 1924 hacerse con el contrato del monopolio de teléfonos por un período de veinte años. Sin embargo, el Gobierno de Franco, desde la conquista de Madrid, bloqueó las propiedades de la compañía e impidió la repatriación de sus beneficios, acusándola de haber colaborado con el Gobierno republicano. En diciembre de 1944, Demetrio Carceller fue nombrado plenipotenciario del Gobierno para llevar a cabo la compra de la subsidiaria española de la ITT al régimen de Franco. El 8 de mayo de 1945 se cerró el contrato de venta de las 318.641 acciones de la Compañía Telefónica Nacional de España (CTNE) en manos de ITT al Estado español, con 98.752,22 dólares en efectivo, un pagaré por 6,7 millones con vencimiento de 1 de diciembre de 1945 y 50 millones de deuda del Estado. Con esta operación, el Gobierno de Franco adquiría el 80 por ciento del capital de ITT, considerada como «una opción de prestigio del régimen con un interés económico dudoso».

Con tantas horas de negociación, el ministro entabló cierta amistad y confianza con algunos consejeros de las embajadas aliadas. El periodista e historiador Ramón Garriga narra una anécdota que da buena cuenta del ingenio, la simpatía y la capacidad de persuasión que tenía Carceller. Al parecer, un día le preguntó al agregado comercial de Estados Unidos cómo podría obtener un modelo del automóvil Buick recién salido de fábrica. El funcionario le dijo que no se preocupara que él haría las gestiones. «Acepto —respondió Carceller—, pero nada de regalos. Lo quiero pagar». Pasadas unas semanas, el diplomático se presentó y le anunció: «Señor Ministro: a la puerta del Ministerio está el Buick que usted deseaba. Le sugiero un paseo de prueba». Carceller dejó todo lo que tenía entre manos y bajó a probar el coche. Entusiasmado con su Buick le comentó: «Me tiene que decir lo que le debo, pues quedamos que lo quería pagar». El norteamericano le dijo un precio ridículo para dejarle claro que era un regalo: «Me debe 500 pesetas». Carceller sacó la cartera y alargó un billete de 1.000 pesetas. «No tengo cambio», se excusó el diplomático. «No importa —respondió el ministro— quédese con las 500 pesetas y envíeme otro Buick».

Ya en el tablero de juego estrictamente peninsular, desde la cartera de Industria, Demetrio Carceller tuvo un impacto tremendo en las esferas política y económica de Cataluña. En el ámbito local, sus presiones, por ejemplo, situaron a Joaquín Amat, jefe local de Falange y miembro de una conocida familia industrial de la ciudad catalana, al frente de la Alcaldía entre 1940 y 1945. A nivel regional, y al hilo de la labor de su patrocinador, el conde de Egara, Alfonso Sala Argemí, el ministro se encargó de tejer una tupida red de influencia y decisiones a favor del mundo empresarial catalán, que se tradujo en licencias de importación, peticiones extraordinarias de intendencia militar, un reparto favorable en los cupos de materias primas o un trato muy benevolente de la Fiscalía con las sobretasas de sus productos. No es extraño, por tanto, que su gestión en el Gobierno de Franco no solo fuera celebrada por las élites de Terrassa, sino por buena parte del empresariado catalán.

Al margen de todo lo anterior, otro hecho importante que ocurrió con Demetrio Carceller en el Gobierno fue la creación, en 1941, del Instituto Nacional de Industria (INI), insignia de la política autárquica del primer franquismo que se convertirá en el fabricante único de turismos y vehículos industriales, mayoritario en fertilizantes nitrogenados y de aluminio, y alcanzando porcentajes importantes en el refino del petróleo. Sin embargo, su función no pasó, según apuntan los últimos estudios, de la firma del decreto de fundación como ministro de Industria y Comercio. Sí son conocidos sus desacuerdos con el primer presidente del organismo, Juan Antonio Suanzes, amigo de la infancia de Franco e hijo de uno de sus jefes de estudio en El Ferrol, alrededor de asuntos como la construcción naval —que acaparaba buena parte de la producción del acero, si bien no había manera de importar los motores que se necesitaban— y la obtención de hidrocarburos por destilación de las pizarras bituminosas. A Carceller no le gustó esta última iniciativa porque los gastos para el Estado eran excesivos y el resultado incierto, tal como ocurrió.

Como han señalado los historiadores Manuel Peña Díaz y Francisco Contreras, «al margen de cuestiones técnicas y financieras, por otra parte fundamentales, la principal diferencia entre Suanzes y Carceller era que el primero era partidario de la acción interventora y patrocinadora del Estado, mientras que el segundo consideraba que, por encima de todo, tenían que ser la iniciativa privada y el capital extranjero los principales protagonistas del proceso de industrialización, aunque no los únicos». Carceller admitía la intervención del Estado siempre que las circunstancias obligasen a ello, pero solo por un período de tiempo corto y en casos concretos. También contribuyó a abrir ese abismo el agravio que tuvo que soportar el Ministerio de Industria y Comercio porque el INI estaba vinculado orgánicamente a la Presidencia del Gobierno. En cierto modo, era otro Ministerio de Industria paralelo y con una enorme capacidad de decisión, aunque para el asunto de las divisas y de las importaciones dependiese del departamento regido por Carceller, un enredo con el que tanto disfrutaba Franco y que tanto rentabilizó. Al final, en este pulso industrial, el vencedor oficial fue Suanzes, hasta el punto de ser este marino gallego quien sustituyera el 18 de julio de 1945 a Carceller al frente del Ministerio de Industria y Comercio. El empresario no se molestó ni en asistir a la toma de posesión de su sucesor que, además, continuaba como presidente del INI.

El triunfo aliado... y el de Carceller

Demetrio Carceller Segura (1943, EFE).

La salida de Demetrio Carceller del Gobierno de Franco se explica, en buena medida, por su independencia de criterio y su manera de actuar, que nunca se ajustaba exactamente a los deseos de Franco. Con el triunfo de los aliados, el encaje internacional de la dictadura no tenía por qué ser tan difícil. Los hechos posteriores demostraron que la jugada de aproximarse progresivamente a los aliados, aceptando sus imposiciones negociadas, no tuvo un resultado redondo. Carceller dejaba el Gobierno con una agenda de contactos internacionales, de méritos y amistades que demostraban que fue el primer político español franquista que había jugado la carta del triunfo aliado y estaba en condiciones de aprovechar bien esa victoria. En los mentideros políticos del momento se comentaba que los cambios ministeriales de aquel 18 de julio de 1945 no habían sido completamente acertados. En algunos círculos, el relevo de Carceller por Suanzes se valoró como una pérdida sensible para los interlocutores financieros extranjeros.

«Tengo la tranquilidad de conciencia de que en el balance de mi gestión, compensando los aciertos y los errores, el saldo ha sido favorable para los españoles», confesó Demetrio Carceller a Manuel del Arco en la entrevista publicada en 1959 en la revista *Destino*. «¿Ya es poderoso?», le pregunta el periodista. «No me ha preocupado jamás el ser poderoso; en mí ha dominado siempre la idea de servicio. Entiendo que deben ser poderosas las empresas en que yo preste mi colaboración. Y que mi prosperidad debe ser una consecuencia de la prosperidad que yo contribuya a crear para los demás. Siempre tuve la seguridad de que así sería y esta seguridad no ha sido defraudada», señala el empresario, quien siguió como procurador en Cortes hasta su fallecimiento y permaneció siempre próximo a los centros de poder. «Yo nunca, cuando tenía diez años y recogía peras y melones en el huerto a la vez que estudiaba, pensé que llegaría a ser millonario. Para esto, y para otras muchas cosas más, había que saber tocar a Wagner con un peine», confirmó a Torrente Fortuño en los últimos meses en el Ministerio de Industria, recordando la frase de Claudio Sabadell.

Su salida del Gobierno supuso la continuación de una prodigiosa carrera empresarial. Decenas de consejos de administración se disputaron sus favores, como se comprueba en la relación de responsabilidades que asumió hasta en dieciséis grandes empresas ya en la década de los sesenta. En los últimos años de su vida, ocupó la plaza de presidente en Bebidas Americanas, de DISA, en Productos Asfálticos, en Industrial Cervecera Sevillana y en la Siderúrgica Industrial Compañía Ibérica; y la vicepresidencia en la Refinería de Petróleos de Escombreras y en la Compañía Española de Industrias Electroquímicas, así como en la Estrella de África, Fábrica de Cerveza, donde ascendería desde una de las vocalías. Fue consejero de la Compañía Española de Petróleos, Cepsa, y en Aluminio Ibérico, y vocal en la Sevillana de Electricidad, en Distribuidora de Electricidad, en Naviera Vizcaína, en Oerlikon Eléctrica, en Fuerzas Económicas de Andalucía y en La Electricidad.

Ha nacido un banquero

Sin duda, una de sus más grandes conquistas fue su entrada en el sector de la banca. Finalizada la Segunda Guerra Mundial, todas las propiedades alemanas en España fueron congeladas. El gobierno de Franco las confiscó y las vendió, una de las cuales fue adquirida por Carceller, quien, por fin, alcanzaba su sueño de ser banquero. En 1950 inició sus actividades financieras el Banco Comercial Transatlántico (Bancotrans), la nueva sociedad que se hizo cargo de esos activos. Desde la torre de Bancotrans en Barcelona —un diseño de veinte plantas del arquitecto Santiago Balcells Gorina en la esquina de Paseo de Gracia con la entonces avenida del Generalísimo —hoy, la Diagonal—, Carceller realizó numerosas operaciones financieras e industriales, entre las que destacó la creación en 1965 del Banco Industrial de Cataluña. Dicha entidad de crédito se creó con una importante aportación del Banco Comercial Transatlántico, Banco Sabadell y Banca Catalana. En los años sesenta confesaba sin ambages: «En Barcelona residen, por lo menos, ciento cincuenta ciudadanos perfectamente desconocidos del gran público que tienen fortunas muy superiores a la mía, sin que por ello pueda significar que yo estoy descontento. Y ante personalidades políticas y tertulias particulares hace más de veinte años que vengo presumiendo de que "Carceller y las empresas a que está vinculado Carceller viven en España, pero no de España". Y creo que somos muy pocos los que, disfrutando de una posición económica desahogada, podamos mantener este aserto».

Además de las actividades profesionales, Carceller mantuvo, tanto en Barcelona como en Madrid, una vida social intensa, tal como es posible rastrear en las notas de sociedad de los periódicos de los años cincuenta y sesenta. Así, es habitual verle compartiendo jurados, asistiendo a inauguraciones, a bodas o a funerales, o visitando al Jefe del Estado. En todas estas actividades es posible observar cómo Carceller era el centro y el impulsor de estos contactos, generados alrededor de sus empresas, de sus inversiones o de sus inquietudes culturales. El diario *Informaciones,* por ejemplo, fue de su propiedad desde 1948 a 1952, fecha de su venta. También mantuvo amistad con personajes de la cultura de la época. En la biografía de Cristina Badosa sobre Josep Pla es posible rastrear la intensa amistad entre el escritor y el empresario, quien acabaría convirtiéndose en su patrocinador. Tanto que el autor de *Viaje en autobús* acudió a él en reiteradas ocasiones para financiar sus proyectos literarios y sus colaboraciones periodísticas: «Los viajes a América del Sur y a Oriente Próximo los hizo casi siempre en petroleros de la Compañía Española de Petróleos, gracias a la amistad con Demetrio Carceller, que se remontaba a los años de Madrid, cuando Adi [Enberg, compañera sentimental de Pla] era su secretaria, y a las buenas artes de Manuel Ribes, director de la sección de publicidad de la revista. De esta manera, *Destino* se ahorraba una parte de los gastos de un viaje que en un crucero normal habrían sido prohibitivos». Por último, apoyó siempre los intereses de los empresarios catalanes en la capital de España. De esa inquietud por fortalecer lazos económicos y humanos entre Madrid y Barcelona nació el Círculo Catalán en 1952, del que fue uno de sus impulsores más desatacados. El 29 de junio de 1953 fue uno de los protagonistas de la inauguración de la sede de la institución radicada —aún hoy— en el número 6 de la Plaza de España de Madrid.

Demetrio Carceller Segura falleció el 1 de mayo de 1968. La prensa nacional recogió la noticia con perfiles que hacían hincapié, por lo general, en el protagonismo fundamental que el empresario desplegó en un período clave del régimen. Torrente Fortuño recordó con tristeza sus últimos momentos y el extraordinario entusiasmo de este «catalán empecinado», tenaz y disciplinado: «Carceller murió "joven", porque se consideraba en su madurez como eterna juventud. Y murió, ante los ojos de su mujer, su "dona" de un modo tonto. Ya hemos dicho que era muy aficionado al cine español, a su trabajo, a la zarzuela. Un día, en el Teatro de los Sótanos, en la escalera, se cayó y rodó por ella. Murió el pobre a los días. Unos meses antes me decía, hablando de política: "Ah, si a mí me garantizaran diez años en la vida de Franco". Fue Carceller todo un hombre. Brusco y cariñoso (...). Todo un hombre, difícil de imitar, difícil de seguir, difícil de biografiar». El 30 de mayo de 1960, en las páginas de *Tarrasa Información,* el periodista le hizo una pregunta que le reiteraron una y otra vez en todas las entrevistas que le hicieron: ¿cómo había conseguido reunir su fortuna? «Lo mío no ha sido amasar millones; ha sido éxito, sencillamente —respondió—. La fórmula de este éxito tiene tres bases: primera, iniciativa clarividente; segunda, audacia; y tercera, tenacidad». «¿Cuál es de todas la más importante?», insistió el periodista. «La primera», la iniciativa clarividente, añadió Demetrio Carceller, quien tuvo para los negocios un instinto extraordinario, todo el que le faltó para salvaguardar su imagen en el futuro. Nunca le preocupó qué dirían de él después de muerto. Y fue ese desinterés por la memoria de su persona el que le hizo perder su única batalla: la de la opinión.

José María Rondón

Bibliografía

Badosa Font, C. (1997). *Josep Pla. Biografía de un solitario,* Madrid: Alfaguara.

Contreras, F. (2019). Demetrio Carceller en los papeles del Foreign Office (1940-1945), en Encarnación Lemus y Manuel Peña Díaz (dirs.), *Alianzas y propaganda durante el primer franquismo,* Barcelona: Ariel, pp. 99-124.

Contreras, F. y Peña, M.: Carceller y el sector del petróleo, en Raúl Molina Recio (ed.), *Una generación pionera. Empresarios y empresas en el primer tercio del siglo XX español,* Granada: Comares (en prensa).

De Miguel, A. (1975). *Sociología del franquismo. Análisis ideológico de los Ministros del Régimen,* Barcelona: Editorial Euros.

Garriga, R. (1976). *Juan March y su tiempo,* Barcelona: Planeta.

Payne, S. (1977). *Franco y José Antonio, el extraño caso del fascismo español: historia de Falange y el Movimiento Nacional (1923-1977),* Barcelona: Planeta.

Torrente Fortuño, J. A. (1991). *Bolsistas, banqueros, periodistas. 150 semblanzas convividas,* Madrid: Industrias Gráficas España.

Wigg, R. (2005). *Churchill y Franco. La política británica de apaciguamiento y la supervivencia del régimen, 1940-1945,* Barcelona: Debate.

Félix Huarte Goñi
(1896-1971)
El obstinado constructor

Torres Blancas de Madrid (Wikicommons).

Casi de forma inesperada, la pequeña constructora Huarte y Compañía, S. L. asentó fama y fortuna en el transcurso de las obras de la Facultad de Filosofía y Letras de la Ciudad Universitaria de Madrid. Aquel proyecto se convirtió en un desafío: en el plazo de unos pocos meses, la compañía navarra levantó el diseño del arquitecto Agustín Aguirre López, el primero de las nuevas instalaciones académicas que se habían convertido, de forma sucesiva, en una prioridad política y en un desafío (casi) inalcanzable para la monarquía de Alfonso XIII, la dictadura de Primo de Rivera y la Segunda República. A la inauguración del inmueble el 8 de enero de 1933 acudió el presidente Niceto Alcalá Zamora, acompañado por el jefe del Gobierno, Manuel Azaña, y los ministros Fernando de los Ríos, de Instrucción Pública; Indalecio Prieto, de Obras Públicas, y Luis de Zulueta, de Estado. También estuvieron el rector de la Complutense, Claudio Sánchez Albornoz, y el decano Manuel García Morente, quien reconoció en su discurso el papel decisivo de la compañía: «La escritura de contrato se firmó el 20 de julio pasado. En ese 20 de julio esto era un solar. En cinco meses y medio se ha levantado este edificio. Tampoco esto hubiera sido posible sin la colaboración del contratista, a quien debemos nuestra gratitud». Con estas palabras, el joven catedrático de Ética acababa de disparar el prestigio de Félix Huarte, aquel promotor navarro que solía repetir entre los suyos una consigna empresarial de tintes revolucionarios: «Es preferible perder dinero a prestigio».

Pero, ¿de quién se trataba? ¿Qué ocurrió para que su constructora, fundada apenas cinco años antes, se hiciese con la adjudicación de una de las obras más codiciadas de España? ¿Cuáles fueron las claves de un despegue que le convirtió en uno de los contratistas más solicitados para ejecutar las grandes infraestructuras públicas? ¿Qué explica la fulgurante trayectoria del promotor y empresario, quien llegó a liderar un conglomerado industrial con cerca de setenta compañías y más de diecisiete mil empleados? Acaso un episodio ocurrido en la construcción de aquella Facultad de Filosofía y Letras lo ilumina a las claras: Félix Huarte ordenó abrir, sin contar con los permisos necesarios, una zanja transversal en la carretera de La Coruña, obligando a cerrar esta importante vía de acceso a Madrid para llevar una tubería de agua a la construcción ante la probabilidad de incumplir los plazos acordados. «Agarró y metió la excavadora por la buenas... Me lo contaba él, porque yo eso no lo presencié, me contaba que se armó una... Me decía: "Yo pensé que hasta me metían en la cárcel". Pero, bueno, se hizo y ya está, decía, si no, no se hubiera hecho», explicó sobre el delirante episodio su cuñado, Valentín Erburu.

Al parecer, ese carácter decidido e inflamable tuvo en la infancia mucho de justificación. De esa circunstancia, al menos, han dejado testimonio familiares, colaboradores, rivales y enemigos. Félix Huarte nació el 6 de noviembre de 1896 en el seno de una familia de condición humilde. Su padre, Pedro Huarte Erro, natural de Lizoáin en 1866, se trasladó a Pamplona con dieciséis años, mientras que su madre, Pilar Goñi Iriarte, que había nacido en la localidad de Ardanaz, aparece instalada en la capital navarra al menos desde 1880, con apenas doce años de edad. No tenían tierra ni posesiones y, según el historiador Javier Paredes, «ni siquiera gozaban de ese reconocimiento social que permite traspasar la marginación». Eso sí, ambos sabían leer y escribir, hecho relevante si se tiene en cuenta que, en las últimas décadas del siglo XIX, el índice de analfabetismo en Navarra rondaba el 60 % de la población. Otro factor fundamental marcaría sus primeros años, perfilando la profunda fe cristiana que siempre le acompañó al primogénito de los Huarte Goñi: el fallecimiento de tres de sus cuatro hermanos (Juliana, María Josefa y José) y de su madre, esta por una bronconeumonía. A los diez meses de enviudar, el padre contrajo matrimonio en segundas nupcias con Francisca Betelu Telechea, soltera y trece años más joven que él. La relación de Félix Huarte con su madrastra, cuentan, fue excelente.

Es interesante anotar cómo el empresario, siempre que tuvo ocasión, hizo bandera de los esfuerzos a los que le obligó la vida. Con vocación autobiográfica, refirió muchas veces la dureza de sus comienzos. Como ejemplo para la sociedad. Como aspiración para los subordinados más aplicados. Acaso como extensión de esa voluntad paternalista que es común a muchos de los grandes empresarios españoles que hicieron fortuna en las primeras décadas del siglo XX. Así sucedió en el discurso que Félix Huarte pronunció ante sus trabajadores en el cine Gayarre de Madrid con motivo de la concesión de la medalla de oro al Mérito en el Trabajo el 27 de noviembre de 1965. El texto en cuestión, que se publicó en versión abreviada en la revista interna de la compañía (*H. Noticias,* número de mayo-junio de 1971) al poco de su fallecimiento, daba vuelo a sus recuerdos infantiles. En él refería cómo la severidad y el rigor del padre forjaron su personalidad y cómo la prematura muerte de la madre lo sacó a los catorce años de la escuela —solo llegó a completar los estudios primarios en las escuelas de San Francisco de Pamplona— y lo lanzó al mercado laboral para contribuir al sustento familiar. Ya metido en esa ruleta jugaron a su favor las nociones de dibujo que adquirió en la Academia Municipal de Pamplona, dado que le ayudarían a abrirse paso como técnico delineante.

En el verano de 1911 comenzó a trabajar bajo la dirección de Ángel Galé Hualde, un promotor de viviendas que fijó su interés en Pamplona a partir de las oportunidades generadas por el derribo de las murallas y la lógica expansión de la ciudad. Allí, en la empresa Enhachecante, se enroló como mecanógrafo Félix Huarte, quien recordó así este episodio en su discurso de 1965 en el cine Gayarre de Madrid: «Mi padre me colocó en esta oficina, y no llegué a ser botones por la sencilla razón de que en la misma tenían servicio de ordenanza. Aprendí a escribir a máquina y a dibujar, de tal manera que fueron mis comienzos de aprendizaje (...). Ganaba dos duros al mes y mi pobre padre, en su necesidad para hacer frente a la vida, dada la escasez de sus ingresos, alguna vez me llegó a decir exclamando: ¡Por qué no te metí de "maca" de carpintero, que me ganarías ahora 1,50 pesetas al día de jornal, y con lo que percibes actualmente no ganas ni para las alpargatas que rompes...!». El relato de aquellos días lo remató así el empresario: «Esta expresión de mi padre, que la justifico completamente, frente al futuro de mi vida me hizo mucho bien, porque al tenerla constantemente presente fue un estímulo para que yo me esforzarse en querer ser y querer ayudar a mis padres».

Sin embargo, la empresa de Galé acabó en la ruina transcurridos dos años, pero Huarte logró engancharse a un estudio de delineación y topografía abierto por dos compañeros de trabajo. El nuevo sueldo: tres pesetas al día, justo lo que ganaba su padre. «En dicha oficina aprendí muchas cosas, puede decirse que me formé como delineante y topógrafo, especializándome en levantamiento de planos topográficos, mineros y hasta hidroeléctricos», volvería a señalar en su discurso por la medalla de oro al

Mérito en el Trabajo. Los conocimientos adquiridos en esta parada de su vida laboral le abrieron las puertas de un tercer empleo en la Comandancia de Ingenieros. En las primeras tareas que realizó demostró gran habilidad —«unos planos topográficos de unas maniobras militares», recordaría él, quien los pintó «en relieve, siguiendo las curvas de nivel, dando como un resultado un plano que entonces tuvo mucho mérito»—, por lo que el coronel de la Comandancia de Jaca le procuró una plaza fija si aceptaba realizar la carrera militar. Su respuesta, en cambio, fue negativa: «Le agradecí a dicho señor su ofrecimiento, pero le contesté *ipso facto* que no aceptaba porque tenía otras aspiraciones; que no era mi temperamento aceptar un puesto tranquilo ya para toda la vida».

Inmediatamente después —en 1916— entró a trabajar en la constructora de Rufino Martinicorena: sería su último trabajo como empleado por cuenta ajena. En la citada compañía, una de las tantas que habían emergido en Pamplona al calor de las expectativas de las obras y las oportunidades de negocio del ensanche, Huarte logró completar su formación como constructor. En poco tiempo, llegó a alcanzar el rango de encargado general y jefe técnico, pero también trabó una honda amistad con Emilio Malumbres, un experto albañil con quien fundaría, pasados los años, su propia empresa constructora. También en esta etapa profesional su vida personal daría un vuelco al contraer matrimonio el 11 de enero de 1923 en la catedral de Pamplona con Adriana Beaumont Galdúroz, con quien tendría tres hijos y una hija. El nuevo matrimonio se instaló inicialmente en la calle Mayor, si bien muy pronto se trasladó a vivir a una de las zonas más acomodadas de la capital navarra, en el número 12 de la calle Leire. En este inmueble también residía el abogado Mariano Ansó, futuro alcalde de Pamplona y diputado en Cortes, y su esposa Gloria López Sellés, hija del capitalista Toribio López, quien pocos años después se convirtió en el prestamista al que Félix Huarte recurrió en el inicio de su aventura empresarial. Aquellas primeras 50.000 pesetas le permitieron empezar a volar en solitario.

«La compañía girará bajo la razón social Huarte y Malumbres», decía expresamente la escritura de aquella nueva sociedad que nació el 1 de agosto de 1927 en el despacho del notario Juan San Juan Otermin. Su domicilio se fijó en la ciudad de Pamplona y se preveía establecer cuantas sucursales fuesen necesarias «para facilitar sus negocios y dar mayor desarrollo». Así pues, la empresa de Félix Huarte, formalmente, siempre fue una constructora navarra con delegaciones en el resto de España. «Todas las razones de comodidad o de conveniencia que se quieran aducir, incluidas las fiscales, por importantes que sean, resultan insuficientes para entender la residencia en Pamplona si no se tiene en cuenta el navarrismo de nuestro personaje, que se hacía extensible incluso a la hora de seleccionar a sus colaboradores, y esto de un modo muy llamativo, sobre todo en los primeros años», señala al respecto Javier Paredes.

La oportunidad de Pamplona

La nueva empresa comenzó a acaparar obras que le proporcionaron notables beneficios, convirtiéndose ya en 1929 en una de las más poderosas entre las que operaban en Navarra. Se ocupó allí, sobre todo, de trabajos particulares, pero no dudó en competir en los concursos públicos, como el del alcantarillado de Pamplona, pese a la importante fianza exigida a las compañías que concurrieron. De los datos que se descubren en este proyecto, hay uno ciertamente revelador: los pagos por la labor en los saneamientos en extramuros de la capital navarra estuvieron bloqueados hasta 1931, cuando se produjo la llegada de Mariano Ansó, vecino de Huarte y yerno de su prestamista, Toribio López, a la Alcaldía de Pamplona. Como se verá, este nombre será fundamental en su asalto al mercado nacional, que arrancó cuando la constructora de Huarte puso pie por primera vez en Madrid en 1929. Allí, los dos primeros trabajos fueron un chalé particular en Las Rozas y la Escuela Nacional de Sanidad, en la plaza de España. Ya entonces la plantilla superaba la veintena de empleados entre técnicos y administrativos, a los que habría que sumar los obreros contratados según las necesidades de los trabajos. De acuerdo con la declaración fiscal de 1930, el importe de las obras ejecutadas y liquidadas ascendió a 675.846,07 pesetas y, en ese mismo año, los dos socios principales declararon el reparto de beneficios de anteriores ejercicios, que alcanzaban las 92.134,55 pesetas. A esta cantidad, además, hay que añadir las mensualidades que fueron percibiendo los dos socios durante todo ese tiempo. En definitiva, Félix Huarte, que cobraba 18 duros al mes como empleado de la Comandancia Militar de Ingenieros, había multiplicado sus ingresos anuales por cuarenta, aproximadamente, al poco de establecerse como empresario.

Con todo, en los primeros años de funcionamiento, fueron decisivos los créditos que le siguió prestando Toribio López, quien acabó incorporándose el 12 de noviembre de 1931 como accionista a través de sus dos hijos en

Huarte y Compañía, S. L. Ese cambio de situación no respondió tanto a un gesto de gratitud por el apoyo o a la consolidación de sus contribuciones monetarias, sino más bien a una imposición del socio capitalista, dado que se abrían nuevas e importantes oportunidades de negocio. Mariano Ansó, el yerno de López, ya situado como diputado en Madrid, negociaba directamente ante Juan Negrín, entonces secretario de la Junta de la Ciudad Universitaria, para hacerse con la contrata del Hospital Clínico. Si bien esta no llegó a fructificar, sí lo hizo meses después la Facultad de Filosofía y Letras, proyecto que, como ya se ha señalado, se convirtió en el trampolín de la constructora. El 23 de febrero de 1933 se llevó a cabo una ampliación de capital que dejó a la familia López como principal accionista, con el 62,48 % del capital. Félix Huarte dispuso del 24,99 % y Emilio Malumbres, del 12,49 % restante. Y, de nuevo, este movimiento coincidió con importantes adjudicaciones de obras públicas. El 28 de febrero se depositó la fianza provisional para el concurso de Nuevos Ministerios, que finalmente ganó. Y, el 22 de marzo, Negrín comunicó la concesión de la continuación de los trabajos de la Facultad de Filosofía y Letras sin necesidad de concurso a Huarte, quien fijó retribuciones periódicas desde la constructora para Ansó. Estas partidas aparecían registradas en los libros de cuentas de la compañía como «gastos de representación».

«El programa de obras públicas de la Segunda República, por tanto, fue una magnífica coyuntura política para todos los que tenían alguna vinculación con la promotora Huarte y Compañía. Los López y Mariano Ansó se habían encontrado con una inmejorable situación para ampliar su patrimonio, aportando sus influencias políticas en Madrid. Félix Huarte, por su parte, perdía la mayoría, pero veía abrirse ante él un amplio panorama de trabajo para dar el salto de ser un acomodado constructor de provincias con clientes particulares a un gran constructor implicado en las grandes contratas del Estado. Ahí había un volumen de trabajo que él podía resolver y muchos hombres a los que dirigir; ese era, por tanto, un escenario adecuado para dar cumplimiento a esas mayores aspiraciones que le habían surgido cuando era un empleado de la Comandancia Militar de Pamplona», explica la biografía publicada por Javier Paredes. Con todo, sufrió en sus carnes la conflictividad social en los años finales de la República. Salvó la vida en el transcurso de un asalto con armas a su vivienda y estuvo en la diana de algún sector de la CNT —capitaneados por un trabajador de su empresa, Paquito, hijo de Largo Caballero—, que llegó a ver en este empresario «romántico» un enemigo mucho mayor para su causa que «los patronos déspotas».

El estallido de la Guerra Civil y la incautación de los bienes de la constructora en Madrid pusieron al borde del colapso a la compañía que pronto acumuló pérdidas de 1,3 millones de pesetas bajo la dirección de un comité obrero. El golpe militar sorprendió a Félix Huarte en Pamplona, adonde se había desplazado con la familia para las fiestas de San Fermín. Allí pasó los días bélicos con preocupación por el futuro de la empresa, pero sin riesgo para su vida. El resto de la cúpula sí estaba el 18 de julio de 1936 en Madrid y, si bien cabría esperar para ellos un buen trato dado sus relaciones con muchas de las grandes autoridades políticas de la República, no fue así. Diecisiete miembros de la constructora Huarte —Emilio Malumbres, entre ellos— fueron detenidos a raíz de una denuncia sobre el blindaje de camiones realizado para el ejército sublevado en los talleres mecánicos de la empresa. La mayoría salió de prisión y pasó a la zona nacional gracias a la mediación de un obrero de filiación anarquista, Román Arizpe, quien acabaría entre rejas en una cárcel franquista de La Coruña. Con todo, un arquitecto y un encargado de la compañía fueron fusilados. Paradójicamente, en la zona rebelde Huarte y Cía también fue intervenida por ser sospechosa; sus socios, los López —cuyo patrimonio también fue incautado— estaban afiliados a Izquierda Republicana, siendo además cuñados de Mariano Ansó, ministro de Justicia en el gabinete de Negrín (1937-38).

De las trincheras al tajo

A la conclusión de la contienda, Félix Huarte se plantó de nuevo en Madrid. El propósito no era otro que continuar con los trabajos de la Ciudad Universitaria. En 1940 reanudó la actividad en los Nuevos Ministerios y consiguió la adjudicación de otra serie de obras públicas, como la labor de cantería del Ministerio de Gobernación y la terminación parcial del Ministerio de Obras Públicas. En paralelo, la constructora extendió su actividad a otros puntos de España: la fábrica de yute de Palencia, que se remató en 1940; al año siguiente, la reconstrucción de la estación de ferrocarril de Santander, donde también se levantó el colegio-residencia de los padres capuchinos; la construcción del nuevo Ministerio del Aire, que comenzó en octubre de 1943 en la calle Princesa de Madrid... Hasta el verano de 1944 el crecimiento de la empresa fue extraordinario, pero un revés en la salud de Félix Huarte estuvo a punto de hundirlo todo. Una dolencia cardíaca le obligó a retirarse de la primera línea de los negocios y a guardar reposo en

Pamplona. En un movimiento a todas luces precipitado, los principales accionistas —los hijos de Toribio López— decidieron retirar su capital y amenazaron con la liquidación. No le auguraban mucho futuro a la compañía con la caída de su líder y optaron por coger el dinero. Pero Huarte se recuperó a tiempo para hacer frente a la situación. Gracias al préstamo de un buen amigo, Luis Casariego, y al apoyo del Banco Hispanoamericano, devolvió a los López toda su inversión (once millones de pesetas), quedando como únicos accionistas él (con el 81,7 % del capital) y, siempre fiel, Emilio Malumbres, con el 18,3 % restante.

Paradójicamente, solo dos meses después de la firma de la escritura que certificaba la salida de los hijos de Toribio López, Félix Huarte consiguió la adjudicación de la construcción del *stadium* del Real Madrid al ganar el concurso convocado por la junta directiva del club que presidía Santiago Bernabéu. La especialización y la competitividad que la empresa alcanzó en este tipo de instalaciones hizo que en los años siguientes levantara el Camp Nou y el Palau Blaugrana, en Barcelona; La Rosaleda, en Málaga; el Sánchez Pizjuán, en Sevilla, y El Molinón, en Gijón, entre otros. Por lo demás, en 1945 logró hacerse con la obra de la sede central del Instituto Nacional de Previsión en Madrid. Y, en los años siguientes, entre los trabajos más importantes, destacaron los de los saltos de Almoguera y Zorita, la Fábrica Nacional de Moneda y Timbre (FNMT), los bloques de viviendas para empleados del Banco Urquijo, el edificio para la Fiat-Hispania y la estación de trolebuses de Madrid, para convertirse en 1947 en una pieza clave en el reparto del denominado «contrato del siglo»: todas las obras del Seguro de Enfermedad de España, que quedaron en manos de cuatro empresas: Elinor, Beamonte, Agromán y Huarte. Entre 1948 y 1953, la compañía del promotor navarro construyó los seis primeros hospitales (Zaragoza, Teruel, Palma, Barcelona, Gerona y Lérida), con una superficie total de 143.000 metros cuadrados y una media de 500 camas por centro, y los seis primeros ambulatorios en Calatayud, Caspe, Jaca, Mataró, Lérida y Pamplona, con otros 23.740 metros cuadrados.

La base de Rota y la Cruz de los Caídos

Al gran impulso que supusieron las instalaciones del Seguro de Enfermedad, Félix Huarte sumó otros proyectos de gran impacto. A nivel internacional, se ocupó de la construcción de la base naval de Rota, en colaboración con varias empresas americanas que le abrieron los ojos para emprender nuevas vías de modernización en los métodos de construcción. El proyecto, que concluyó en 1956, obligó a la expropiación de 2.400 hectáreas en un punto estratégico de la Bahía de Cádiz. A nivel nacional, se ocupó de las Torres de Colón, las Torres Blancas y la residencia hospitalaria de La Paz, aunque ninguno de ellos tuvo el eco de la cruz del Valle de los Caídos. Esta simbólica obra para el régimen de Franco —el dictador quería con ella «glorificar la memoria de los que murieron por salvar España»— se adjudicó el día de San Fermín de 1950 por 33 millones de pesetas a la promotora navarra, que se impuso a otras trece candidaturas con una oferta de precio medio. La operación para elevar el fuste duró catorce meses al emplear la fórmula de ejecución de las chimeneas de fábrica. Llegado a este punto, a la hora de colocar los brazos —con una envergadura de 46,40 metros— se creó el mito de una dificultad irresoluble que a su conclusión solo contribuyó a acrecentar la fama de la compañía. No obstante, el ingeniero de Huarte, Carlos Fernández Casado, restó importancia al problema, pues «el vuelo que había que conseguir era solo de veinte metros» existiendo por aquel entonces puentes que alcanzaban hasta los 50 metros.

Pero a Félix Huarte toda esa actividad se le quedó pequeña a mediados de siglo, de ahí que dejara la gestión directa de la constructora en manos de sus hijos. Con todo, fue presidente hasta el final de sus días y, en algún momento, tuvo que intervenir de forma directa ante la gravedad de la situación: así ocurrió tras el hundimiento de un hotel en obras en Pineda del Mar (Barcelona), que se saldó con dieciocho víctimas mortales. A partir de ese momento, Huarte se consagró a dos grandes proyectos: el grupo empresarial surgido en torno a las actividades de la construcción, y la finca del Señorío de Sarría, donde llegaron a trabajar en torno a un millar de operarios y donde creó una de las grandes bodegas de vinos de España. De este modo, su constructora fue el embrión de un gran grupo de empresas que llegó a tener presencia en sectores tan diversos como los transformados metálicos, los componentes de automoción, la explotación de aparcamientos, el papel y el embalaje, los estudios de ingeniería y la industria alimentaria. A veces, el empresario costeó en solitario la inversión necesaria para esta expansión pero, en otras ocasiones, supo asociarse con aquellas sociedades, nacionales o extranjeras, que le garantizaron una tecnología líder y una rápida penetración y consolidación en los mercados. Eso sí, todas estuvieron siempre localizadas en Navarra, pues él había convertido el desarrollo económico de su tierra en uno de los principales objetivos de su existencia.

La primera de ellas fue Imenasa (Industrias Metálicas de Navarra, S. A.), constituida en 1952, aunque el germen era muy anterior: nació en 1928 en un pequeño local de la calle de los Descalzos de Pamplona con el doble fin de ayudar a un familiar —su cuñado Demetrio Vivanco— y cubrir las necesidades de cerrajería que en aquel entonces tenía Huarte y Malumbres en sus obras de construcción. La constitución como empresa independiente permitió que esta actividad se extendiera hacia el sector de la mecánica y otros mercados. Pero eso requería formación técnica, por lo que el empresario inició dentro de la empresa «una escuela de tecnología de producción, que aquí en Navarra no se conocía», según relató en alguna ocasión Jesús Echarte, uno de sus directores y hombre clave en el crecimiento de la compañía. Su primera incursión en el sector de la construcción mecánica fue el intento de producir una ametralladora —al parecer, «para unos revolucionarios de Siria»—, que acabó siendo un fracaso por la falta de preparación. A continuación, se introdujo en la fabricación de motocicletas. Imenasa llegó a trabajar en dos modelos: el Husor (Huarte Soriano) y el Iruña, que tuvieron cierta acogida entre el público hasta que la marca italiana Vespa entró en el mercado español. Aunque no prosperaron, estas actividades fueron una importante experiencia para su desarrollo posterior. Gracias a esta aventura, cuando comenzó a desarrollarse el sector automovilístico en España a finales de los cincuenta, Imenasa estaba preparada para entrar en ese sector, hasta el punto de que se convirtió en abastecedora de embragues y direcciones —de diseño propio— para los camiones de la marca Pegaso. La entrada de Imenasa en la industria del automóvil en 1959 supuso una auténtica transformación de la empresa, que en muy poco tiempo pasó de 150 a 1.200 empleados.

Según ha detallado Javier Paredes, a partir de las especialidades de Imenasa, poco a poco fueron surgiendo otras empresas en el sector de transformados metálicos, como Perfrisa, asociada con Altos Hornos de Vizcaya, y Basconia, donde se elaboraron toda una gama de perfiles laminados en frío. Con el paso del tiempo, Perfrisa se desglosó en Comelsa, fabricante de paramentos y mamparas de aleaciones ligeras, y Tabiques y Divisiones, que tuvo una enorme penetración en el sector internacional de paneles y mamparas, techos y suelos de oficinas y talleres. El entramado de actividades se amplió más tarde con la División de Grúas, en asociación con la multinacional Liebherr, para la fabricación de toda la gama de grúas para la construcción y grúas especiales; la empresa Torfinasa, fabricante de equipos y componentes de dirección para la industria del automóvil, en asociación con la multinacional americana Thompson Ramo Wooldridge (TRW), y Girling España, especializada en la fabricación de frenos para la automoción, en consorcio con el grupo británico Lucas. A estas hay que añadir Mapsa, dedicada a la elaboración de piezas de fundición en aleaciones ligeras; Miasa, que trabajaba en la fabricación de horquillas de dirección de bronce-aluminio; Alquimsa y, desde luego, Inasa que, junto con la multinacional americana Reynolds, comenzó en Navarra la transformación de aluminio en perfiles, paneles, papel y cable.

Dentro del grupo de sociedades relacionadas con los sectores de la construcción, infraestructuras e inmobiliario, se crearon Epsa, Essa, Prodevisa, Eguisa y Esli, todas ellas concesionarias de aparcamientos; un segundo grupo de empresas para el estudio, promoción y explotación de actividades inmobiliarias, donde destacaron Hisa, Tecno Huarte e Interlimen; y un tercer grupo de compañías de estudios de ingeniería, como Eyser y Carlos Fernández Casado, S. A., Félix Huarte también se introdujo en el sector del papel y embalaje, cuando España se encontraba aislada técnica y económicamente del resto de los países. Asociada con Svenska Cellulosa, la compañía Papelera Navarra (Panasa) instaló fábricas en Navarra, Tarragona y Madrid, de la que dependían Cadem, Bolpasa y Epak. Este conjunto de sociedades del grupo Huarte se dedicó a la fabricación de papel de estraza, papeles especiales, cajas de cartón, bolsas, sacos de papel y productos derivados.

Félix Huarte recibe la Medalla de Oro del Trabajo (1965, EFE).

Asimismo, impulsó una serie de sociedades pioneras en España en la transformación de basuras urbanas en abono orgánico: Abonos Orgánicos Fermentados, F. H., Aborgase, Aborgam y Edifisa. La primera fábrica de este tipo, cuyos planos habían sido diseñados en 1958, fue instalada en su ciudad natal, Pamplona. Sorprende la fecha, ya que entonces la cuestión medioambiental no era aún motivo de preocupación social ni mucho menos estaba entre las prioridades de las Administraciones públicas. En este ámbito, Félix Huarte también promovió el estudio de soluciones al problema de las aguas residuales urbanas en Pamplona. Las diversas alternativas planteadas por el empresario al ayuntamiento de la capital navarra para acabar con esta situación de insalubridad fueron sepultadas en el silencio administrativo. También creó un grupo de empresas dedicadas al comercio exterior —una época en que la entrada de divisas era esencial para la economía española— de minerales, materias primas, productos agrícolas, material ferroviario y productos textiles, entre las que destacaban Iconasa, Sedex, Fidisa o Icomex. También atrajo notables inversiones extranjeras que ayudarían a la creación de abundantes puestos de trabajo. Como último sector en el que desarrolló sus actividades, cabe destacar la alimentación, donde, además del Señorío del Sarría, dedicado a la producción y la comercialización de vinos de calidad en España y el extranjero, el grupo Huarte contó con participaciones en empresas como Chocolates Trapa, Alyco y Cipsa.

Pero la vida de Félix Huarte aún tendría que dar un giro más. Y este sería realmente asombroso para alguien cercano a cumplir los setenta años y que estaba al frente de uno de los mayores conglomerados industriales de España. Así, en abril de 1963, el empresario decidió saltar a la arena política. Esta opción aparentemente disparatada encaja, sin embargo, con su trayectoria vital —siempre en busca de nuevos retos—, y con la que fue una de sus grandes pasiones: el desarrollo de Navarra. El impulso que le llevó a tomar este camino tuvo un doble origen. Por un lado, en aquellos años había ido creciendo entre las élites políticas de Navarra el deseo de que la Diputación Foral promoviera de manera eficaz el desarrollo económico y social de la región; y varios de aquellos grupos veían en Félix Huarte al hombre capaz de conseguirlo. Desde la primera línea, el empresario observaba con preocupación cómo Navarra podía perder el «último tren» para el crecimiento auspiciado por el primer Plan de Desarrollo del Gobierno de Franco. Para evitarlo, él estaba convencido de que era necesario cerrar el grifo de la sangría migratoria en el territorio foral con una receta realmente ambiciosa: el impulso de la industrialización, la atracción de inversiones y el refuerzo de la estructura educativa para dotar al mercado de la mano de obra más adecuada.

Aquella encíclica de Juan XXIII

Por otro lado, el 11 de abril de 1963, el papa Juan XXIII publicó la encíclica *Pacem in terris,* que propugnaba una nueva orientación de las relaciones civiles y políticas mundiales para promover «la paz en la tierra» e invitaba a los cristianos a tener una presencia activa en todos los campos de la sociedad. La lectura del texto afianzó en Félix Huarte —hombre profundamente religioso— la decisión de dedicarse a la política, algo que venía madurando desde hacía tiempo. De hecho, en enero de 1962 ya había encargado a un equipo de expertos dirigido por un alto cargo en el Ministerio de Comercio la elaboración de un estudio para analizar la situación socioeconómica de la provincia, además de promover un plan para impulsar el desarrollo económico y educativo del territorio foral. Curiosamente, dos años más tarde, este informe marcaría las líneas maestras de su actuación al frente de la Diputación. Sobre el impacto de la encíclica papal, el empresario dejó rastro en muchas de sus cartas fechadas en la época. «Al examinar mi casi nula valía para un cargo de esta naturaleza, quedé perplejo y confundido, y después de, por lo menos, seis meses de dudas y vacilaciones, sin ceder a las presiones que por varios conductos recibía, me decidí a aceptar este pesado, aunque honroso cargo, la *Pacem in terris* de nuestro llorado y querido Juan XXIII», anotó en una de ellas.

Con Miguel Javier Urmeneta, que había alcanzado la Alcaldía de Pamplona y la dirección de la caja de ahorros municipal de la capital navarra, y José Gabriel Sarasa —proveniente del sector tradicionalista—, formó un grupo de prestigio entre las principales corrientes políticas existentes dentro del régimen en Navarra. En cierta medida, esta candidatura era la que reunía más garantías tanto para el sector empresarial (Huarte) como para los carlistas (Sarasa), pero también para el gobernador civil, es decir, los «oficialistas», a través de Urmeneta. Junto al constructor, este exregidor pamplonés representaba a los hombres del Movimiento vinculados a Madrid e, incluso, consultó esta salida política con el vicepresidente del Gobierno, Agustín Muñoz Grandes, con quien tenía amistad por haber participado en la División Azul. En cierta medida, se trataba de una candidatura «oficialista» y carlista, con claras opciones de arrasar en las urnas. Así, fueron elegidos concejales el 3 de noviembre de 1963 con el 80 % de los sufragios emitidos, dando de esta forma el primer paso hacia la Diputación, ya que era requisito indispensable para acceder a esta. A partir de entonces, el camino fue bastante fácil: fueron elegidos diputados forales de Navarra y Félix Huarte fue nombrado vicepresidente —la máxima autoridad ejecutiva de la Diputación— el 2 de abril de 1964.

Sin duda, esta rápida ascensión de Félix Huarte a la gestión política tiene buena parte de su justificación en el enorme prestigio que el empresario atesoró entre sus paisanos. Para un buen número de ciudadanos navarros, él representaba el arquetipo del hombre hecho a sí mismo. Él había conseguido llegar a la cumbre desde lo más bajo. No sería extraño, incluso, que todavía algunas personas de más edad lo recordaran aún de niño ayudando a su padre a ganar unos reales colocando las sillas en el paseo Sarasate de Pamplona. También el hecho de que su triunfo personal en el mundo de las finanzas no le hubiera llevado a dejar su tierra— siempre estuvo empadronado en Pamplona, si bien residió desde 1939 de forma habitual en Madrid— tenía un eco positivo para los ciudadanos empeñados en el impulso económico de su tierra. Asimismo, congregaba el apoyo de un sector de empresarios, profesionales e intelectuales —no muy numerosos, pero sí enormemente influyentes— que apostaban por un cambio en la política económica de la Diputación Foral para situar a la provincia en la línea de planificación del desarrollo económico que parecía impulsar en aquellos momentos el gobierno de Madrid.

Por lo demás, Huarte era hombre de orden y tradiciones: franquista en sentido amplio, pero sin vinculaciones ideológicas con ninguna familia del régimen. Él vendría a representar una figura típica entre los grandes nombres de la economía española de su tiempo: el empresario que inicia su actividad con enormes dificultades y llega a consolidar el negocio en la Segunda República; el hombre al que las tensiones de la etapa republicana y la Guerra Civil le hizo partidario de la paz social a cualquier precio, incluido la dictadura, que, en su opinión, traía valores con los que se identificaba ampliamente: el orden público, la confesionalidad del Estado y la prevalencia de la propiedad privada. La llegada de Félix Huarte supuso un cambio radical en el funcionamiento de la corporación, hasta el punto de que los navarros comenzaron a hablar de «Difonasa» (Diputación Foral de Navarra, S. A.). Según Juan Luis Uranga, director de la Caja de Ahorros de Navarra: «En la vida, él no tenía más que la empresa. No sabía vivir cogiéndose ocho días de descanso: se iría a algún concierto o alguna cosa, pero su cabeza estaba siempre... Navarra era otra empresa más, y así la configuró, y así nació el Plan de Desarrollo Industrial con sus aciertos y con sus equivocaciones».

El 23 de diciembre de 1963, el Gobierno central aprobó el Primer Plan de Desarrollo para el período 1964-1968, por el que se acordó localizar dos polos de promoción industrial: en Burgos y en Huelva, y cinco polos de desarrollo industrial en La Coruña, Sevilla, Valladolid, Vigo y Zaragoza. Navarra quedó excluida, en una peligrosa *tierra de nadie* entre las provincias de Guipúzcoa, Burgos y Zaragoza, por lo que cuentan sus hagiógrafos, Félix Huarte decidió impulsar desde la Diputación Foral su propio plan de desarrollo para enganchar de forma definitiva la región a la vida económica del país y sacarla de la pobreza y el despoblamiento. Esta iniciativa, basada en los estudios que desde 1962 venía realizando el equipo de especialistas dirigido por Manuel Varela, un alto cargo en el Ministerio de Comercio, tenía tres objetivos principales: el desarrollo económico, el fin del aislamiento de Navarra y la promoción educativa. Su política económica se basó en el impulso acompasado de la industrialización y la modernización de la agricultura y la ganadería, ya que Huarte y sus consejeros eran muy conscientes de que un sector primario excedentario y moderno era imprescindible para que pudiera darse una industria poderosa. En cuanto a la política educativa, se buscó potenciar sobre todo la enseñanza técnica y de grado medio. El plan ayudó al nacimiento o el fortalecimiento de alrededor de trescientas empresas, y fomentó la creación directa de unos 30.000 puestos de trabajo. Una de sus consecuencias fue la interrupción de las emigraciones. Otra, el vuelco de su economía a la industria desde la agricultura, que pasó de congregar en 1950 al 53,2 % de la población al 25,30 % en 1970.

Félix Huarte consiguió que el Banco Mundial prestase a la Diputación Foral 5.000 millones de pesetas, que fueron utilizados tanto para la promoción de empresas como para crear una red de comunicaciones, que fue el medio esencial para conseguir la apertura de Navarra, el segundo de los objetivos. Esta red supuso la construcción de un aeropuerto a las afueras de Pamplona; una nueva red ferroviaria, que unió Madrid y Pamplona con un tren directo, e introdujo a la capital navarra en la línea Irún-Valencia; la extensión de las líneas telefónicas a más de trescientas localidades; la ampliación de la cobertura de televisión a toda la región; y, sobre todo, una gran ampliación de la red de carreteras. Por expresa indicación de Félix

Huarte, sus empresas se retiraron de todos los concursos públicos convocados por la Diputación. La promoción educativa, encomendada al jurista Juan Andrés Ciordia, fue otro de los grandes logros del mandato de Félix Huarte, durante el que se dio un gran impulso a los estudios de incidencia más directa sobre el desarrollo económico, es decir, los dirigidos a crear una mano de obra cualificada para la expansión industrial: la enseñanza media, la enseñanza profesional y la enseñanza técnica. Como gran conquista que hay que anotar a su gestión en este plano destaca la apertura de la Escuela de Arquitectura de Pamplona en 1964, centro inicialmente previsto en San Sebastián. Entre los proyectos del empresario para Navarra que no llegaron a ver la luz sobresale la instalación de una central nuclear en su territorio, que hubiera acabado con la situación de dependencia energética y convertirla en una región exportadora hacia el País Vasco y Aragón.

Navarra, S. A.

En resumen, Huarte demostró ser un hombre extraordinariamente dotado para impulsar, con realismo y decisión, cualquier proyecto desde la esfera pública. Llegó a la Diputación con ilusión y con el firme convencimiento de ser el hombre que se necesitaba para dar un decidido impulso a la modernización de Navarra. Pero careció de interés por adaptarse a los modos tradicionales de funcionar de las instituciones. Por ejemplo, chocó con los hábitos de los funcionarios, quienes se ajustaban a su horario laboral sin atender al estado de los asuntos. Esa situación era de todo punto inconcebible en el ámbito de sus empresas. Esas formas, su carácter fuerte y su edad le ganaron la antipatía de sus rivales. Paradójicamente, al poco de su salida, la Diputación Foral hizo suyos la mayor parte de los modos de funcionar de la era Huarte; el proceso de industrialización y de concentración escolar estaba avanzado, el rostro de Navarra había cambiado en aquellos siete años decisivos. La tarea estaba concluida.

En 1965, Jesús Romeo Gorría, entonces ministro de Trabajo, resumió así los méritos del empresario al imponerle la medalla de oro al Mérito en el Trabajo: «Casi sin medios económicos, nada más que con su coraje y su impulso, este hombre ha levantado —lo habéis oído recientemente— 8.000 nuevos puestos de trabajo. Son 8.000 nuevas vidas que han sido levantadas sobre su esfuerzo, un esfuerzo gigantesco. Porque que nadie piense que las creaciones en la vida se hacen por suerte o por la coyuntura. ¡Cuántos desvelos para Félix Huarte! ¡Cuántas angustias! ¡Cuántos sábados sin saber qué hacer con los jornales pendientes! ¡Cuántas incertidumbres en cuanto a un futuro que se presenta sombrío muchas noches! Y tiene que venir la luz de la mañana a aclararlas y a darnos de nuevo esperanzas. Pero la realidad es que este hombre lo ha conseguido (...). Ha creado una empresa, y otra empresa, y otra empresa, en la función que la empresa debe tener: dar el mayor número posible de bienes y servicios al mejor precio». El 15 de marzo de 1967 presentó su dimisión como vicepresidente de la Diputación Foral, aunque continuaría hasta 1971 porque, según confesó a la familia, «puesto que juré el cargo ante los evangelios y por Dios, por una duración de seis años, quebrantarlo a la mitad de tiempo, por muchas amarguras y muchos sinsabores que la conducta de ciertos compañeros me pueda proporcionar, quizá, repito, no es la suficiente justificación moral para renunciar a continuar en la obligación contraída».

A las dificultades propias de permanecer en ese mundo de la política vinieron a añadirse en el tramo final de su mandato los problemas serios de salud. El primer aviso ocurrió el 16 de abril de 1970 durante una comida oficial que se celebraba en el Hostal del Toro en Navarra. El 7 de febrero de 1971 leyó su discurso de despedida de la Diputación, trasladándose a continuación unos días a Madrid para cerrar gestiones pendientes y despedirse de algunas autoridades. Falleció el 12 de abril de 1971 en la Clínica Universitaria de Navarra. Fue enterrado en el Señorío de Sarría, en el panteón familiar cuyas obras quiso dirigir personalmente durante los últimos años de su vida. «Se nace para morir», se lee en su puerta de entrada.

José María Rondón

Bibliografía

Paredes Alonso, J. (1997). *Félix Huarte, 1896-1971. Un luchador enamorado de Navarra*, Barcelona: Ariel.

— (1993). *Félix Huarte. Fuentes históricas*, Madrid: Rialp.

José María Aguirre Gonzalo (1897-1988)

El plutócrata de San Sebastián

José María Aguirre Gonzalo (1981, EFE).

El poder absoluto, que es el del dinero, ese motor mecánico que mueve el mundo, necesita atributos y símbolos que acrediten —ante los demás, pero también a mayor gloria de quienes lo ejercen— su capacidad de dominio. Los reyes construyen castillos. Los emperadores componen escudos de armas con iconos por cada uno de sus dominios geográficos. Los hombres de negocios alzan inmensos edificios de cristal y acero para situarse cientos de palmos por encima de su contexto social. Hasta los dictadores conciben su momento postrero —el que los conduce hacia la tumba— con aspiraciones de gloria y una elocuente y vana rotundidad. Otros disimulan su influencia, que es uno de los distintos rostros del mando supremo, detrás de una máscara humana, demasiado humana. Este es el caso de José María Aguirre Gonzalo, uno de los grandes banqueros de la España reciente.

Su nombre probablemente no le diga mucho a los nacidos a partir de la última década de la pasada centuria. Ahora no importan en exceso los nombres de sus jerarcas porque las entidades financieras son multinacionales globales. Marcas. Nombres corporativos. Creaciones empresariales anónimas que se rigen por estrictos y crueles protocolos de rentabilidad inmediata. No siempre fue así: hace no demasiado tiempo importaba mucho quién estuviera a los mandos de una empresa financiera. El carácter personal de sus dueños y de sus ejecutivos —ambas condiciones solían coincidir en las mismas personas— distinguía a cada una de ellas. Regía pues la ley de Buffon: «el hombre [el banquero] es el estilo [el banco]». Quienes hayan vivido en primera persona los avatares de la vida pública en el último siglo asentirán al oír esta conjunción de apellidos, en apariencia corrientes: Aguirre Gonzalo. Quizá evoquen algunas de sus frases. Por ejemplo: «No he sido nunca de un partido político. Lo único que pueden decir de mí es que he sido religioso, pero no soy nada clerical, que conste». O esta otra: «En este país decir que las empresas ganan dinero se considera una blasfemia». La antología debería incluir también una tercera sentencia: «El gobierno gobierna, la banca administra y el español trabaja».

De estas enunciaciones se desprenden algunas conclusiones sobre su naturaleza. Fue un hombre tradicional, en el sentido de que era capaz de combinar sin conflictos sus creencias religiosas —Jesucristo se enfrentó a los mercaderes del templo y los primitivos cristianos consideraban pecado la usura— con el pragmatismo propio del mundo del dinero, que aspira, como demuestra la última frase, a ordenar la sociedad, distribuyendo las distintas funciones según sean sus intereses. En efecto, estamos ante un prócer, un plutócrata de San Sebastián que se sentó durante muchos años entre los siete grandes banqueros de la España del franquismo y, algo más tarde, de la Transición. Todos ellos, los señores del dinero, aparecen juntos y sonrientes en una mítica foto de familia. La imagen está captada en un interior: una sala de reuniones noble, forrada de maderas oscuras desde el techo hasta el suelo, y con la luz ambiental de un lamparín eléctrico. Madrid, 1983. Cita patronal para tomar un aperitivo, previo a un almuerzo de supuesta hermandad que fue tornándose imposible a medida que los comensales empezaron a fusionarse —no siempre voluntariamente— entre ellos. Ahí están todos: Alejandro Albert (Hispano), Alfonso Escámez (Central), Ángel Galíndez (Vizcaya), Luis Valls (Popular), Emilio Botín (Santander) y José Ángel Sánchez Asiaín (Bilbao). De pie, Rafael Termes, presidente de la Asociación Española de Banca (AEB). En sus manos está el 80 % de los depósitos bancarios. Y en el centro de la imagen, con terno negro, bigote y como expectante, aparece José María Aguirre Gonzalo (Banesto). La reunión, que en realidad era una despedida, se había convocado en su honor. Entonces le quedaban cinco años escasos de vida. Su tiempo en la Tierra se agotaría un lustro después en la clínica Ruber de Madrid, lugar de nacimiento de infantes y futuros reyes, donde había sido trasladado para extraerle una flema. En el trayecto, con 90 años, sufrió un repentino paro cardiaco. Las esquelas del tiempo, que siempre cuentan la misma historia con independencia de quién sea el difunto, resaltaban un día después sus méritos y valores y, entre otros insignes títulos, mencionaban su estrecha vinculación con el Banco Guipuzcoano, que presidió entre 1956 y 1988.

Quienes lo conocieron dibujan otra estampa más auténtica del personaje: dicen que le gustaban los placeres de la buena mesa y, en todas las comidas del día, sin saltarse una, bebía siempre un vaso de zumo de limón puro, sin agua. El ritual tonificaba el cuerpo pero tenía un inconveniente: el ácido del limón iba destruyendo poco a poco el esmalte de los dientes. También era aficionado al ácido ascórbico, un remedio vitamínico para conjurar los quebrantos de la edad. Aguirre Gonzalo se lo hacía traer —en polvo— de Estados Unidos. Su dosis diaria era de unos ocho gramos. Al término de las comidas también bebía, a pequeños sorbos, ginebra inglesa a modo de digestivo. Igual que un *gentleman*.

Le gustaba cuidarse. Cuentan que tenía una memoria milagrosa y un carácter desinhibido, como todos aquellos que tienen fe no solo en Dios, sino sobre todo en sí mismos. Nada extraordinario si se tiene en cuenta que, durante décadas, fue procurador vitalicio en las Cortes franquistas y un perfecto banquero a la antigua usanza. Alguien capaz de mandar a los demás que se movió con extraordinaria inteligencia en el universo de salones con tapices donde se reunía el *capitalismo castizo* de su tiempo, partidario de la estabilidad política, practicante de la discreción en los negocios y aficionado a que los curas bendijeran con su hisopo y su monaguillo el patio de operaciones del banco antes de su apertura.

Aguirre Gonzalo encarnaba al capitalista decimonónico: participó en más de medio centenar de empresas, solía llamar a los periodistas «los chicos de la prensa» y, aunque sufrió los golpes del destino —se le murió una hija con 37 años de edad y quedó viudo antes de tiempo— da la impresión de que tuvo una vida plena, aunque en las fotos apareciera siempre rodeado de sus *iguales:* una nomenclatura de hombres —siempre hombres— con abrigo largo y un aspecto entre soviético y militar que se sentaban en los consejos de administración. La sala de reuniones del Banco Guipuzcoano, su *casa,* alberga un retrato en su honor. Pintado por Daniel Vázquez Díaz, la pintura inmortaliza a Aguirre en su madurez. Terno de tres piezas sobre un fondo crema. Mirada franca y directa. Y un libro entreabierto en la mano derecha, con un dedo señalando el pasaje exacto en el que la lectura ha quedado interrumpida por la presencia del pintor. Es la figura de un banquero elegante y humanizado.

Existen otros óleos además de este, lo cual indica una indudable vanidad, pero contenida. En uno de ellos Aguirre es objeto de un dibujo escultórico, aunque la composición —pensada para un hombre de empresa— es muy similar. Traje gris, camisa blanca, chaqueta cruzada, manos entrelazadas. Actitud de tranquilidad. Fondo marrón. Silla robusta de madera. En uno de sus dedos, una alianza nupcial. Fermín H. Garbayo retrató al banquero en otro lienzo con el estilo de moda en la España de los setenta. Mirada de frente, bigote cano y terno de tres piezas oscuro. Su figura que se prolonga, deshaciéndose, en extrañas construcciones geométricas. El banquero tiene el cabello en retroceso. Lejos quedan los años en los que llevaba el pelo peinado con una raya a la izquierda y usaba excelentes sombreros.

Los orígenes

José María Aguirre (1981, EFE).

José María Domingo Hilario Aguirre Gonzalo Sagastume Yarza, que era su nombre completo, nació en San Sebastián el 12 de agosto de 1897. Fue un día de tiempo templado. La ciudad tenía 33.000 habitantes y funcionaba, durante los veranos, como la capital estival de la Corona, la corte y la burguesía patriótica, instalada al amparo de los veranos suaves de la Concha, donde acudían al Gran Casino, veían corridas de toros —el espectáculo nacional—, disfrutaban de veladas con valses de Chopin y Fopper, interpretadas en el nuevo piano Chassaigne del salón de juegos de azar, o acudían a conciertos de Granados y Pau Casals. Quien no quería ponerse tan fino contaba con distracciones alternativas: los duelos en los frontones y las zarzuelas cómicas del teatro. El día del nacimiento de Aguirre Gonzalo, según sus hagiógrafos, la corte se encontraba instalada en San Sebastián al menos desde un mes antes. La regente, María Cristina de Habsburgo, paseaba en un coche tirado por mulas por la idílica costa del Norte, donde encontraba tranquilidad, la necesaria vida social para no aburrirse y lujos, como tener a su disposición una caseta de baños privada que, gracias a un mecanismo móvil, le permitía acercarse al agua del mar sin esfuerzo y sin quedar desprotegida frente a las miradas indiscretas. Eran los años de los veranos dorados, las fiestas en el Miramar y las deliciosas veladas de *piano forte* con el marqués de Rocaverde. Todavía no habíamos perdido ni Cuba y Filipinas, pero el fin de siglo, y el inmediato desastre colonial, amenazaban la paz estival. El ejército español, tradicionalmente *trabucaire,* estaba dirigido por un general jerezano llamado Primo de Rivera. La regente recibía ese verano en su *dacha* vasca al heredero de Japón, el príncipe Tokehito, cuya embajada oficial tenía programados, entre otros actos, la visita a un frontón —para ver los tradicionales juegos de pelota—, un toro con fuego y un *aurresku.* Zuloaga era el Dios de la pintura. La heroica corte pasaba el estío sumida en estas menudencias cuando, el 9 de agosto, en el balneario de Santa Agueda, cerca de Mondragón, un anarquista italiano asesinaba a Cánovas, presidente del Gobierno.

Aguirre Gonzalo vino al mundo a las cuatro de la mañana de ese día en la calle Legazpi, 3, segundo piso. Como nunca quiso redactar sus memorias, pese a las tentaciones que le hizo José Manuel Lara, el editor de Planeta, no sabemos excesivos detalles sobre su niñez y su adolescencia. Su padre, José María Aguirre Sagastume, aparece en las fotos familiares ataviado con chaquetas cruzadas —de moda entonces—, lazo en vez de corbata y un bigote estilo francés —*le moustache*— al estilo del siglo XIX. Había emigrado a Cuba, que entonces aún era parte de España, para montar un negocio de muebles. Ganó el dinero suficiente para poder volver a España y no trabajar nunca más. Su madre, Hilaria Gonzalo Yarza, en cambio, está retratada en las placas de vidrio de la primitiva fotografía vestida de oscuro de la cabeza a los pies, frágil, sin mostrar más piel que la cabeza y las manos, y en una actitud no excesivamente femenina. Felipa Yarza, su madre, la abuela de Aguirre, había sido vendedora de pescado y angulas en el puerto de Donosti. De ellos procedían los genes del banquero, cuya carrera financiera se inició en la década de los años 20 y no concluyó hasta 1988, el día de su fallecimiento.

Su lugar de origen —Donosti— y el espacio de su destino —Madrid— fueron sus geografías predilectas. Nunca tuvo segunda residencia. Su cuartel general era, según la época, el Palace de Madrid o el Hotel Londres de San Sebastián. Aguirre decía, en tono irónico, que se había convertido en rico porque ahorraba mucho y entre sus aficiones no se encontraban ni la caza —nunca compró una finca para divertimentos cinegéticos— ni el mar, distracción que, como les sucedía a otros financieros de ese tiempo, le hubiera obligado a comprarse un yate. Desde siempre fue un buen estudiante. Fundó empresas constructoras, inmobiliarias e industriales. Sentía una bondadosa debilidad por la docencia, la promoción cultural y la elocuencia. En los años de su crepúsculo tenía la fama —justificada— de ser un líder de opinión bastante lenguaraz para tratarse de un banquero. Dominaba bien el francés y el euskera. El inglés lo leía, pero nunca se le dio bien. Prefería las becerradas con sus empleados a las comidas de empresa. Le gustaban la ópera (fue presidente del orfeón donostiarra), los toros, el fútbol, la buena mesa, la charla y los viajes. Parecía un tipo decidido y optimista.

Un ingeniero en paro

La vida, en general, le sonrió. Estudió en la escuela de don José Pena en San Sebastián, no en los marianistas, que era el colegio tradicional de las familias ricas. En su casa tenían la difusa esperanza de que ingresase en el seminario, pero su trayectoria como estudiante —número uno de su promoción— lo orientó pronto hacia otros derroteros. Su odisea hacia la fama, esa alegoría con alas de águila y trompeta, se inicia en la Escuela de Ingeniería de Madrid, la única de su tiempo. Su destino iba a consistir en construir carreteras, canales, puertos y estructuras artificiales. En 1921, con 24 años escasos, terminó la carrera y cuatro años más tarde, en 1925, fiel a la costumbre de las familias de buen nombre, se casó con Francisca González Clemente, una chica a la que había conocido dos años antes veraneando en San Sebastián, y con la que vivió los siguientes 56 años de su vida. La boda tuvo lugar en la Iglesia del Santísimo Cristo de la Salud, en la calle Ayala de Madrid. En la foto de las nupcias el banquero (que entonces no lo era) aparece vestido de frac; su mujer porta un elegante traje blanco y un velo. Él gasta un bigote, que le acompañaría toda la vida, similar al de las estrellas de cine de la época. No fue una boda anónima: el *Blanco y Negro,* la revista ilustrada de prensa española, propiedad de Luca de Tena, principal entretenimiento gráfico de las familias burguesas o con aspiraciones sociales de la capital de España, le dedicó media plana con foto. Del matrimonio nacerían cuatro hijos (Carmen, José María, Pilar y Beatriz). El único varón se convertiría en su réplica —ingeniero, primero de su promoción— y en su sucesor —empresario y financiero—. Aguirre González, su vástago, entró en el Guipuzcoano como consejero en 1983. Tras la muerte de su padre, en 1988, ocupó el cargo de presidente.

Además de ingeniería, Aguirre Gonzalo, contradiciendo la costumbre de las estirpes burguesas vascas, cuyos hijos no estudiaban porque iban a vivir de las rentas familiares, hizo también cursos de Derecho, una carrera que siempre lamentó no haber terminado. En la Escuela de Ingenieros, fundada por Agustín de Betancourt en el Retiro de Madrid, entraban cada año un máximo de 50 estudiantes. La primera promoción, la de 1802, tuvo solo cinco. Aguirre, empezó la carrera en 1914. La tradición mandaba entonces que los ingenieros se convirtieran en altos funcionarios estatales. Aguirre, en cambio, se orientó hacia el sector privado y encontró un empleo técnico en la empresa que construía la primera línea del Metro de Madrid. Fue asignado a la oficina de replanteo de proyectos, dentro del departamento de construcción. La primera línea del metropolitano (Sol-Cuatro Caminos) se inauguró en octubre de 1919. Trabajó también en la líneas que llegaban hasta Atocha y las Ventas. Todo iba bien. Pero a la vuelta de su luna de miel, un viaje por París, Roma y Nápoles, aconteció el desastre: la oficina en la que trabajaba cerró y lo despidieron. Estaba en la calle. ¿Qué diablos iba hacer?

El negocio de la construcción

Había que reinventarse. De esta forma, digamos que casual, Aguirre se convirtió en empresario. Junto al que fuera su jefe en el Metro de Madrid, Alejandro San Román, crearon una sociedad mercantil para vender trabajos de ingeniería. La llamaron Aguirre-San Román Ingenieros y sería el embrión de Agromán, que nació en 1927 —con el lema «en el plazo prometido y al precio convenido»— como una constructora basada en los servicios de ingeniería. Sus compañeros de promoción le dijeron que se arruinaría, pero sucedió lo contrario: lograron un contrato en el puerto de Bilbao (la obra del ensanche del dique del Morro) y más tarde entraron en el grupo de adjudicatarias de la Ciudad Universitaria de Madrid —lo que le permitió relacionarse con Alfonso XIII, muy interesado en este proyecto— y en el enlace ferroviario de la Castellana, una obra que le hizo conocer al socialista Indalecio Prieto. Tras estos dos contratos llegaron más: presas, proyectos eléctricos, iniciativas de edificación y obra civil.

La República, con la que tuvo problemas dada su ideología conservadora, lo encarceló brevemente por un conflicto en una huelga de la construcción. La Guerra Civil la contempló desde San Sebastián. Salió de Madrid justo a tiempo para que la contienda le cogiera en zona nacional. Su empresa entonces se dividió en dos, igual que España en esos años. Aguirre siguió trabajando en la zona nacional durante toda la contienda. Sería uno de los grandes beneficiados por el nuevo régimen. Desde entonces Agromán compartiría con Dragados el extraordinario negocio de la reconstrucción (relativa) del país durante los años de la posguerra, que se dilató durante varias décadas. Su cliente esencial era el Estado franquista, pero no confiaba mucho en la Administración. Su mentalidad empresarial era liberal y estaba basada en la autofinanciación constante. Capitalizaba los beneficios y huía del endeudamiento como de la peste, cosa bastante paradójica si tenemos en cuenta que también era banquero. Nunca quiso sacar participaciones de Agromán a la bolsa.

En los años cincuenta su empresa era la primera constructora de España gracias a las obras públicas en carreteras, nudos de comunicación, agua, edificación y restauración de edificios. Entre otras compañías, fue una de las encargadas de construir el Valle de los Caídos. Lo hizo a través de San Román, una de sus filiales. Su misión fue perforar la roca y abrir el gigantesco agujero donde se ubicaría la cripta que acogería el mausoleo del dictador. Huelga decir que un contrato tan importante —en términos políticos— no se le adjudicaba a cualquiera, lo que evidencia tanto el prestigio conseguido por la sociedad mercantil de Aguirre Gonzalo como su cercanía al franquismo, que además puso a su disposición la mano de obra de los represaliados políticos. Casi 250 presos republicanos trabajaron a cargo de la constructora en el monumento a los muertos en la Guerra Civil.

Pero toda moneda tiene dos caras contrapuestas: el haz y el envés. A Agromán le llegaría el suyo. Tras décadas de actividad y beneficios, la sociedad de Aguirre se vio en la década de los 80 al borde del precipicio por el retraso de la Administración, su cliente principal, a la hora de cobrar contratos públicos y un súbito incremento de los tipos de interés, que le obligó a endeudarse por encima de sus posibilidades. La crisis devaluó el valor de sus acciones, que pasaron de costar 750 pesetas cada una a 10, vender activos, despedir a 500 trabajadores —la compañía, en sus mejores tiempos, llegó a tener 17.000 empleados— y a perder 12.000 millones de pesetas. La suspensión de pagos era inminente y solo pudo evitarse recurriendo a Banesto, el banco que el patriarca presidió desde 1970 hasta 1984. El banco terminaría, dos años después de su salida, controlando el 71 % del capital de Agromán a cambio de evitar su quiebra. Solo la deuda con Banesto sumaba 34.000 millones de pesetas. El banco, tras sostenerla, colocó un tercio de sus acciones en bolsa y, tras volver a resucitar la actividad ordinaria gracias al *boom* inmobiliario, terminaría vendiéndola a Ferrovial, propiedad de Rafael del Pino, uno de los alumnos de Aguirre.

El hombre del medio centenar de empresas

Agromán fue solo el principio de una extraordinaria trayectoria empresarial. Desde 1927, cuando Aguirre Gonzalo se pone al frente de la constructora, inicia una carrera como inversor que culminaría con su ascenso a la cúspide del sector financiero, llegando a presidir el que entonces era el primer banco de España, Banesto, donde se mantendría durante trece años. En San Sebastián seguían llamándole Aguirre, pero en Madrid era *Don José María,* el patrón. Además de Agromán, sus intereses abarcaban la industria metalúrgica (canalizados a través de Acerinox, el segundo productor del mundo de acero inoxidable), reparaciones (Tecnicrom), publicidad (Stentor), tecnología (Siemens), energía (Hidroeléctrica del Ribargorzana o Sevillana de Electricidad), porcelanas (Giralt), electrónica (Fomento de la Industria), el sector textil, el desarrollo urbanístico (Ufinsa), la energía nuclear, la alimentación (Nestlé) y el transporte (Renfe). En 1960 se convirtió en accionista de la empresa que gestionaba el Metro de Madrid, donde había comenzado su carrera como ingeniero y de la que fue despedido.

Las actividades económicas de Aguirre sumaron medio centenar de empresas, pero no se limitaban al ámbito privado. Su actividad pública fue igualmente intensa. Fue accionista de los periódicos *El Diario Vasco* (en Euskadi) e *Informaciones* (en Madrid). Participaría en la creación del Instituto de la Construcción y el Cemento. Tras la Guerra Civil, empezó a dar clases de Materiales de Construcción en la Escuela de Ingenieros, que creó —en su honor— la Cátedra de Organización de Empresas y Contabilidad, en la que permanecería como titular hasta 1967, cuando se jubiló (relativamente). Presidió también el Colegio de Ingenieros de Caminos —donde puso a fondo perdido el dinero necesario para su creación, escribió sus estatutos e implantó un modelo de gestión— y el Colegio Universitario de Estudios Financieros (CUNEF), creado en 1973 para formar directivos de banca. Como correspondía a los patronos durante la dictadura, participó también en el Consejo Económico Sindical Nacional, el sindicato oficial del régimen.

Los «maitines» de Banesto

«Lo mío es Agromán. Ustedes son los que entienden de banca», solía decir Aguirre Gonzalo a los presidentes de los bancos de tamaño mediano cuando se reunía con ellos en su calidad de presidente del Banco Guipuzcoano, la entidad financiera a la que llegó gracias a sus negocios de construcción. Y a través de la cual alcanzaría, décadas después, la cúspide del

Banco Español de Crédito (Banesto). Hay quien dice que durante la década y media que compaginó la actividad financiera con la construcción fue un banquero representativo más que ejecutivo. Su fuerte, es cierto, eran las relaciones públicas, así que se convirtió en intermediario entre la banca y el Gobierno. Esta capacidad de mediación le llevaría a la cúspide de Banesto debido a las pugnas entre las distintas familias del banco. La provisionalidad de su primer nombramiento terminaría siendo una magistratura casi vitalicia.

Su carrera como banquero, sin embargo, fue bastante temprana. Dieciséis años después de haber sido despedido del Metro de Madrid y haber creado Agromán, Aguirre Gonzalo ya formaba parte del consejo de administración del Banco Guipuzcoano. En 1942, en plena posguerra, pisaba las alfombras del poder financiero, aunque fuera dentro del estrecho ámbito regional. Catorce años después, en 1956, se convirtió en presidente de la entidad financiera vasca, hoy integrada en el Sabadell. Para Aguirre, el Guipuzcoano fue más que un negocio y una indudable plataforma social. El banco representaba los intereses de la oligarquía y la burguesía vasca, a la que pertenecía por su trayectoria y origen. Su gestión mantuvo a la entidad apartada de las concentraciones bancarias de la época. En Banesto entró en 1942 como representante del Guipuzcoano. Tras pasar por la vicepresidencia, ascendería a la presidencia en 1970. Entonces poseía a título personal el 1 % de las acciones del banco.

En aquella época el Banco Exterior, fundado por empresarios franceses, era básicamente un banco madrileño. En su consejo se sentaban las familias patricias de la capital e ilustres apellidos catalanes: Garnica, Oriol, Gómez Acebo, Mora, Argüelles, Figaredo y Masaveu. Entre estos clanes jugó un papel de árbitro y mediador. De puertas adentro y también hacia fuera: estableció la costumbre de almorzar semanalmente con sus competidores y se reveló como un extraordinario intermediario, gracias a sus excelentes relaciones políticas, entre el mundo del capital y la dictadura. A estos almuerzos, concebidos para cuidar intereses, invitaban a las autoridades monetarias, con las que se trataban directamente asuntos de negocios. Aguirre Gonzalo expandió entonces su actividad como intermediario a grandes inversores extranjeros, como la Banca Rothschild, Comerciale Italiana, Deutsche Bank, JP Morgan o el Banco Mundial. Dirigir los sanedrines de un banco es una labor que exige saber predicar, igual que un cura. Aguirre, desde siempre muy religioso, dominaba a la perfección el ritual de las homilías. Sus intervenciones en las juntas del Guipuzcoano, celebradas en el

Teatro Victoria Eugenia de San Sebastián, se hicieron célebres porque en ellas desgranaba las grandes líneas de la política económica. Sus análisis, basados en los datos que manejaba a través de sus contactos políticos y empresariales, le convirtieron en una brújula para todo el sector. Lo que decía alteraba el humor de los ministros y hacía subir o bajar la bolsa. Esta misma costumbre exportó a Banesto, cuyas famosas reuniones de dirección —bautizadas como *las misas del alba*— oficiaba a las ocho en punto de cada mañana.

Un hombre del régimen

Aguirre Gonzalo era el primer contribuyente fiscal individual de España. Era el español que, al menos de forma oficial, pagaba más tributos a la Hacienda pública. El dinero, por supuesto, era una de sus preocupaciones, pero —según cuentan sus biógrafos— nunca se convirtió, como sí sucedió en el caso de Juan March, ni en una obsesión ni tampoco en una patología. Bromeaba diciendo que su fortuna le había servido para dos cosas: comer la mejor merluza del país y disfrutar de la libertad de decir lo que pensaba. «Ser rico sirve para no pensar en el dinero y no hacer caso a tus ejecutivos». No ambicionaba, por ejemplo, protagonismo político. Quizá porque, en realidad, no dejó de hacer política desde el principio de su carrera. Pero como corresponde a los hombres verdaderamente poderosos: entre bambalinas, sin que se aprecie mucho, en la sombra. Gestionar una constructora, cuyos ingresos proceden de los presupuestos estatales, exige hacer política. Dirigir dos bancos implica hacer política. Y ejercer de intermediario entre el poder financiero y el Gobierno es política.

Lo que nunca ambicionó fueron los cargos gubernamentales que, entre otros muchos inconvenientes, obligaban a un grado de exposición pública, incluso bajo el sistema político de una dictadura, que podía ser perjudicial para la salud de los negocios. En 1958, Franco le ofreció ser ministro de Vivienda, pero Aguirre declinó de plano la propuesta. Su pasión política era únicamente instrumental. Prefería formar parte de la Cortes —desde 1961 fue procurador, prodigioso concepto— en representación de su gremio, la asociación de Ingenieros Civiles, o por designación directa del dictador, con el que tuvo una relación de suficiente confianza como para que su hijo también fuera designado diputado. Ambos se encontraban sentados en el Congreso cuando se negociaba la Ley de la Reforma Política. Durante la

Transición, como presidente del *lobby* patronal de la banca, optó por el pragmatismo. No puso reparos ni a la Constitución ni a la llegada de los socialistas al poder en 1982.

Aguirre Gonzalo siempre fue un hombre conservador, con cierta tendencia al paternalismo y, en ocasiones, un jefe autoritario, pero construyó su perfil público con la lógica opuesta: fue el rostro *simpático* del empresariado en un país que salía de la autarquía y se abría al capitalismo internacional. El día de su muerte, con 90 años, su sepelio congregó a todas las —como se decían entonces— *fuerzas vivas* de la España oficial. El Orfeón Donostiarra, su orfeón, lo despidió cantándole el *Agur Asusen Ama*.

CARLOS MÁRMOL

Bibliografía

Agromán (1988). *Agromán, 60 años,* Madrid: Espasa Calpe.

Banco Gipuzcoano (1989). *José María Aguirre Gonzalo,* Madrid: Stentor.

González Urbaneja, F. (1993). *Banca y poder. La pasión por ser banquero,* Madrid: Espasa Calpe.

Martínez Soler, J. A. (1983). *Los empresarios ante la crisis económica,* Barcelona: Grijalbo, pp. 43-59.

Torres, E. (dir.) (2000). *Los cien empresarios españoles del siglo XX,* Madrid: LID, pp. 368-373.

José María Aristrain Noain (1916-1986)

El señor del acero

José María Aristrain Noain (1957, *Blanco y Negro*).

La historia de José María Aristrain Noain, uno de los *señores del acero* de la España del franquismo, propietario de la segunda mayor fortuna oficial del país en su época, empieza como una *bildungsroman* —las novelas de aprendizaje en las que el protagonista relata su evolución desde la infancia a la madurez, desde la pobreza a la cúspide social— y termina con una muerte —trágica— a la manera de la dinastía Kennedy. Entre medias, en el lapso de tiempo en el que discurrió su vida, existe un gigantesco e inquietante misterio. Después viene el vacío del fin. Aristrain era un español que nació en Argentina (en Tandil, ciudad situada en la infinita provincia de Buenos Aires) y que hizo cierta la fábula del progreso personal, ese cuento (relativo) que dice que desde lo más bajo de la sociedad se puede llegar con esfuerzo, talento y perseverancia a lo más alto, aunque el precio a pagar por este tránsito quizá sea demasiado alto. De origen navarro y criado en Ordizia, Aristrain comenzó vendiendo chatarra por la calle con 14 años y terminó ocultando su fortuna en distintos paraísos fiscales y en cuentas secretas en Suiza. Fue ciclista profesional. Y un hombre lo suficientemente poderoso como para ser recibido por De Gaulle o Juan Pablo II. También fue casi invisible. No existen apenas fotos suyas. Las escasas que se conocen se tomaron en actos públicos, rodeado de gente entre la que podía camuflarse. No llamar en exceso la atención es una de las costumbres del empresariado vasco, envidiado y amenazado durante décadas por el terrorismo etarra. Puede que ambas circunstancias expliquen su obsesión por la discreción, que legó a sus hijos, pero en este voluntario desdibujarse constante se intuyen también otras razones.

Su padre, José Aristrain Iñurrieta, y su madre, Inocencia Noain, emigraron desde Navarra y Euskadi al Cono Sur, donde el empresario nació en

1916 como primogénito de una camada de cinco hermanos: dos hijas y tres hijos. Uno de ellos, Celestino, padecía parálisis cerebral. En 1920, cuatro años después de su nacimiento, su familia regresó a España para instalarse en Irurzun (Navarra). Tras doce años en la Argentina, considerada entonces una auténtica tierra de promisión —Buenos Aires era uno de los puertos del *sueño hispanoamericano*— su padre emprendió con las ganancias americanas negocios en la Península que no salieron adelante, condenando a los recién llegados a una ruina tan total como repentina. En su casa, que no era precisamente la mansión de un *indiano,* comenzaron a sufrir graves apuros económicos. Ni siquiera tenían dinero para comprarle una silla de ruedas a Celestino. Fue la necesidad, por no decir la pobreza, con su cara de espanto, lo que obligó al mayor de los Aristrain a empezar a trabajar con apenas 14 años en distintos oficios, básicamente porque, en el fondo, no tenía ninguno. No le había dado tiempo a formarse ni a ser aprendiz de nada. Lo único que le interesaba entonces era el ciclismo. Con 19 años, justo antes de la Guerra Civil, intentó convertirse en corredor profesional. En 1939 fue el ganador la Vuelta a Navarra, pero al término de la contienda, en 1940, una ciática le obligó a abandonar este sueño deportivo. Toda su vida recordaría su pasión por la bicicleta, pero no con amargura, sino con sabiduría: contaba que su etapa como deportista profesional le había enseñado valores morales tan importantes como la disciplina, el sacrificio y la alegría por el triunfo. Aristrain, en realidad, deseaba en su fuero interno conseguir eso: triunfar.

El chatarrero de Oria

La España de la posguerra, sin embargo, no era un sitio estimulante para los triunfadores. Era, en cambio, un país de vencidos dominados por una dictadura militar que gobernaba una nación en ruinas. Se pasaba hambre y necesidad. Había escasez de productos básicos. Faltaba de todo, incluido el trabajo y el valor. Aristrain, que entonces no podía ni imaginar que se convertiría en un empresario de éxito, comenzó a trabajar como chatarrero por cuenta propia. Todos los días salía de su casa y cogía una carreta, su instrumento de trabajo, además de sus manos desnudas. Así, desde la nada, inició su primer negocio, dedicado a la compraventa de metales, ejes de carro y herraduras para calzar al ganado. Una *industria* al por menor, informal. De supervivencia.

Nada hacía pensar que aquel agarradero de urgencia, la compra y venta de chatarra junto al río Oria, terminaría convirtiéndolo en millonario. Pero ocurrió. A los 18 años trabajó un tiempo en CAF, en Beasain, una empresa de material ferroviario. Después se dedicó a la compraventa de todo tipo de productos y logró un puesto en la gestión de una fábrica de gasógenos y calderería. El negocio no funciona. Decide entonces hacer un viaje a América, del que no se sabe mucho, mientras considera un futuro alejado del ámbito industrial. De regreso, con un capital más que modesto, y tras dejar el ciclismo, funda en 1947 una empresa propia en Villafranca de Oria (Guipúzcoa). Le puso su nombre: Aristrain, S. L. Su capital de partida fueron 200.000 pesetas que había recaudado entre distintos miembros de su familia, en cuya casa se instaló su sede social: Villa Cary. José María era el gerente y principal accionista, al haber aportado 125.000 pesetas en existencias de hierro y metales, y 25.000 pesetas más en metálico. El resto del capital lo pusieron su padre y sus hermanos. Con estos medios, que eran los que estaban en su mano, participa como inversor en varias sociedades: Papeleras Elizarán, Pantanos y Canales (Madrid), Fundiciones Echevarría y Forjas Alavesas. Finalmente, decide crear una chatarrería en el barrio de San Juan de Ordizia. Según el testimonio de quienes lo conocieron en estos comienzos, tenía un carácter despierto e inteligente, y hondas convicciones religiosas. No era muy alto, pero deslumbraba por su excesiva cortesía y su porte. Una virtud que le abriría muchas puertas. De hecho, gran parte del misterio de su prosperidad, lo que lo convirtió en el segundo empresario más rico de su tiempo, solo por detrás de Ruiz Mateos, propietario de Rumasa, fue su extraordinario don de gentes.

Enseguida aprendió, dedicándose al comercio, que una de las formas de avanzar en la vida era saber relacionarse. El *con quién* era tan trascendente como el *cómo*. Así conoció a Calixta de la Cruz Carriedo, una muchacha de una familia adinerada de Elgoibar que había hecho fortuna con la chatarra. Se casaron pronto. Su suegro, como regalo de bodas, les compró un camión. Familia y negocios caminaban entrelazados: con ayuda familiar montaría su primer negocio de chatarra, y con el apoyo de su familia política lo sacó adelante. Su vida, sin embargo, no lograba distanciarse por completo de la desgracia: su hermano Celestino, el discapacitado, murió en 1953, con 25 años de edad, al ser atropellado accidentalmente por un camión de su chatarrería que, en una maniobra marcha atrás, lo mató. También sentía no haber podido tener en su infancia un ambiente familiar estable, debido a los problemas financieros de sus progenitores. De ahí que, cuando fundó su propia familia, no tardasen en tener dos hijos: José María y Ángeles, que heredarían su imperio.

Un sinfín de hazañas

El misterio es el principal ingrediente de las leyendas. De Aristrain, además de estos inicios humildes, se cuentan un sinfín de hazañas, probablemente exageradas. Se dice que importaba manganeso de la Argentina para poder fabricar aceros al por mayor en sus factorías y que se manejaba muy bien en las altas esferas económicas y políticas. También se le presenta como un empresario paternalista: llamaba a todos sus empleados por su nombre y, como pagaba decentemente, nunca llegó a tener conflictos laborales graves en sus distintas compañías. En 1955 abrió una fundición en Olaberria dedicada a la laminación y la fabricación de chapas y perfiles magnéticos. Su primera intención fue crearla en Ordizia, su pueblo, pero no consiguió el permiso municipal. A partir de esta fábrica empezaría su carrera como gran señor del acero vasco, una industria tradicional en el Norte de España, y en especial en Euskadi, desde el siglo XIX. La actividad siderúrgica explica la temprana *industrialización* de regiones como Asturias, Cataluña o el País Vasco, donde se creó una burguesía empresarial y se produjo una acumulación de capital suficiente como para que se crearan los primeros bancos regionales.

El desarrollo industrial del acero atrajo inmigración y, como reacción, sembró la semilla de los nacionalismos en España, que en ocasiones degeneraron en movimientos independentistas. En realidad, la actividad siderúrgica en España se ensaya en el primer tercio del siglo XIX en el Sur, en Málaga y Sevilla, pero fracasa. Entonces se traslada al Norte: a Asturias (carbón) y a Euskadi (acero), donde se crearán acerías y empresas de altos hornos controladas por la oligarquía de ambos territorios. Los capitalistas del acero crearon estirpes industriales con ramificaciones en el campo del transporte, las finanzas y la política. En este contexto es donde se desarrolla la carrera empresarial de Aristrain que, tras empezar a operar en el País Vasco, se consolidó como siderúrgico con la adquisición de la compañía Manufacturas Metálicas de Villaverde, en Madrid, ganada gracias a un concurso gubernamental, y con la presidencia de Siderinsa, la asociación de productores de acero. Entonces ya hacía tiempo que había dejado de ser un simple chatarrero para convertirse en un magnate. En la operación de compra de Manufacturas, fundada en 1924 y presidida por Nicolás Franco, el hermano del dictador, con factorías en Alicante, Madrid, Paracuellos y Villaverde, el industrial vasco logró ventajas fiscales y quedó exento durante un lustro de los intereses del crédito suscrito para pagar la compra, cuya garantía eran los propios bienes de la sociedad mercantil.

Olaberria sería el núcleo de su corporación empresarial, que se extendería a Madrid, Valencia y Hospitalet. La lista de sus socios en la fundación de esta factoría muestra la inteligencia con la que Aristrain utilizaba a su favor los contactos personales. Creada en 1955, además de Aristrain, en su consejo de administración se sentaban el ingeniero Martín Echevarría Zubía, Carlos Mitjans Stuart (conde de Teba y muy bien relacionado con la oligarquía franquista) y el industrial Gervasio Rubio Tapias. El proyecto consistía en producir acero para aplicaciones eléctricas, que eran las más solicitadas por las compañías del incipiente ramo industrial español, que tenía que importar del extranjero todos estos materiales. Aristrain encontró así un mercado sin apenas competencia, prácticamente un monopolio, y con una demanda constante. Las ventas obtenidas le permitieron crear una plantilla de 150 trabajadores e invertir en producción sin endeudarse, incrementando el capital social de la firma de 100 a 1.000 millones de pesetas. La chatarra, la génesis del negocio, era convertida en Olaberria en grandes chapas metálicas que se vendían al por mayor, y completamente transformadas, a sociedades españolas e hispanoamericanas. En 1969 la compañía exportaba a Argentina, Rumanía, Francia y Alemania. A la muerte de Aristrain facturaba 50.0000 millones de pesetas. Llegó a tener, a inicios de la década de los años ochenta, casi 1.000 empleados, a los que además de un sueldo mensual ofrecía múltiples servicios sociales como un economato o un comedor a precios bajos.

Frente a la fundición, Aristrain construyó un barrio —Ihurre— para alojar a sus trabajadores: 216 viviendas en bloques de hormigón con calefacción, garaje, capilla, biblioteca, parvularios, supermercados, bares, cine, piscinas, campos de fútbol y pistas de tenis. Incluso existía en la fundición una caja de previsión y asistencia social —dotada con un capital de 30 millones de pesetas— para complementar las pensiones asistenciales de la Seguridad Social. La empresa asumía así como filosofía —tal y como exigían los cánones del modelo económico franquista— el *paternalismo de empresa,* que obligaba a los capitalistas a hacer inversiones sociales que compensasen el respaldo estatal en favor de sus negocios. El industrial de la chatarra creó una escuela de formación profesional en Goierri, que financió con un millón de pesetas, entre otras muchas otras iniciativas, a las que —de forma invariable— bautizaba con su propio nombre, para que no quedara duda de quién era su promotor. Aristrain siempre aparecía en la prensa nacional como un benefactor, símbolo de la apuesta industrial del franquismo, comandada por los tecnócratas del Opus Dei, y consejero del Banco Central y el Banco de Fomento, a cuyos órganos de gobierno se incorporó como insigne socio gracias a sus negocios siderúrgicos. En estos foros financieros no ocupaba un papel meramente representativo. Actuaba siempre que podía como intermediario cualificado con algunas entidades regionales —Crédito Navarro o Banca de Tolosa— y la Administración.

A finales de la década de los sesenta, Aristrain era suficientemente rico como para crear una fundación a su nombre con recursos económicos superiores a los 1.000 millones de pesetas. Financiaba zonas deportivas —por ejemplo, las pistas de atletismo de Altamira—, promovía iniciativas culturales en Ordizia y participaba en proyectos de socorro social. El diario *Egin,* defensor de las posiciones batasunas, lo describió a su muerte como un «chatarrero, franquista y multimillonario». Una definición poco amable pero no del todo inexacta. Todas las empresas del magnate vasco —desde la chatarrería original a las posteriores fundiciones y fábricas de acero— figuraban exclusivamente a su nombre. Tenía un estilo de dirección personalista. Rara vez delegaba. Controlaba hasta el último detalle de sus negocios, que eran esencialmente industriales, pero también financieros, inmobiliarios y políticos. En la España que le tocó vivir, hacer grandes negocios obligaba a tener relaciones con el poder y a hacer política. Y hacer política implicaba hacer negocios. Todas las iniciativas sociales de Aristrain no fueron en realidad sino una forma de inversión en especie cuya rentabilidad no era inmediata pero, más pronto que tarde, terminaba traduciéndose en contratos públicos. En dinero.

Una empresa modelo

El decreto, publicado el 25 de septiembre de 1968 en el BOE, dice así:

> DECRETO 2.537/1968 por el que se concede el ingreso en la Orden Civil de Beneficencia, con distintivo blanco y categoría de Gran Cruz, a don José María Aristrain Noain. En atención a los méritos contraídos por don José María Aristrain Noain, vecino de

Villa de Cary, Villafranca de Oria (Guipúzcoa), con la creación de la Fundación Aristrain, radicada en Navarra, y que con dimensiones de ámbito nacional estará dirigida al cumplimiento de elevadas y amplias finalidades de tipo benéfico y docente, y por haberse hecho acreedor a la recompensa creada para señalamiento de la estimación pública de quienes prueban altos méritos para con sus semejantes, materia definida en el artículo sexto del Real Decreto de veintinueve de julio de mil novecientos diez, por el que se rige la Orden Civil de Beneficencia, a propuesta del Ministro de la Gobernación y, previa deliberación del Consejo de Ministros,

DISPONGO:

El Ingreso en la Orden Civil de Beneficencia, con distintivo blanco y categoría de Gran Cruz, de don José María Aristrain Noain.

Así lo dispongo por el presente Decreto, dado en Madrid a veinticinco de septiembre de mil novecientos sesenta y ocho.

FRANCISCO FRANCO
El Ministro de la Gobernación. CAMILO ALONSO VEGA

La resolución del dictador en favor del chatarrero vasco-argentino, uno de los muchos galardones que recibió del régimen, muestra la sintonía —política y personal— que el empresario vasco-argentino mantenía con el poder político y militar de la España de su tiempo. La compañía del *chatarrero invisible* se había convertido, al menos a ojos del gobierno franquista, en una auténtica *empresa modelo*. El dictador visitaría la fundición de Olaberria en el verano de 1965, acompañado por la totalidad de su Ejecutivo. No era el primer contacto entre ambos. Además de las audiencias privadas en El Pardo, el industrial se había convertido, gracias a la intermediación del conde de Teba, uno de sus socios, en uno de los personajes que asistían a las célebres cacerías del dictador. Un reportaje publicado por el diario *Abc* en 1971, con motivo de la concesión del título de empresa ejemplar a la sociedad mercantil de Aristrain —que no aparece en ninguna de las fotos— lo presenta como el «forjador de una gran industria que realiza una intensa labor». El título se le había concedido el 18 de julio —día del Alzamiento— en El Pardo.

El periódico de los Luca de Tena resalta, además de «los triunfos industriales y comerciales» del complejo siderúrgico, «la ejemplar labor social de la empresa en procurar la mejora y el bienestar de sus productores». El tono de la nota periodística, una *delicia costumbrista* en la que el periodista —que firma Fagus— elogia «el bello paisaje que baña el río Oria», pero no dice una palabra de la contaminación provocada por «el majestuoso e importante complejo siderúrgico José María Aristrain», presenta al industrial como «un capitán de empresa, un hombre de visión certera, con alto espíritu de trabajo, gran tenacidad y espontánea inteligencia pragmática». Es difícil incluir más adjetivos laudatorios en la presentación de una crónica, lo que da cuenta de la excelente opinión que el franquismo —los periódicos entonces eran supervisados por la censura— tenía del empresario, al que se elogiaba por su compromiso social, su capacidad de interlocución con sus trabajadores, el cuidado en materia de seguridad laboral y la revalorización de los sueldos de la plantilla.

Olaberria parecía ser un paraíso empresarial. ¿Lo era realmente? Y sobre todo: ¿Cómo un chatarrero había logrado esta aparente proeza? En 1957, un artículo sobre Aristrain —de nuevo, sin fotos del personaje— publicado en *Blanco y Negro,* la revista ilustrada de Prensa Española, esbozaba la siguiente teoría: «En lugar de gozar de su fortuna de modo egoísta, olvidando sus apetencias particulares [Aristrain], considera la riqueza a la manera cristiana, es decir, como un don divino, cuya conquista se le permite, para que la desarrolle y aumente, en beneficio de la humanidad». Es un retrato exageradamente evangélico: Aristrain visto como un auténtico santo. Las creencias religiosas del empresario, indudablemente, influyeron —y hay que decir que de forma positiva— en su fortuna, que a sus cuarenta años de edad ya era más que considerable. Pero los caminos del Señor, en este caso, fueron distintos a los del candor de los beatos. Hay una escena que lo explica (casi) todo. En junio de 1972, un año después de que Franco recibiera a Aristrain en El Pardo para distinguir a su compañía, Gregorio López-Bravo de Castro fue uno de los cuatro ministros del dictador que acudieron al acto en el que el régimen concedió a Aristrain la medalla al Mérito en el Trabajo.

La Obra y los negocios

El vínculo entre López-Bravo y Aristrain es capital para entender el origen y las causas de su éxito empresarial. Ambos se consideraban amigos.

Los dos formaron parte del Opus Dei, una organización supuestamente religiosa, y muy influyente en la jerarquía de la Iglesia católica, que en la España franquista no solo había construido una red de relaciones con empresarios y muchas familias ricas, sino que dirigió —a través de los llamados ministros *tecnócratas*— la política económica del país. López-Bravo había sido, antes de ser nombrado canciller de Exteriores, ministro de Industria, el sector donde Aristrain concentró, sobre todo al inicio de su carrera, sus inversiones empresariales. Hasta su fallecimiento, el exministro franquista, que llegó a figurar en la terna para presidir el Gobierno que pilotaría el tránsito de la dictadura a la democracia, y que abandonó la vida pública por su oposición a la Constitución del 78, fue presidente de la patronal de las empresas del acero, Siderinsa, impulsada por Aristrain.

La pregunta clave es: ¿Era López-Bravo un hombre del empresario vasco o sucedía al contrario? Ambos planteamientos no son necesariamente antagónicos. Según los biógrafos de Aristrain, fue el industrial quien pidió a Fraga en 1977 que incluyera a López-Bravo como número tres en las listas de Alianza Popular para las elecciones constituyentes. Hasta su muerte, en un extraño accidente de aviación, el tecnócrata franquista sería el cerebro que ayudó al empresario vasco a esconder su fortuna —evitando así pagar a la misma Hacienda Pública de la que cobraba contratos estatales y ayudas empresariales— en el paraíso fiscal de Liechtenstein. Lo hizo a través de fundaciones fiscalmente opacas.

López-Bravo, que se dedicó a la política durante dos décadas, se sentó en el consejo de ministros de la dictadura entre los años 1962 y 1973. Por sus manos como responsable de la política industrial en la década de los años sesenta pasaron todas las grandes decisiones de inversión, adjudicaciones y contratos del período del *desarrollismo* franquista, partidario del intervencionismo económico. Aristrain hizo en esos años la mayor parte de su fortuna, en buena medida lograda merced a sus excelentes contactos políticos. Su firma fue la primera que se acogió al Programa Siderúrgico incluido en el primer Plan de Desarrollo Industrial, recibiendo a partir de 1964 ayudas regulares para incrementar la producción, notables beneficios fiscales, arancelarios y líneas especiales de financiación. En el programa estatal de apoyo al sector, considerado estratégico, permaneció, incluidas las sucesivas prórrogas, hasta inicios de los años setenta. El saldo fue excelente: la empresa de Aristrain alcanzó una producción de 222.000 toneladas de acero, cinco veces más que la que tenía antes de *asociarse* con el Estado. También recibió apoyo oficial para mejorar sus exportaciones. Las ventas masivas en los mercados exteriores le permitieron multiplicar sus ingresos. Llegaron a suponer tres cuartas partes de su facturación. Contaba además con líneas de crédito que cubrían la mitad de sus inversiones. Antes de abandonar el consejo de ministros, López-Bravo ya era consejero de la fundación que llevaba el nombre del magnate del acero, donde también figuraron personalidades como el obispo de Almería, Ángel Suquía, más tarde cardenal de Madrid y presidente de la Conferencia Episcopal Española en 1986.

Numerario del Opus Dei, organización a la que se la denominaba *La Obra,* López-Bravo no solo estuvo en el puente de mando de la política económica del franquismo, sino que gozaba también de la confianza personal del rey Juan Carlos I, sucesor del dictador, que lo elogia —por escrito— en un libro póstumo. En paralelo a su actividad política, López-Bravo se dedicaba a los negocios. Presidía una empresa química —Sniace— y se sentaba en el consejo del Banco Español de Crédito (Banesto), y las sociedades mercantiles Acerinox, fundada por José María Aguirre Gonzalo, Explosivos Río Tinto y Motor Ibérica. Durante su etapa como ministro de Industria participó en el mayor escándalo económico de la dictadura: el caso Matesa, relativo a la concesión de subvenciones irregulares a este grupo textil.

Tras su salida de los cargos públicos, López-Bravo se convirtió en un *conseguidor* a las órdenes directas de Aristrain, aunque este secreto no se desveló hasta que los herederos del industrial, sus dos hijos, no regularizaron el multimillonario patrimonio de su padre. Descubrieron en ese momento que hasta 1985 el exministro fue el administrador único de la Fundación Gordi, uno de los eslabones de la ingeniería societaria gracias a la cual Aristrain evitó cumplir con sus obligaciones tributarias. La herencia del industrial fue dividida entre los dos hermanos en 1993. El mayor, José María Aristrain de la Cruz, compró su participación en la corporación siderúrgica a su hermana, María Ángeles, que se casó con un aristócrata y se dedicó a comprar arte y residencias de lujo en Nueva York. Aristrain hijo continuó con los negocios de su progenitor. La empresa matriz del patriarca se integró en los años noventa dentro de Aceralia, una empresa de capital público. Aristrain de la Cruz se quedó con el 11 % de su capital. Aceralia se convertiría más tarde en Arcelor y, por último, en la sociedad Arcelor-Mittal, el mayor grupo metalúrgico del mundo. Las acciones del hijo del chatarrero fueron ganando valor en cada una de estas operaciones, a pesar de quedar diluidas —actualmente posee un 2 % de la multinacional— en el capital de las nuevas compañías. La Fundación Gordi de Liechtenstein pasó a ser dirigida a la muerte de López-Bravo por el abogado Eusebio Laviñeta Hualde, delegado personal del industrial vasco en otras ocho sociedades. Gestionaba un patrimonio estimado de 25 millones de dólares, obtenidos en los múltiples negocios del patriarca del acero, cuyas empresas facturaban 50.000 millones de pesetas a mediados de la década de los ochenta. Investigaciones periodísticas han demostrado que Aristrain, y posteriormente también sus herederos, poseían sociedades, algunas secretas hasta hace apenas un par de años, en los bancos Baer and Company, y BSI, ambos suizos. Estas entidades, mediante empresas instrumentales domiciliadas en paraísos fiscales como Liechtenstein, Zurich, Curaçao o Panamá, camuflaron la fortuna del magnate del acero, aquel joven de Tandil que recogía chatarra junto al río Oria.

La muerte sobre el cielo de Cannes

El año 1985 comenzó con una tragedia: el 19 de febrero el exministro López-Bravo, hombre de confianza de Aristrain, muere en un accidente de aviación. Viajaba a Bilbao en un vuelo de Iberia —el 610— en primera clase. Llegó tarde al aeropuerto —fue el último pasajero en embarcar en el Boeing 727, que despegó de Madrid con 15 minutos de retraso—, y sin equipaje. Únicamente llevaba un maletín. Fue el último pasajero en embarcar junto a los 148 pasajeros y la tripulación. Cuando estaban a punto de llegar a Bilbao, el avión explotó en el aire. Una comisión oficial resolvió que la causa del accidente fue un error humano del piloto, que chocó contra una antena de telecomunicaciones situada en el monte Oiz al efectuar la maniobra de aproximación al aeropuerto de Bilbao. No hubo supervivientes ni se pudieron identificar los cadáveres.

Apenas unos días antes, López-Bravo había tenido una discusión con Luis Valls Taberner, líder del Banco del Opus Dei (el Popular) y otro de los grandes referentes sociales de *la Obra*. El motivo fue la oposición del exministro a una operación hostil por la cual el Banco de Bilbao iba a hacerse con Banesto, entonces la entidad financiera más grande de España. En contra de este movimiento de concentración bancaria, cuyo fracaso aceleraría la conversión del Bilbao-Vizcaya en el BBV, también se manifestaron dos de los socios de López-Bravo: Aristrain y Ricardo Tejero Magro, inversor, consejero y director general del Banco Central. Ocho minutos exactos antes de que el avión de Iberia Madrid-Bilbao se estrellase, Ricardo Tejero salió de su vivienda en la capital de España, situada enfrente del edificio Beatriz, sede del Banco Popular, y se dirigió al garaje para coger el coche. Cuando estaba abriendo la portezuela del vehículo dos desconocidos le dispararon en la cabeza. El asesinato se atribuyó a ETA.

Menos de un año después, el 20 de mayo de 1986, le tocó el turno a Aristrain, que se había quedado viudo en 1978. Tenía 69 años y buena parte de su fortuna personal oculta en Suiza y Liechtenstein, aunque entonces vivía en Madrid tras sufrir amenazas del terrorismo vasco. A pesar de su obsesión por la discreción, el industrial se había convertido en un personaje de la *jet set*. Su habilidad para las relaciones sociales, los contactos y los vínculos políticos, factores todos que sumados a su visión empresarial lo habían convertido en millonario, habían menguado. Se había distanciado del Opus por su fama de mujeriego —incompatible con el *rigorismo moral* de *la Obra*— y vivía el crepúsculo de su vida viajando a casinos, hoteles y reuniones de la alta sociedad europea. La tarde de su muerte se subió a un helicóptero en la Costa Azul francesa para viajar entre Cannes y Niza. Le acompañaba, junto a dos amigas más, Anja López, supuestamente su amante, una actriz y cantante alemana, esposa de un compositor de operetas y asidua a las fiestas del diminuto Principado de Mónaco. Habían pasado el fin de semana en el Grand Prix de Montecarlo. Cogieron un helicóptero para trasladarse al aeropuerto Cannes-Mandelieu, donde el magnate había alquilado un *jet*. El helicóptero, un Squirrel de cuatro plazas, rodeó el cabo de Antibes y se adentró en el golfo de Juan. Cuando su estela se divisaba desde la Croisette cayó al mar. No hubo supervivientes.

Carlos Mármol

Bibliografía

Ballestero, A. (1993). *Juan Antonio Suanzes, 1891-1977. La política industrial de la posguerra.*

Cavallé Pinós, C. (1975). *El sector siderúrgico español. Dirección de empresas industriales,* Navarra: Ediciones Universidad de Navarra.

Enciclopedia General Ilustrada del País Vasco, San Sebastián: Editorial Aruña.

Navarro Arancegui, M. (1989). *Crisis y reconversión de la siderurgia española 1978-1988,* Puerto de Pasajes/Ministerio de Obras Públicas y Urbanismo.

Schwartz, P. y González, M. J. (1978). *Una historia del Instituto Nacional de Industria (1941-1976),* Madrid: Tecnos.

Sierra, M. P. (2000). Reconversión e internacionalización de la siderurgia integral española, *Economía Industrial* *333*(11), pp. 101-114.
Torres, E. (dir.) (2000). *Cien empresarios madrileños,* Madrid: LID, pp. 564-572.
UNESID (1973). *La acción concertada en la siderúrgica española,* Madrid: UNESID.
Valdaliso, J. M. (2006). *La familia Aznar y sus negocios (1830-1983)*. Madrid: Marcial Pons.
Zavala, J. M. y Morodo, J. J. (1995). *El último magnate: Alfonso Escámez,* Barcelona: Planeta DeAgostini.

José Manuel Lara Hernández (1914-2003)

El marqués de los libros

José Manuel Lara (1996, EFE).

No hay historias perfectas ni biografías sin un capítulo de misterio. En el caso de la de José Manuel Lara Hernández (1914-2003), propietario del grupo editorial Planeta, la incógnita salta pronto a la vista: ¿Cómo es posible que uno de los mayores editores del mundo y, desde luego, el primero de España, no cuente con un relato sobre su vida? Oficialmente, este libro no existe. Nunca ha sido escrito ni nadie lo ha publicado nunca. Ni siquiera bajo la socorrida fórmula de la hagiografía amable. La paradoja, de pronto, se transforma en asombro: ¿es que acaso nadie se ha atrevido a escribirlo? Pudiera pensarse que esta carencia, inexplicable en el caso de un empresario que vendía libros, muchos de ellos dedicados a contar los secretos de la vida de personajes públicos y figuras populares, pudiera deberse a un proverbial sentido (militar) de la humildad. Pero resulta difícil de creer. La vanidad es un atributo humano.

Sobre todo si se contempla una entrevista de televisión, grabada en 1970, que nos presenta al magnate sevillano, entonces hombre de fortuna en la Barcelona del *tardofranquismo*, en un despacho similar al de un ilustre notario. Detrás de él aparece una enorme estantería con libros de cubierta rígida, adornados con volutas de pan de oro. Todos están perfectamente alineados. Delante de la mesa hay dos sillas de cuero destinadas a las visitas. El empresario, traje gris, corbata oscura, camisa clara, tiene el rostro de un hombre bonachón que recuerda vagamente al simpático director de una sucursal bancaria de provincias. Está sentado delante de un escritorio clásico de madera oscura. Frente a él, exactamente igual que en la mesa de un alcalde de pueblo, pero sin banderas, sobresalen dos tinteros castellanos, vacíos de tinta. El dueño del despacho usa una estilográfica americana. También se ve sobre la mesa una escultura de lo que parece ser un águila imperial con las alas abiertas. Parte de la sala la ocupa un gran archivador abierto de par en par, de cuyas baldas cuelgan manuscritos de novelas y borradores de libros. Indudablemente se trata del retrato de un triunfador: en apenas unas horas, el entrevistado presidirá el acto de entrega del galardón literario de España mejor dotado económicamente. Será en una cena de gala con la crema y nata de la política, la cultura y la sociedad catalana y, por extensión, española. Periodistas de diarios locales y nacionales acudirán a la cita —para contarla— con todos los gastos pagados.

El libro premiado, quizá, sea lo de menos, aunque esto no es necesario reseñarlo. Todos los invitados lo saben de antemano. La experiencia hace tiempo que le indicó al editor que lo importante en estos casos no es tanto la calidad literaria de un título como el dinero que después se invierta en promocionarlo. Es un hombre de negocios. Sabe muy bien lo que dice: toda su vida ha sido, y será hasta el último de sus días, un extraordinario comerciante. Alguien poco sofisticado que domina muy bien cuatro o cinco cosas básicas, entre ellas el poder de las relaciones sociales, las múltiples formas de hacer dinero y la convicción de que, en un país como España, que a principios de siglo tenía un analfabetismo cercano al 56 %, la cultura y su gran símbolo —el libro— no es ya una cuestión solo intelectual, sino un signo de distinción social.

Viniendo de la nada, que en este caso es un pueblo del hondo Sur, El Pedroso (Sevilla), Lara fundará una estirpe familiar que, antes de su muerte, dominará no solo el ámbito editorial en español, sino una industria global de producción de contenidos culturales que abarca la televisión, la radio, periódicos, agencias de comunicación, inversiones financieras y hasta un equipo de fútbol, el Real Club Deportivo Español de Barcelona. Su biografía, sin embargo, presenta muchas zonas de sombra. Pareciera que alguien ha decidido mantener indefinidamente estos hiatos de oscuridad, cuya existencia, sin embargo, son una tentación para cualquier biógrafo. La curiosidad es el motor de la lectura. ¿Por qué lee la gente libros? Para saber. Para entretenerse. Para buscar modelos vitales. Como todos los hombres hechos a sí mismos —aunque la vida sea en realidad la que nos modela a todos—, Lara Hernández llegó a convertirse en una leyenda. Le llamaban así, como en el colegio: su primer apellido seguido de un adjetivo que oscilaba entre Lara *padre* o Lara el *viejo,* para distinguirlo de sus vástagos, que heredaron su imperio empresarial cuando, rebasado el nuevo siglo, con 88 años cumplidos, una enfermedad degenerativa del sistema nervioso se lo llevó al otro mundo.

«Cada uno tenemos un destino señalado, hagamos lo que hagamos», decía en su crepúsculo, antes de que la mente se le borrase por completo. Siempre pidió a la Providencia —que él llamaba con el nombre de Dios— que le diera «una muerte decente». No quería que los suyos lo vieran morirse «como un trapo», sin poder valerse por sí mismo. El destino decidió que no moriría del balazo perdido que le rozó la frente en la Guerra Civil, dejándole una señal de la que presumía ante las visitas, sino anciano, rico y rodeado de una familia que perpetuaría su nombre, que era a su vez el de sus mayores, un médico de pueblo —el doctor Fernando Lara— y su esposa, Inés Hernández. Gente del Sur, viva, despierta y habladora. Nació en El Pedroso, una aldea situada en las estribaciones de la Sierra Norte de Sevilla con 4.000 habitantes, cerca del río Huéznar, la noche de fin de año de 1914. La casa de su familia, como otras muchas en el Mediodía, era simple, de cal blanca y con balcones a una pequeña plaza con naranjos situada en la calle Amor. Fue un niño de campo, travieso, según su propia descripción, que jugaba a montarse encima de los cerdos, tenía un miedo atávico a las fotos y, tras los estudios primarios, como muchos niños de aquella época, pasó un año de formación en un seminario, no porque tuviera una pretensión seria de convertirse en sacerdote, sino porque esta era la forma que tenían de recibir instrucción los hijos de las familias que no contaban con suficiente fortuna para pagarse el alojamiento fuera de casa.

De complexión alta y naturaleza afable, mostraba todos los rasgos del carácter andaluz, si es que este existe. Reía con facilidad, hacía bromas, era socarrón y tuvo hasta su vejez, a pesar de los años pasados lejos del Sur —primero en Madrid y después en Barcelona—, un profundo acento sevillano que delataba su lugar de crianza. Si alguien tenía dudas sobre su procedencia, no dudaba en desvelarla: siempre sintió, igual que todos los inmigrantes que hacían la ruta de la supervivencia desde Andalucía y Cataluña, orgullo de sus orígenes. Hasta el punto de no perder nunca la vinculación sentimental con El Pedroso, que transmitió a sus herederos. La relación con su pueblo, en cierto sentido, era la misma que la de un *indiano:* alguien que abandona el hogar para hacer fortuna y, una vez conseguida, retorna para admiración de los que no salieron en busca de la aventura, prefiriendo la seguridad de lo conocido. Alguien que, alcanzado el éxito social, recibe la visita de desconocidos paisanos en busca de socorro y ayuda, apelando a ese vínculo de pertenencia a un lugar compartido. A Lara el cura de El Pedroso le enviaba a Barcelona cargamentos de gente en busca de un empleo. Se presentaban en la sede de Planeta, preguntaban por el patrón y esgrimían la carta de recomendación del sacerdote. Con frecuencia, para asombro de su familia, que era ya catalana, los ayudaba. O los contrataba o les buscaba un sueldo en otras empresas de la ciudad: la Seat, la Roca o la Hispano Olivetti. Construyó para algunos pisos de alquiler a 500 pesetas de renta mensual. Cuando volvía a El Pedroso, casi siempre en Semana Santa, se encontraba el mismo problema, pero quienes entonces le requerían dinero, en su condición de empresario, eran los políticos locales que, con el pretexto de nombrarlo hijo adoptivo —lo sería en 1994—, le rogaban que financiase una fábrica de corcho. Lara pagaba de su bolsillo ayudas para Cáritas y el manto de la Virgen. Se gastaba más en lo segundo que en lo primero. «No me mandes tanta gente a Barcelona que te vas a quedar sin feligreses y sin empleo», le advertía el editor al cura de El Pedroso. Parecía estar gastándole una broma, pero acertó de lleno: cuando la población del pueblo, menguada por la intensa inmigración de los años de la posguerra, bajó de los 2.000 habitantes, el arzobispado retiró al párroco. «Ya nos quedamos sin cura», se quejaba.

La busca del destino

Lara, sin embargo, no fue estrictamente un inmigrante hambriento. Su familia, sin ser rica, no gozaba de una posición social mala. Contaba al menos con recursos suficientes para pagarle un oficio. El problema es que el hijo del médico se aburría en todos. Probó a trabajar en una carpintería, pero se cansó. Intentó ser mecánico, pintor y dependiente de una droguería, pero todos estos intentos se saldaron con el abandono. Finalmente, con 16 años, logra que sus progenitores le permitan, tras la experiencia del seminario, viajar a Madrid con la promesa de estudiar Telecomunicaciones. Al llegar a la capital de España hace de todo menos sacar adelante los estudios. Salvo en matemáticas, era un alumno pésimo. Su padre, en vista de su actitud y de las notas, decide retirarle la paga, lanzándolo, apenas rebasada la adolescencia, a buscarse la vida como un adulto.

Durante esos años, que son los de la forja del carácter, Lara Hernández, al que entonces únicamente le interesaba el fútbol y las chicas, trabaja como vendedor de galletas María —en la España del hambre— y debuta como bailarín de claqué —una de sus habilidades secretas— en la compañía teatral de variedades de Celia Gámez, actuando en la revista *Las muchachas del Savoy*. Su efímero paso por el mundo del espectáculo —«He sido el mejor bailarín de vals y de tango de toda España», contaba en las fiestas y en las entrevistas— nos muestra a un hombre con tendencia a fanfarronear, pero sin aparente malicia. Y con un ingenio natural para sobrevivir: «Celia Gámez se iba en agosto a Estoril a jugar a póquer. Perdía siempre, la pobre. Yo me quedaba en Madrid vendiendo galletas. Ahora las aborrezco, pero las llevaba a las tiendas. Todos los tenderos eran del Atlético de Madrid. Yo les daba coba y les decía que ese año iban a ganar la Liga. Cuando me iba se ofrecían a comprármelas. Yo les contestaba que iban a subir de precio y se las quedaban todas». Aquel joven desvergonzado y pelirrojo llegaría con los años a ser marqués (de El Pedroso), pero entonces no lo sabía. Solo era un comercial haciendo —como se dice en el argot— *puerta fría*. Lo supo pronto de primera mano: era capaz de vender a los demás cualquier cosa. Incluso libros a personas que no leen. Cosas más extrañas se han visto en la vida. Como que de su pueblo salieran dos editores —Alfredo Herrero Romero y él mismo— y ningún lector.

Lara Hernández, en el fondo, hubiera querido convertirse en futbolista pero, como mandaban los cánones y exigía la mentalidad conservadora de las clases medias españolas, tenía en mente sacarse unas oposiciones al cuerpo de Correos y Telégrafos. Se lo impidió el servicio militar, que empezó en 1935, y después la Guerra Civil, que unos meses más tarde de ingresar en el ejército —en la Legión— lo cogió de permiso en Sevilla, donde la represión fue mucho más intensa que en otras partes de España, especialmente en lo que al número de fusilamientos se refiere. Casi de inmediato triunfaron los golpistas capitaneados en el frente Sur por el general Queipo de Llano. Su condición de legionario sería alabada, años más tarde, en un retrato periodístico que le escribió César González Ruano, el escritor fascista. Lara Hernández, sin renunciar a su grado castrense de capitán, explicaría años más tarde esta etapa de su vida con una visión mucho menos triunfante: «En 1939, recién terminada la guerra, yo era igual que una fiera. Mi carácter era tan agresivo que salía a pelea diaria. Era un individuo que llevaba dentro la violencia. A mí quien me cambió el carácter, con mucho cariño, hasta hacerme como soy ahora, fue María Teresa».

Barcelona o el amor

María Teresa Bosch Carbonell fue la mujer que, según su confesión, salvó al legionario Lara Hernández de sí mismo. Ella era catalana; él, un soldado de una espantosa guerra civil llena de muertos que en enero de 1939 entraba en su recta final con la *liberación* de Barcelona, que el futuro editor pisó por primera vez a las órdenes del general Yagüe como capitán de un tercio fascista, aclamado en la Diagonal por unas élites —hasta entonces fervientemente catalanistas— que no dudaron en congraciarse pronto con el poder militar. El legionario Lara no tenía entonces ni bienes, ni patrimonio, ni fortuna. Decidió instalarse en la Ciudad Condal para buscar sustento y, un año después de llegar, en 1940, conoce en el paseo de Gracia a esta señorita de la burguesía catalana, en un episodio propio de una novela de Juan Marsé, con la que pasaría el resto de su vida y que le sobreviviría —María Teresa vivió hasta los 83 años— cuatro meses más. Un año después de su primer encuentro, en 1941, se casaron en la iglesia de Sant Josep Oriol, donde 62 años más tarde se oficiaría el funeral de Lara, *el Viejo*. De su unión nacerían cuatro hijos: dos mujeres (Maribel e Inés) y dos varones, José Manuel y Fernando, que fallecería en 1995 en un accidente de tráfico con 38 años, antes de poder suceder a su padre como heredero del imperio empresarial, según los planes del patriarca.

El legionario de Sevilla no tenía un duro. Encontró un puesto en la empresa de neumáticos Pirelli, pero el sueldo, en los años de la posguerra, era escaso, así que se decidió a emprender, junto a su mujer, un negocio propio. Eligieron el sector de la educación no reglada: por consejo de María Teresa, abrieron tres academias privadas donde impartían clases de bachillerato, literatura, matemáticas y normativa mercantil esperanzados en la vocación general de opositar, ese vicio español. Arrendaron locales en la calle Princesa, el paseo de Gracia y la calle Pelayo de Barcelona. El negocio, sin embargo, no marchaba: exigía muchas horas —había que preparar los temarios, dar las clases, poner las calificaciones— y el beneficio era insuficiente. Lara Hernández, como contó en muchas ocasiones, decidió entonces cerrar las academias y «ganarse la vida con *La Vanguardia*». Todos los días, sin faltar uno, compraba el periódico de la familia Godó y leía las páginas de los anuncios clasificados, donde se publicaban —por separado— ofertas y demandas comerciales. El futuro editor comenzó a hacer de intermediario entre quienes compraban y vendían cosas, incrementando el precio de partida de las mercancías para poder embolsarse una comisión. No había estudiado, pero era listo. Entre otros productos, había gente que vendía —y otra que compraba— libros a domicilio, una rama sin excesiva competencia en la que se especializaría.

Un editor que no leía

Lara era, y lo siguió siendo hasta un año antes de su muerte, cuando la enfermedad que lo consumió le impidió acudir a su despacho en la presidencia de su *holding,* un comerciante nato. «A mí lo único que se me dan bien son las matemáticas», explicaba en una entrevista concedida en su etapa de esplendor. El editor confesaba en ella leer «detenidamente» los libros que editaba y señalaba a Fernando Vizcaíno Casas, abogado laboralista y novelista de perfil conservador, muy popular en su época, como su «escritor más divertido», mientras que Vallejo-Nágera, un psiquiatra hijo de un médico militar franquista, le parecía un autor muy «seductor». En cambio, decía no haber podido terminar *El péndulo de Foucault,* la segunda novela de Umberto Eco. Lara diferenciaba entre los autores que *escriben* sus propios libros y «aquellos a quienes se los escriben» y proclamaba que la crítica no servía para nada, excepto las entrevistas y los reportajes de los periódicos, por su valor promocional. En su particular orden de preferencias, los números y las mujeres estaban por delante de los libros.

El antiguo capitán de la legión sabía leer, pero no lo hacía con frecuencia. O, al menos, no en la medida que se le presupone a un editor de libros. Al contrario que los representantes de la tradición secular de los grandes editores de Barcelona, cofradía que funcionaba como un *club* autárquico y cerrado, él nunca fue un *homme de lettres.* Representaba la antítesis de personajes como Luis de Caralt, Josep Janés o José Vergés. Sin embargo, terminó —en términos empresariales— ganándole la partida a todos ellos, jugando además en tierra extraña. Tenía una concepción *patrimonialista* de la empresa, una evidente ignorancia hacia la alta cultura —su mercado primordial era la cultura popular— y un interés básicamente económico. «Un negocio que no sirve para levantarse a las once, ni es negocio ni es *ná*», decía el editor con su característica habla del Sur. Con este objetivo —ganar dinero; cuanto más, mejor— en 1944, tras la experiencia fallida de las academias, adquiere la editorial Tartessos, propiedad del catedrático Félix Ros, editor falangista. Lo hizo con un crédito de 100.000 pesetas que le dio el Banco Zaragozano por mediación de Antonio Almanzor, ejecutivo de la entidad, y ahorros propios en idéntica proporción. Pagó 200.000 pesetas de la época. Nada más adquirirla, tras rodearse de asesores como el agente literario Férenc Oliver Brachfeld, de origen húngaro, que sería su primer maestro en el oficio, y el traductor José Romero de Tejada, decidió cambiarle el nombre. En lugar de Tartessos, misteriosa civilización antigua de la

Baja Andalucía, la rebautizó con su propio apellido: Editorial Lara. La vanidad de vanidades del *Eclesiastés*. También desmontó la estructura de colecciones de Ros, que sustituyó por otras nuevas, entre ellas una dedicada a los autores nacionales, como Azorín o González Ruano. Publicaba también a escritores extranjeros, como Chesterton, Somerset Maugham, Zilahy y Maurois, y contaba con los derechos de impresión de *Dublineses,* de James Joyce.

Dos años duraría la aventura. Una súbita caída en el precio del papel, que Lara acumulaba para imprimir los libros, le hace perder la inversión y traspasa el sello al editor José Janés por un millón de pesetas. Una cantidad respetable para la época, lo que demuestra que el sevillano era mejor traspasando compañías que seleccionando libros. En la venta a Janés no perdió demasiado dinero pero quemaba su apellido: nunca más podría fundar una editorial con su nombre. En aquel momento parecía un sacrificio soportable: los planes de Lara eran dedicarse al comercio del papel, que funcionaba en régimen de monopolio, no al ámbito editorial, pero al liberalizarse el sector dejó de ser un negocio seguro. Así que, a pesar de haber prometido lo contrario, en 1949 reincide y funda Planeta, en la que desde el primer día separaría tajantemente los ámbitos de la edición y la venta de la impresión, tradicionalmente vinculados.

Los editores de Barcelona funcionaban como una secta de ilustres caballeros templarios. Lara había irrumpido en ella como un mercader: no tenía contactos ni con tipógrafos ni con libreros. Carecía de vínculos familiares previos con las empresas del sector y no conocía a escritores. Partía de cero. No tenía nada que perder. Ni tampoco prejuicios, lo que le hizo aplicar una mentalidad mercantil y pragmática desconocida en un negocio en el que lo importante hasta ese momento era decidir a quién publicar. Lara había tenido siempre con los libros una relación instrumental, lejana a cualquier clase de devoción. No tenía capacidad alguna de selección literaria. En sus inicios quien leía era su mujer, María Teresa, muy aficionada a los libros. El fuerte del empresario eran las relaciones públicas y el cultivo a las redes clientelares del régimen franquista. No lo ocultaba: a Manuel del Arco, periodista de *La Vanguardia,* le confesó: «Yo he triunfado en la vida porque he dado muchos golpes bajos». ¿Fanfarronería o sinceridad? Quién lo sabe. Lo cierto es que el legionario se había convertido en todo un personaje en la Barcelona de la posguerra. Se decía que paseaba por la ciudad con una pistola Smith-Wesson de calibre 38 en el bolsillo, y era capaz, si era atracado, de llevarse al ladrón a comisaría del brazo. También se contaban de él historias menos amables, como que, en su condición de presidente del sindicato vertical de artes gráficas, entraba en las imprentas armado para confiscar papel sin pagar ni una peseta. Despertaba envidias. Fue el fin del monopolio de las papeleras lo que le llevó de nuevo a la edición, no al contrario. Sus vínculos personales con la dictadura, por otra parte, no eran ningún secreto. El propio editor lo explicaba en su crepúsculo: «Yo, con Franco, tuve una gran amistad. Soy un hombre de derechas, pero tirando hacia el centro. Si tengo que elegir entre Blas Piñar e Izquierda Unida, me quedo con IU».

Planeta, una multinacional familiar

Eligieron un pequeño piso de Barcelona en la calle Maestre Pérez Cabrero. Tenían 100.000 pesetas de capital y dos empleados: una secretaria, Angelita Palacios, y «el señor Ortega, buen conocedor del castellano», un antifranquista que, por si las moscas, no quiso —según la versión de Lara— ser dado de alta en la Seguridad Social, y que se ocupaba de corregir los manuscritos que llegaban a la editorial. María Teresa no pisaba las oficinas, que servían también como almacén, pero devoraba los borradores de los libros y aconsejaba a su marido qué títulos debía publicar. Lara se concentró en las ventas. Había que vender. Como fuera. Nada era más importante para el negocio. Orientó la editorial hacia los *best sellers* extranjeros. Compraba los derechos de edición en español, los traducía y los vendía con un éxito relativo. La operativa presentaba riesgos derivados de la fluctuación del dólar —que condicionaba el precio de los derechos— e incertidumbre. No había beneficios. No era fácil vender libros en una España en la que, como dijo una vez, «no había carne ni para hacer croquetas».

Un año después de empezar a trabajar ocurrió el milagro. Su mujer leyó una novela norteamericana. Se titulaba *Foxes of Harrow* y la firmaba Frank Garby Yerby. El autor era de Augusta, Estados Unidos, pero se había trasladado a Madrid, donde murió en 1991, después de sobrevivir escribiendo narraciones de corte histórico. Era de origen afroamericano. Había empezado publicando relatos en *Harper's Magazine*. En 1944 publicó *Débil es la carne* —así se tradujo la novela al español— y se convirtió en el primer superventas negro. Lara le cambió el título al libro y lo editó como *Mientras la ciudad duerme*. Fue un éxito. Vendió decenas de miles de ejemplares. El viento soplaba por fin a favor. Lara insistió en la misma fórmula: *best se-*

llers norteamericanos, un método que permitía que fuera un mercado —en este caso el anglosajón— quien seleccionara los títulos, reduciendo así los errores; autores españoles y obras de divulgación, que colocaba gracias a sus contactos institucionales con el régimen en colegios, institutos y bibliotecas. El negocio marchaba, pero muy lentamente y con altibajos críticos. Los autores españoles vendían mucho menos que los extranjeros. Muchos firmaban libros con seudónimo inglés para poder publicar con mayor fortuna.

En la década de los cincuenta, César González Ruano, el periodista y escritor falangista, le presentó a Lara a un autor desconocido: José María Gironella. Había ganado en 1946 el Nadal —con la novela *Un hombre*— pero vivía exiliado en París, donde trabajaba en una trilogía sobre la Guerra Civil, un tema delicado en un país que vivía bajo una dictadura militar y con un sistema de censura vigente. No encontraba editor. A los riesgos empresariales se sumaban los políticos. Gironella se salía de la versión oficial de la contienda. Mala cosa. La recomendación de Ruano interesó sin embargo a Lara, cuyo negocio pasaba entonces por aprietos. Se rumoreaba que se encontraba al borde de la suspensión de pagos. Quedaron en el Hotel Plaza de Madrid. El editor sevillano, dada su condición de falangista y exlegionario, y sus contactos con el franquismo, parecía ser la última oportunidad de imprimir la obra sin que lo impidiera la censura. Gironella le entregó el manuscrito de *Los cipreses creen en Dios*. Lara, como siempre, se lo dio a su mujer. A las tres de esa madrugada, su mujer, que había empezado a leerla al acostarse, le despertó: «Pepe, este libro nos va a salvar». Acertó. La primera edición de la novela, que salió al mercado en 1952, vendió en dos meses 50.000 ejemplares. Planeta la reeditó. En 1961 había alcanzado la vigésima segunda edición. En total, el libro de Gironella, que se prolongó con dos títulos más —*Un millón de muertos* y *Ha estallado la paz*— vendió seis millones de ejemplares, según datos de 1995. Lara había encontrado su canon: un libro escrito por un autor español que hablaba de la historia de España apartándose de la versión oficial. Sobre esta idea reestructuró la editorial, que disminuiría la publicación de los títulos extranjeros en favor de autores españoles. Solo tendría una colección dedicada íntegramente a escritores contemporáneos, a los que se sumarían los hispanoamericanos cuando surgió el *boom*.

La apuesta revolucionaría el mercado literario. Hasta entonces la tradición ataba a los escritores a un sello editorial, que prácticamente disfrutaba de un monopolio *de facto* sobre su obra. Los vínculos entre escritores y editores eran personales y, por lo general, de dependencia y carácter vitalicio. Los autores reconocidos no cambiaban de escuadra editorial. Lara tenía que encontrar nuevas voces para ampliar Planeta. Y pensó en los noveles: autores más baratos que, con el tiempo, identificarían al sello. El editor viajaba desde Barcelona a Madrid con fajos de billetes —algunos encuadernados— para *comprar* escritores para su compañía, la mayoría de ellos dedicados a otras actividades para sobrevivir porque el volumen de venta de sus libros o era inexistente o muy discreto. La profesionalización de la escritura en aquella España era una utopía.

Libros a crédito

La década de los años cincuenta significó el fin de la autarquía franquista, igual que la de los sesenta estuvo marcada por el *desarrollismo* económico y el inicio del consumo popular. Los españoles, en su gran mayoría, no tenían libros en sus casas, salvo las familias con bibliotecas heredadas. Tampoco existía una red eficaz de bibliotecas. El grado de escolarización no pasaba del 65 %. El editorial era un mercado limitado por la ausencia de lectores. Las posibilidades de crecimiento dependían del nivel de educación —un proceso muy lento— y de los cambios sociológicos. Lara, que carecía de paladar literario, descubrió sin embargo que la cultura —y el libro como referente— podía convertirse en un objeto de consumo como cualquier otro. Así que, mientras comenzaba la colección de autores españoles, decidió aplicar los métodos de la venta a domicilio al mundo del libro. Solo había un problema: el nivel de renta familiar medio en la España de los años cincuenta era muy discreto. Comprar libros era un lujo. Salvo que, igual que sucedía con otros productos, se adquieran a crédito, un sistema de venta que no se había ensayado intensivamente en el ámbito editorial.

En 1956 Lara crea una nueva empresa —Crédito Internacional del Libro— para introducirse en este mercado potencial. Creó un ejército de comerciales e ideó, a partir de la venta de libros y productos editoriales, una *industria* que solo era cultural en apariencia, ya que la venta a crédito consistía en el fondo en un negocio financiero basado en la gestión de flujos de capital a plazos, con intereses y una rentabilidad económica mayor en función de su volumen. Las colecciones literarias de Planeta, que se vendían en bloque, mediante suscripciones, no eran suficientes para estimular la demanda. Había que ampliar la gama de productos y popularizarlos. La solución fueron las enciclopedias y las obras divulgativas, ausentes de los domicilios de los españoles. Si los compradores no leían lo suficiente no importaba: podían adquirir igual obras de consulta como inversión en la educación de sus hijos y pagarlas según sus recursos, dilatando el pago en el tiempo. Así creció el imperio de Planeta, sustentado en los libros comerciales y en las enciclopedias por fascículos, entre ellas la Larousse, un hito en el mercado editorial cuya producción se hacía en serie gracias a la labor —como *negros*— de profesores universitarios e intelectuales (muchos de izquierdas) que trabajaban en su redacción. Lara ya tenía el mercado; necesitaba ampliar sus productos.

El negocio de la venta a crédito funcionó bien y aportó a Planeta un flujo monetario notable y constante para abordar mayores proyectos editoriales. En 1963 crearía la sociedad Pala, S. A., solo para editar y vender la Larousse en español. Tres años más tarde nació Planeta-Crédito. Muchas de las operaciones de venta con financiación diferida se firmaban con familias y particulares, pero el negocio tenía otros yacimientos públicos, accesibles por la extraordinaria capacidad política de Lara, capaz tanto de vender la suscripción a una enciclopedia o una colección íntegra de novelas a amas de casa como de lograr que los ministerios y las universidades adquirieran obras de consulta y manuales de estudio al por mayor.

El mejor premio del planeta

Para muchos todavía no está muy claro que fue primero, si Planeta o el premio literario que lleva el nombre de la editorial. La simbiosis entre la editorial y el galardón literario, que en realidad es una demostración de poder económico e influencia social, es tal que el segundo ha terminado fagocitando a la primera. Planeta es el grupo editorial que concede *su* premio. No al contrario. La creación del galardón, instaurada en 1952, concreta el giro que Lara le dio a su empresa tras el éxito de la novela de Gironella. Tanto para conseguir autores noveles como para popularizar su marca, una obligación si quería mantener las ventas y suscripciones a crédito, necesitaba una acción publicitaria de alto impacto. La fórmula fue crear un premio propio que fuera el galardón de los galardones. Debía atraer a los escritores —básicamente por la dotación— y crear nuevos lectores en las capas sociales más populares. El objetivo era conseguir ventas masivas mediante un intenso lanzamiento publicitario y poner en las tiendas tiradas descomunales para el mercado editorial de aquel momento.

La primera edición del Planeta otorgó un premio —único— de 40.000 pesetas. Una cuantía que iría incrementándose con los años hasta llegar a los 601.000 euros. El editor sevillano estableció el 15 de octubre de cada año como fecha de entrega en señal de homenaje a su mujer, su principal asesora literaria, que celebraba ese día su onomástica. La decisión, con independencia de estos factores sentimentales, presentaba ventajas comerciales: concentrar las ventas de los títulos elegidos durante la campaña navideña, la época de más consumo del año por los regalos. La elección del premiado, oficialmente responsabilidad de un jurado independiente, se prestaba también a los intereses de la casa editorial. Así ocurrió desde el principio: la primera edición del Planeta se celebró en Madrid, en el célebre restaurante Lhardy, para evitar la alargada sombra —y el prestigio— del Nadal, que con el tiempo terminaría siendo también suyo. Lara llegó a concederle el galardón a Emilio Romero, director del diario *Pueblo,* propiedad de los sindicatos verticales del franquismo, para que le desbloquease el pago de unos contratos públicos con el Ministerio de Trabajo. Tampoco vio problema alguno en cambiar el sistema de votación si el preferido del sanedrín no concordaba con sus apuestas o con los deseos del Palacio de El Pardo, como sucedió el año que se presentó Torcuato Luca de Tena, entonces director del diario *Abc*. El Planeta no era un concurso. Era, y es, un escaparate. Esta misma lógica comercial se extendió, en mayor o menor medida, a otros premios convocados por otras editoriales que, con el correr de los años, terminarían siendo adquiridas por Lara. Gracias a las elevadas dotaciones económicas atraía a grandes autores de editoriales de la competencia y premiaba —o castigaba— a los autores de la casa, para los que llegaría a crear dentro de su *holding* una Oficina del Autor que, además de promocionarles, les buscaba, a cambio de un porcentaje, actos, conferencias y actividades públicas paralelas a la escritura.

Espejo de España

La veta de la historia reciente de España, descubierta también con *Los cipreses creen en Dios,* merece capítulo aparte. Básicamente porque supuso otra de las grandes vías de ingresos de Planeta, que en 1973, dos años antes de la muerte de Franco, creó una colección con el nombre de *Espejo de España,* que encargó a Rafael Borrás. Desde esa fecha a 1995, publicó más de 178 títulos destinados a explicar —no siempre con ecuanimidad— la Segunda República, la Guerra Civil, el Franquismo y la Transición. Ensayos históricos, memorias políticas y testimonios de protagonistas de los hechos de uno y otro bando se sucedían sin un sesgo excesivamente evidente. Igual publicaba los escritos de ministros de Franco que los recuerdos de Carrillo o *la Pasionaria.* Lara seguía siendo sentimentalmente un hombre del régimen, pero el negocio era el negocio. La concordia institucional también podía ser rentable.

En aquel momento ya había incorporado a la empresa a sus hijos, encargándoles la gestión de distintas líneas de negocio. Las hijas eran accionistas; los hijos, directivos. El primogénito, José Manuel Lara Bosch, que terminaría siendo su sucesor debido a la prematura muerte de su hermano Fernando, era economista y alumno de ESADE, la prestigiosa escuela de negocios de Barcelona. Dirigió la estrategia de exportación desde finales de los años sesenta. En 1970 su padre lo nombró director general, cargo desde el que potenció la colección *Espejo de España* y manejó las primeras inversiones puntuales en prensa, como el semanario *Por favor,* del que fue editor con Perich y Manuel Vázquez Montalbán como directores. También se encargó de la división de fascículos y coleccionables, otra línea de actividad muy rentable. En 1983 alcanzó la vicepresidencia, paso previo a la sucesión, que se produjo paulatinamente a medida que la edad vencía al patriarca, que hasta meses antes de su muerte, en 2002, acudía todavía todos los días a su despacho. Igual que Franco, había dejado el negocio bien atado: sus sucesores, la segunda generación de la estirpe, continuarían con su obra.

La expansión

Planeta trasladó sus oficinas en 1976 a la calle Fernando Agulló. En esa época la compañía estaba inmersa en su expansión a los países de la América Hispana, que se inició a finales de los años sesenta, donde aplicaba —aunque con bastante más lentitud— el mismo modelo de la Península: libros de autores nacionales apoyados con el correspondiente premio promocional, el Planeta América. Tenía filiales en los dos mercados americanos de habla hispana más importantes —Argentina y México— y también en plazas como Colombia, Chile, Venezuela y Ecuador. Estas delegaciones funcionaron primero como distribuidoras; más tarde comenzaron a editar en destino para reducir los costes gracias al nivel de vida inferior de los países americanos.

La expansión no solo fue geográfica, sino sectorial: Planeta, apoyada en su rentabilidad y en su capacidad económica, fue haciéndose —uno a uno— con muchos sellos históricos de Barcelona y Madrid, cuyo dueños, pertenecientes a las familias tradicionales de la edición que repudiaron al antiguo legionario, se rendían por las deudas o la ausencia de ventas. En 1982 compró Seix Barral y Ariel, especializada en el ámbito académico. Dos años más tarde se hizo con Sudamericana, la editorial argentina que pasará a la historia por la publicación de *Cien años de Soledad,* la novela de García Márquez. En México compró la editora Mortiz y, en 1992, el grupo Espasa Calpe, la mítica editorial de la gran enciclopedia en español y propietaria de la red de librerías de la Casa del Libro. Destino, el sello fundado por Vergés, dueño de los derechos de toda la obra de Josep Pla, entre otros importantes autores, también se sumó a la *Escudería Lara.* Más que un planeta, la editorial se había convertido en una galaxia donde convivían desde marcas comerciales dedicadas a la historia y a la filosofía —Crítica— a ilustres sellos argentinos como Paidós y Emecé. Todo era suyo. En Europa, con De Agostini como socio, empezó a vender coleccionables, enciclopedias, cursos, cómics y productos editoriales electrónicos. En 2008 Planeta compró el grupo Editis, la segunda editorial francesa por volumen de facturación, dedicada a los libros de texto.

El proceso de crecimiento del grupo proseguiría tras la desaparición de Lara Hernández. Además de libros y productos editoriales, la compañía tenía intereses en el ámbito de la formación —era dueño del grupo CEAC de enseñanza no reglada y editores de los libros de las universidades de Deusto y Oberta de Catalunya (UOC)—, el sector financiero —Banco Sabadell—, la televisión —Atresmedia, propietaria de seis canales audiovisuales generalistas—, la radio —Onda Cero y, antes, Andalucía Abierta— y periódicos de líneas editoriales tan dispares como *La Razón* —ultraconservador— o *Avui* —nacionalista—. Toda una paradoja si tenemos en cuenta que Lara Hernández, cuando le hablaban de una hipotética independencia de Cataluña, se indignaba ante la idea de que —decía— «algunos quieran poner una frontera entre Barcelona y mi pueblo (El Pedroso), donde está enterrado mi padre». La fortuna de la familia se administra, al margen de Planeta, a través de la sociedad patrimonial Inversiones Hemisferio.

El ocaso

El crepúsculo de la vida de Lara, *el Viejo,* como popularmente se le conocía, estuvo jalonado de premios y galardones a su trayectoria, entre ellos la Medalla al Mérito en el Trabajo y reconocimientos en Cataluña, su tierra de adopción, y Andalucía, donde estaban sus raíces. En 1994 el Rey le otorgó el título de marqués del Pedroso, dando un reconocimiento nobiliario —de carácter hereditario— a aquel chico que huía de los fotógrafos como de la peste y declaraba haber tenido siempre un miedo atroz a la soledad a pesar de sus múltiples propiedades. Se decía que en su casa tenía un juego de café que perteneció a la dinastía Borbón y cuadros de Zuloaga, Rusiñol, Gimeno y hasta un Goya, situado encima de la chimenea. Ambicionaba un Velázquez, señal de que podía pagarlo. Tenía dinero, sí, pero también con quien compartirlo: su familia y el Real Club Deportivo Español, al que patrocinaba para saciar su devoción pasional por el fútbol.

En 2001 su enfermedad superó el punto de no retorno. Mientras recibía homenajes, jugaba una partida de ajedrez —su pasatiempo preferido— con la muerte, que le alcanzó cumplidos los 88 años largos, ya retirado de la vida pública. Su fallecimiento fue un acontecimiento social, igual que su premio literario. Su capilla ardiente se instaló en la sede de la fundación que lleva su nombre, situada en la Casa Lleó i Morera, el edificio modernista de Lluís Domènech i Montaner del paseo de Gracia, donde había visto por primera vez a su mujer. Ante su ataúd desfilaron empresarios, editores, escritores, libreros, políticos y un sinfín de personalidades de las finanzas y la vida pública. La familia real mandó un telegrama. Le oficiaron un funeral en Sant Josep Oriol, su parroquia del Ensanche. Después lo enterraron en el panteón familiar del camposanto de Montjuic, junto a su segundo hijo, muerto antes de tiempo. Su herencia empresarial sumaba entonces más de sesenta editoriales. Sus negocios facturaban 1.500 millones de euros. Planeta era la octava editorial más grande del mundo. Tenía presencia en 20 países y una plantilla de 4.000 empleados. Su sede central se había trasladado a la Diagonal de Barcelona, al edificio histórico de Banca Catalana, la misma avenida por la que el legionario Lara Hernández entró, fusil en mano, un lejano día de enero de 1939, con la ira condensada en sus ojos y sus pupilas abiertas al mundo.

Carlos Mármol

Bibliografía

Carol, M. (2001). José Manuel Lara, de otro planeta, *Noms per a una historia de l'edició a Catalunya,* Barcelona: Gremi d'Editors de Catalunya, pp. 9-39.

Fernández Moya, M. (2009). *Multinacionales del castellano. El proceso de internacionalización del sector editorial español (1898-2008),* Universidad Complutense, Madrid-IESE.

González Ariza, F. (2008). *Cincuenta años del Premio Planeta,* Madrid: Sial Ediciones.

Martínez Martín, J. A. (2015). La autarquía editorial. Los años cuarenta y cincuenta, *Historia de la edición en España, 1939-1975,* Madrid: Marcial Pons, pp. 233-271.

Torres, E. (dir.) (2000). *Los cien empresarios españoles del siglo XX,* Madrid: LID, pp. 456-459.

TÍTULOS PUBLICADOS

AQUÍ HAY EMPLEO, *A. Díaz-Llairó y C. León Llorente.*
ARQUEROS DE LA PALABRA, *M. Tchey.*
A TRAVÉS DE LA TORMENTA, *A. A. Almada.*
ANÁLISIS TÉCNICO, *F. Llinares Coloma.*
ATENCIÓN AL CLIENTE, *A. Blanco Prieto.*
ATRAPADOS POR EL FUTURO, *J. Gutiérrez Conde.*
BYE, BYE, MARKETING, *A. Medina.*
CLAVES PARA UN VENDEDOR CON ÉXITO, *W. Costa, I. Küster y P. Canales.*
CLAVES DE LA VIDA EN EL FUTURO, *L. Cuatrecases.*
COACHING, *F. Kourilsky.*
COACHING, *V. Launer.*
COMERCIO INTERNACIONAL EN LA PEQUEÑA Y MEDIANA EMPRESA, *J. Wilson.*
COMUNICACIÓN PERSUASIVA PARA DIRECTIVOS, DIRECTORES Y DIRIGENTES, *G. Bou Bauzá.*
CREA TU PROPIA SUERTE, *P. M. Kash.*
CREACIÓN DE EMPRESAS, *F. J. González Domínguez.*
CRECER O NO CRECER. ¿ES LA ÚNICA CUESTIÓN?, *A. B. Miquel Burgos.*
CULTURA Y ESTRATEGIA DE LOS NEGOCIOS INTERNACIONALES, *G. García.*
DE CRISIS EN CRISIS, *S. Arancibia.*
DESARROLLO SOSTENIBLE, *L. M. Jiménez Herrero.*
DESTINOS TURÍSTICOS DE ÉXITO, *J. Ejarque.*
DIFERENCIARSE O MORIR, *J. Trout, S. Rivkin y R. Peralba.*
DIPLOMACIA CORPORATIVA, *M. A. Egea, M.ª C.Parra y G. Wandosell.*
DIPLOMACIA EN LA EMPRESA, *E. Jara Roncati.*
DIRIGIR Y MOTIVAR EQUIPOS, *M. Á.Aguirre Sánchez.*
EL ARTE DE LA GUERRA PARA DIRECTIVOS, DIRECTORES Y DIRIGENTES, *G. Bou Bauzá.*
EL CEREBRO DEL INVERSOR, *P. Bermejo.*
EL DISLATE EN EL MANAGEMENT, *J. Gutiérrez Conde.*
EL ECONOMISTA QUE REGRESÓ A BABEL, *E. J. Menéndez.*
EL GRAN EMPUJÓN, *J. F. Pérez-Orive.*
EL IMBÉZIL RELACIONAL EN LA NEGOCIACIÓN, *J. Gutiérrez Conde.*
EL MAPA, *J. M. Piqué Abadal.*
EL PODER Y LA EMPRESA, *J. Moreno y J. Rios Gual.*
EL POSICIONAMIENTO DE LA «MARCA ESPAÑA» Y SU COMPETITIVIDAD INTERNACIONAL, *R. Peralba.*
EL PROCESO DE MEJORA CONTINUA EN LA EMPRESA, *J. C. Prado.*
EL SISTEMA DE FRANQUICIA, *E. C. Díez de Castro, A. Navarro García y F. J. Rondán Cataluña.*
EL VENDEDOR PROFESIONAL, *M. Artal.*
EMPRENDIENDO LA EXCELENCIA EN EL RETAIL, *J. Delofeu.*
EMPRESA 3.0, *M. Eguiguren Huerta y E. Barroso García.*
EN BUSCA DE LO OBVIO, *J. Trout y R. Peralba.*
ENTENDAMOS EL TRADING, *J. Basagoiti y A. Basagoiti.*
ESTRATEGIA COMPETITIVA, *M. E. Porter.*
¡ÉXITO COMPETITIVO!, *S. Soufi.*
¿FINANZAS QUE SIRVEN O FINANZAS QUE ENGAÑAN?, *P. H. Dembinski.*
FUNDAMENTOS Y APLICACIONES DE LA GESTIÓN FINANCIERA DE LA EMPRESA, *J. M.ª Farrero.*
GESTIÓN DE ALIANZAS ESTRATÉGICAS, *J.-L. Schaan, M. Kelly y D. Tanganelli.*
GESTIÓN DE CALIDAD TOTAL EN EL RETAIL, *J. Deulofeu.*
GESTIÓN DE LA CALIDAD, *J. Velasco Sánchez.*
GESTIÓN DE STOCKS, *P. Zermati.*
GESTIÓN DEL CONOCIMIENTO AMBIENTAL, *A. Martínez Martínez y J. G.Cegarra Navarro.*
GESTIÓN DEL TALENTO, *R. Luna Arocas.*
GESTIÓN POR CATEGORÍAS, *J. Garrido i Pavia.*
GESTIONANDOME, *W. Costa.*
HABILIDADES DIRECTIVAS, *J. García del Junco y J. M. Brás-Dos-Santos.*
HOJA DE RUTA PARA EMPRENDEDORES, *A. Medina.*
HOMBRES DE FORTUNA, *C. Mármol y J. M.ª Rondón.*
IMAGEN POSITIVA, *J. Villafañe Gallego.*
INICIADORES DE NEGOCIOS, *J. Gutiérrez Conde.*
INNOVACIÓN ABIERTA Y ALTA COCINA, *J. L. Larrea y A. L. Aduriz.*
INTELIGENCIA COMPETITIVA, *S. R. Arroyo Varela.*
INTRODUCCIÓN A LA GESTIÓN DE LA CALIDAD, *J. Velasco Sánchez y J. A. Campins Masriera.*
LA BUENA REPUTACIÓN, *J. Villafañe.*
LA CONCILIACIÓN DE LA VIDA PROFESIONAL, FAMILIAR Y PERSONAL, *J. M.ª Fernández-Crehuet.*
LA DIMISIÓN INTERIOR, *I. Piñuel.*
LA GESTIÓN DEL TIEMPO, *T. Bañegil y F. J. Miranda.*
LA GESTIÓN PROFESIONAL DE LA IMAGEN CORPORATIVA, *J. Villafañe.*
LA LOGÍSTICA EN LA EMPRESA, *J. M.ª Castán, J. López y A. Núñez.*
LA NUEVA DIRECCIÓN DE PERSONAS, *J. M.ª Gasalla.*
LA VENTA COMPLEJA, *L. Dugas y B. Jourdan.*
LA VENTA CONSULTIVA, *E. Redondo y J. C. Vidales.*
LIDERAR SIN PERDER TU IDENTIDAD, *J. Moreno Zabala.*
LIDERAZGO ESTRATÉGICO PARA DIRECTIVOS, DIRECTORES Y DIRIGENTES, *G. Bou Bauzá.*
LÍDERES EN LA HISTORIA, LÍDERES EN LA EMPRESA, *S. Rus.*
LOS CANALES DE DISTRIBUCIÓN DE PRODUCTOS DE GRAN CONSUMO, *I. Cruz Roche.*
LOS MALOS JEFES, *A. Alegre y J. M.ª Galí.*
LOS MERCADOS DE VALORES, *J. López Pascual y J. Rojo Suárez. I. Cruz.*
LOS PREMIOS NOBEL DE ECONOMÍA (1969-2005), *J. C. das Neves.*
LOS SECRETOS DE LA DIRECCIÓN, *M. Costa y E. López.*
MARCAS DE DISTRIBUIDOR, *J. A. Puelles, M. Gómez Suárez y M.ª Puelles Gallo.*
MARKETING DE CRISIS, *A. A. Almada.*
MARKETING DIGITAL Y COMERCIO ELECTRÓNICO, *I. Rodríguez-Ardura.*
MARKETING INTERNACIONAL, *J. Cerviño.*
MARKETING INTERNO Y GESTIÓN DE RECURSOS, *F. J. Barranco.*
MÉTODO RANKING, *A. Sagarra y S. Gil.*
MOBBING, *M.ª A. López Cabarcos y P. Vázquez Rodríguez.*
NEGOCIADOR 365, *R. Whyte, S. de los Reyes y M. Guerra.*
PASIÓN POR LA EXCELENCIA EN LA VENTA, *J. Gómez.*
POR QUÉ FRACASAN LAS ORGANIZACIONES, *M. Eguiguren.*
PRODUCT PLACEMENT, *C.-C. Bouton y Y. Yustas.*
PROYECTO YO, *J. F. Pérez-Orive.*
¿PUEDO COMPRAR UNA EMPRESA?, *E. Quemada.*
¿QUÉ ES Y QUÉ NO ES UN COACH?, *G. Sebastián.*
¿QUÉ HA PASADO CON LA ECONOMÍA ESPAÑOLA?, *N. E. García y S. M. Ruesga Benito (coords.).*
¿QUIÉN QUEDA EN EL ARMARIO? *D. Di Marco, L. Munduate, A. Arenas y H. Hoel.*
QUIEN TIENE UNA MARCA, TIENE UN TESORO, *A. Medina.*
REPOSICIONAMIENTO, *J. Trout, S. Rivkin y R. Peralba.*
TALENTO NEGOCIADOR, *J. Gutiérrez Conde.*
TECNOLOGÍA, INNOVACIÓN Y EMPRESA, *C. Benavides.*
TEORÍA IMPERFECTA DE LA INNOVACIÓN, *J. L. Larrea.*
TIEMPO ¿MUERTO? PARA INNOVAR, *D. Ivanovic y J. L. Larrea.*
TRADE MARKETING, *V. Labajo González.*
TRADING Y BOLSA, *F. J. Herrera Fialli.*
UN ADIÓS A LA EMPRESA, *J. F. Pérez-Orive.*
VALORES Y ESTILOS DE VIDA DE LOS CONSUMIDORES, *F. J. Sarabia, M.ª D. de Juan y A. M.ª González.*
¿VALORES O VALORES ECONÓMICOS?, *I. Quintanilla.*
VENTAJA COMPETITIVA, *M. E. Porter.*